Elisabeth Steger Vogt | Katja Kansteiner | Martina Pfeifer (Hrsg.)

Gelingende Personalentwicklung in der Schule

D1665049

StudienVerlag

Innsbruck
Wien
Bozen

Internationale
Bodensee
Hochschule

Diese Publikation wurde durch die Internationale Bodenseehochschule IBH gefördert. Die IBH ist ein Verbund von 30 Hochschulen im Bodenseeraum. Das EU-Regionalprogramm Interreg Alpenrhein-Bodensee-Hochrhein fördert die grenzüberschreitende Zusammenarbeit.

© 2014 by Studienverlag Ges.m.b.H., Erlerstraße 10, A-6020 Innsbruck

E-Mail: order@studienverlag.at

Internet: www.studienverlag.at

Gestaltung: Georg Vith

Coverfoto: Alexandra Serra

Gedruckt auf umweltfreundlichem, chlor- und säurefrei gebleichtem Papier.

Bibliografische Information Der Deutschen Bibliothek

Die Deutsche Bibliothek verzeichnet diese Publikation in der Deutschen Nationalbibliografie; detaillierte bibliografische Daten sind im Internet über <http://dnb.ddb.de> abrufbar.

ISBN 978-3-7065-5391-9

Elisabeth Steger Vogt | Katja Kansteiner | Martina Pfeifer (Hrsg.)

Gelingende Personalentwicklung in der Schule

FokusBildungSchule Bd. 5

In der Reihe FokusBildungSchule werden Ergebnisse aus Forschungsarbeiten der Pädagogischen Hochschule Vorarlberg und ihrer Partnereinrichtungen veröffentlicht. Schwerpunkte liegen in der berufsfeldbezogenen Forschung im Umfeld Bildung und Schule. Reihenherausgeber ist die Pädagogische Hochschule Vorarlberg.

Inhalt

Vorwort

Das vorliegende Buch entstammt dem IBH-Forschungsprojekt „Personalentwicklung als Schulführungsaufgabe" unter der Beteiligung der Pädagogischen Hochschule St. Gallen, der Pädagogischen Hochschule Weingarten und der Pädagogischen Hochschule Vorarlberg. Dessen Ziel ist, das Forschungs-, Entwicklungs-, Ausbildungs- und Beratungsfeld „Schulleitung" zu stärken und zu etablieren. Mit dem Blick auf die Personalentwicklung im Rahmen der Führung von Schulen wurde dabei ein Themenfeld gewählt, welches für die Qualitätsentwicklung der Schulen der Primar- und Sekundarstufe I in der Schweiz, Deutschland und Österreich von außerordentlicher Bedeutung ist. Forschungsgegenstand des Projektes ist einerseits eine Ist-Zustandserhebung der Führungsaufgabe der Personalentwicklung an Schulen, deren konkrete Umsetzung in der Praxis sowie deren Akzeptanz in den Kollegien. Mit der Untersuchung von strategischen, organisationalen, kulturellen und personellen Faktoren zur Personalentwicklung in den Schulen wurden Entwicklungsfelder in Bezug auf die Professionalisierung der Schulleitungen und Lehrpersonen eruiert und Gelingensbedingungen erhoben.

Zugunsten eines handlichen Umfangs des vorliegenden Beitrags wurden inhaltliche Reduktionen vorgenommen, relevante Themenfelder fokussiert und auf vertiefende Literatur verwiesen. Ziel des Buches ist es, zentrale Ergebnisse zur Verfügung zu stellen und eine praktische Führungsunterstützung für die Praxis von Schulleitungen, Lehrpersonen und (Führungs-)Verantwortlichen im Bildungswesen zu schaffen.

Die einzelnen Kapitel wurden daher einheitlich und anwendungsorientiert strukturiert. Zu Beginn werden die theoretischen Aspekte (ggf. mit Querverweis zum Theorieteil) dargelegt. Darauf aufbauend erfolgen die Ergebniskapitel mit den Ergebnispräsentationen sowie deren zusammenfassende Darstellung am Ende eines jeweiligen Unterkapitels (Kästen). Eine kurz geführte Diskussion und ein Literaturverzeichnis schließen diese Ergebniskapitel jeweils ab. Eine Abschlussdiskussion führt verschiedene Teilaspekte der Ergebniskapitel am Ende zusammen.

An dieser Stelle bedanken wir uns bei den Schulleitungen und Lehrpersonen, die ihre Schulen für das Projekt geöffnet und an der Untersuchung teilgenommen haben. Ohne ihren Einsatz wäre diese Studie nicht möglich geworden. Ein weiterer Dank gilt den Schulbehörden, die das Vorhaben engagiert unterstützt haben. Im Besonderen bedanken wir uns bei Frau Gabriele Böheim, die mit ihrem umfassenden Wissen über die politische Bildungslandschaft in Österreich zur Stimmigkeit der einzelnen Artikel maßgeblich beigetragen hat. Wir danken ebenfalls herzlich für die Mitwirkung im Projekt Frau Stephanie Appius von der Universität Zürich, Frau Julia Ha von der Pädagogischen Hochschule Vorarlberg und Frau Tanja Bach-Blattner von der Universität Tübingen, die uns tatkräftig in der Eingangsphase des Projektes sowie bei der aufwändigen Datenerhebung und -analyse ihre Kompetenzen zur Verfügung gestellt haben, sowie allen beteiligten Mitarbeitenden an den drei Hochschulen.

Ein solches Projekt kann nicht ohne finanzielle Unterstützung durchgeführt werden. Unser großer Dank gilt der Internationalen Bodensee Hochschule (IBH) sowie dem EU-Programm INTERREG Alpenrhein-Bodensee-Hochrhein, deren finanzielle Unterstützung das Projekt erst ermöglicht hat, sowie den drei Pädagogischen Hochschulen, welche uns finanziell und personell stets unterstützend zur Seite standen. Weiter danken wir der Gewerkschaft Erziehung und Wissenschaft (GEW) Baden-Württemberg und dem Bildungsdepartement (BLD) St. Gallen für ihre Beiträge. Schließlich geht der Dank an Herrn Georg Vith, der das Buch umsichtig gestaltet hat.

Elisabeth Steger Vogt, Katja Kansteiner und Martina Pfeifer, im Sommer 2014

Theoretische Grundlagen zur Personalentwicklung an Schulen

Elisabeth Steger Vogt & Katja Kansteiner

Einführung

Die Schulqualitätsforschung der letzten Jahre weist nach, dass die Qualität einer pädagogischen Organisation eine Folge professionellen Handelns sowie professioneller Einstellungen und Orientierungen ihrer Mitarbeitenden ist (vgl. Bonsen, 2009; Huber, 2009). Damit werden Lehrpersonen, die motivierte und qualifizierte Entwicklungsarbeit leisten, zum Schlüssel der Verbesserung der schulischen Arbeit. Ihre Personalentwicklung wurde im Rahmen der zunehmenden Teilautonomisierung der Einzelschule in den letzten Jahrzehnten zu einem stärkeren Verantwortungsbereich schulischer Führungskräfte (vgl. Strittmatter & Ender, 2010; Appius, Steger Vogt, Kansteiner-Schänzlin & Bach-Blattner, 2012).

Im Fokus der hier vorgestellten Untersuchung liegt die Personalentwicklung als Führungsaufgabe von Schulleitungen im internationalen Vergleich der drei Länder bzw. des Kantons St. Gallen (CH) sowie der Bundesländer Baden-Württemberg (D) und Vorarlberg (A). Grundsätzlich sind die drei Bildungssysteme vergleichbar aufgebaut. Die Zuständigkeit für das allgemeinbildende Schulwesen und somit für die Gesetzgebung im Bildungsbereich liegt in der Schweiz und in Deutschland bei den Kantonen bzw. Ländern. In Österreich obliegt die Grundsatzgesetzgebung zwar dem Bund, die Ausführungsgesetzgebung für Pflichtschulen jedoch ebenso in der Kompetenz der Länder. Sehr unterschiedlich dagegen geregelt sind in den drei Ländern die Verantwortlichkeit und Entscheidungsfreiheit beispielsweise in Bezug auf die Schulorganisation, Schulentwicklung und das Personalmanagement. Während in Baden-Württemberg und in Vorarlberg die Kommunen insbesondere für die Bereitstellung der Schulinfrastruktur zuständig sind, verfügen die Schweizer Kommunen über einen großen Entscheidungs- und Gestaltungsfreiraum in Bezug auf die Schulorganisation, Schulentwicklung und das Personalmanagement. Dennoch obliegt in allen drei Ländern die Verantwortung für die Personalentwicklung mehrheitlich der Schulleitung (dazu ausführlicher im Ländervergleich Kap. 2).

Zur Aufgabe der Personalentwicklung gibt es erst wenig gesicherte Erfahrungswerte und keine umfassenden Modelle (vgl. Strittmatter & Ender, 2010; Terhart, 2010;

Steger Vogt, 2013). Personalentwicklung im schulischen Kontext wird bisher sowohl im wissenschaftlichen als auch im öffentlichen Diskurs eher nachrangig behandelt (vgl. Böckelmann & Mäder, 2007; Buhren & Rolff, 2009). Dies obwohl alle Erkenntnisse der Schulqualitätsforschung darauf hindeuten, dass Erfolg, Qualität und menschliches Klima einer pädagogischen Organisation durch die Mitarbeitenden geschaffen wird und folglich Personalentwicklung hierzu also in besonderem Maße beitragen kann (vgl. Bauer & Kanders, 2000; Buhren & Rolff, 2001). Der Professionalisierungsgrad von Lehrpersonen wird als wichtigster Einzelschulfaktor von Schuleffektivität angesehen (vgl. Pont, Nusche, & Moorman, 2008). Verschiedene Studien weisen jedoch darauf hin, dass Personalentwicklung an Schulen noch wenig systematisch betrieben wird und durch strukturelle Bedingungen wie fehlende Entscheidungsverantwortung und zeitliche Ressourcen erschwert ist (vgl. u.a. Böckelmann & Mäder, 2007; Buhren & Rolff, 2001; Reichwein, 2007; Holtappels, Klemm & Rolff 2008; Steger Vogt, 2013). In der Rolle der Schulleitung und in ihrer Aufgabe bezüglich Personalentwicklung weiß man mittlerweile auch von länderspezifischen Unterschieden, die mit unterschiedlichen Akzeptanzproblemen einhergehen (vgl. Keller-Schneider & Albisser 2012).

Im Rahmen dieser Untersuchung wird die Praxis der Personalentwicklung an den allgemeinbildenden Schulen des Kantons St. Gallen (CH) und des Bundeslandes Baden-Württemberg (D) bis zum Sekundarbereich I sowie in den Pflichtschulen (Volks- und Neue Mittelschulen/Hauptschulen, allgemeine Sonderschule) des Bundeslandes Vorarlberg (A) untersucht. Dabei werden die Erwartungen der beteiligten Akteurinnen und Akteure (Schulleitungen, Lehrpersonen, Personen der Schulbehörde) an die Personalentwicklung, deren Vorstellungen sowie Akzeptanz von Personalentwicklung zusammengetragen. Aufbauend auf einer Ist-Zustandsanalyse der Personalentwicklungspraxis an den Schulen werden über Fallanalysen vertiefte Erkenntnisse förderlicher Bedingungen für Personalentwicklung gewonnen. Ziel ist, im Ländervergleich Erkenntnisse zu systembedingten bzw. systemunabhängigen personalentwicklungsförderlichen Bedingungen in Bezug auf das Strategiehandeln, die Systemstrukturen sowie das Steuerungshandeln zur Professionalisierung von Schulleitungen zu generieren.

Folgende Fragen leiten diese Forschungsarbeit:
- Wie wird Personalentwicklung im Ländervergleich an der Einzelschule strategisch als auch operativ gestaltet und durch schulinterne Bedingungen sowie durch die Schulbehörde unterstützt?
- Welche strategischen, strukturellen, kulturellen, schulinternen und kontextuellen Bedingungen sowie welche Formen des Personalführungshandelns der

Schulleitung wirken systembedingt bzw. systemunabhängig förderlich auf die berufliche Entwicklung der Lehrpersonen und deren Akzeptanz der Personalentwicklung?

Personalentwicklung als Schulführungsaufgabe

Personalentwicklung hat zum Ziel, neben der gegenwärtigen auch die künftige Aufgabenerfüllung der Schule zu gewährleisten, indem die Leistungsfähigkeit und -bereitschaft der Lehrpersonen für heute und für morgen hergestellt oder erhalten wird (vgl. Buchen, 1995). Dabei wird Personalentwicklung als ganzheitliches Konzept verstanden, das systematisch geplant, realisiert und evaluiert wird und deren Ziele und Inhalte schulstrategisch begründet sind, d.h. Kompetenzen fokussieren, die zur Verwirklichung der strategischen Ziele der Schule benötigt werden (vgl. Meetz, 2007; Becker, 2009; Steger Vogt, 2013).

Was ist unter Personalentwicklung zu verstehen?

Personalentwicklung ist einerseits auf die einzelne Lehrperson ausgerichtet, mit dem Ziel, sie in ihrer individuellen Entwicklung sowie in ihrer Qualifikation zur Wahrnehmung gegenwärtiger sowie zukünftiger Aufgaben zu fördern. Dabei ist sie adressatengerecht auf unterschiedliche Fähigkeiten, Vorkenntnisse und Motivationen der Lehrpersonen abzustimmen. Zugleich ist Personalentwicklung an der Schule als Organisation orientiert, um deren Bedarf an qualifizierten Lehrpersonen zu decken. Die Fähigkeiten und Neigungen der Lehrpersonen sollen erkannt, entwickelt und mit den Erfordernissen des Arbeitsplatzes Schule in Übereinstimmung gebracht werden (vgl. Neuberger, 1994; Becker, 2005; Hilb, 2005; Mentzel, 2008). Darüber hinaus zielt Personalentwicklung auf die Entwicklung der Schulkultur und auf eine institutionelle Verstetigung des Lernens zur Erhaltung der Lernfähigkeit der Lehrpersonen und zur Entwicklung einer Lernkultur ab (vgl. Drumm, 2008, S. 334).

Personalentwicklung beinhaltet sämtliche Maßnahmen zur systematischen Förderung der beruflichen Handlungskompetenz und der Schlüsselqualifikationen der Lehrpersonen, d.h. sie fördert Kenntnisse, Fertigkeiten, Einstellungen und deren Umsetzung in Verhalten, die es zur Bewältigung strategisch begründeter Leistungsanforderungen und Aufgaben bedarf (vgl. Holtbrügge, 2007; Schuler, 1989; Solga et al., 2008; Zaugg, 2009). Die Aufgabenbereiche betreffen zum einen die zur Lehrtätigkeit gehörenden Arbeitsfelder, zum anderen aber auch die für die gesamte Schulentwicklung notwendigen Aufgabengebiete. Das bedeutet, die Personalentwicklung widmet sich der Weiterbildung im Bereich pädagogischer sowie didaktischer Kompetenz wie auch der organisationsorientierten Entwicklung von Lehrpersonen und stellt somit die entscheidende Schnittstelle zur Organisationsentwicklung bzw. dem organisationalen Lernen dar. Die individuellen Bedürfnisse der Lehrperson und der organisationale Bedarf bilden die Ausgangslage für Maßnahmen der Personalentwicklung. Dabei sind die Aus- und Weiterbildungsmaßnahmen auf die strategischen Zielsetzungen der Schule hin auszurichten (vgl. Thom & Ritz, 2006). Somit ist Personalentwicklung als Bedingungselement der Schulentwicklung zu sehen und eng mit der Organisations- und Unterrichtsentwicklung verknüpft. Sie ist Schlüssel und Strategie zur Qualitätsentwicklung von Schulen und Unterricht, denn das Anheben des methodisch-didaktischen Niveaus ebenso wie die Steigerung der fachlichen und sozialen Kompetenzen ist nur realisierbar durch Personen, die in der Schule arbeiten (vgl. Buhren & Rolff, 2006).

Im Rahmen der Personalmanagementprozesse der Schule – vom Schuleintritt bis zum Schulaustritt einer Lehrperson – ist Personalentwicklung neben Personalgewinnung, Personalbeurteilung, Personalhonorierung, Personaleinsatz und -freistellung als weitere Teilfunktion des Personalmanagements zu verstehen. Diese Teilfunktionen sind systematisch aufeinander bezogen sowie auf eine Vision hin ausgerichtet und werden durch das Gesamtsystem des Personalmanagements gesteuert (vgl. Hilb, 2005; Thom et al., 2006).

Abbildung 1 zeigt die unterschiedlichen Prozessabschnitte von der Personalplanung und der damit verbundenen Personalbedarfsanalyse bis zur Freistellung der Lehrperson, über die die Lehrperson mittels Personalentwicklungsmaßnahmen unterstützt und begleitet wird. Die beiden Kreise in der Abbildung deuten auf die Koordination der Personalführungsaufgaben zwischen der Schulbehörde und der Schulleitung hin. Dabei trägt die Schulleitung gemäß dem vorliegenden Modell die Hauptverantwortung für die direkte Personalführung der Lehrpersonen. Die Schulbehörde verantwortet die strategischen Personalmanagementprozesse wie Personalplanung, Personalmarketing und -controlling. In allen Bereichen arbeiten Schulbehörde und Schulleitung intensiv zusammen (vgl. Thom et al., 2006). Die Personalverantwortung ist strukturell in St. Gallen stärker kommunal verankert als in Baden-Württemberg und Vorarlberg.

Das Konzept des Personalmanagements ist dabei umfassend zu verstehen, da es die Gesamtheit aller Strategien, Maßnahmen und Personalinstrumente beinhaltet. Es versteht dabei die operativen und strategischen Managementprozesse als parallel und sich wechselseitig beeinflussende und einwirkende Unterstützungsprozesse und stellt diese in den Dienst der Vision der Schule (vgl. Dubs, 2005).

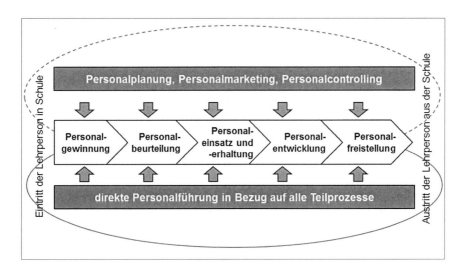

Abb. 1: Umfassende Personalführung einer Lehrperson vom Schuleintritt bis zum -austritt (Thom & Ritz, 2006, S. 26)

Personalentwicklung in der Schule bewegt sich in einem komplexen Feld, welches in einem Wirkungszusammenhang zu Kontextfaktoren der Makroebene wie Bundesstaat und Bundesland/Kanton, der Mesoebene Gemeinde (politischer, soziokultureller, wirtschaftlicher, technologischer Hintergrund) sowie der Mikroebene[1] Einzelschule (u.a. Schultyp, Größe, Standort, rechtliche Bedingungen, Reformen, personelle Bedingungsgrößen, Kultur, Struktur) steht. Das Innovations-, Organisations- und Personalmanagement-Modell (IOP-Modell) zur Führung von Schulen nach Thom & Ritz (2006) zeigt die zentralen Einflussgrößen und Bedingungsfaktoren von Personalentwicklung in der Schule und stellt eine integrative Sichtweise dar, die die Schule als gesamtes soziales System erfassen will (Abb. 2). Denn nur die integrierte Sicht und der vollständige Einbezug von Strategie (Vision, Ziele), Struktur (Instrumente, Verfahren, Organisation) sowie Kultur (Werte, Normen, gemeinsamer Sinnhorizont) trägt zum Gelingen von Entwicklungsbestrebungen im Bildungswesen bei (vgl. Dubs, 2005; Thom & Ritz, 2006;). Das IOP-Modell dient der vorliegenden Untersuchung als Orientierungsrahmen zur Erhebung von Gelingensfaktoren der Personalentwicklung und bildet gleichzeitig die Grundstruktur des Kapitelaufbaus dieses Bandes ab.

Kernstücke der Personalentwicklungen stellen die Personalentwicklungsinstrumente und -fördermaßnahmen dar. Diese sind Mittel zur Entwicklung und Förderung der Fähigkeiten und Fertigkeiten der Lehrpersonen. Die zentralen Inhaltsbereiche der Personalentwicklung werden gemäß Becker (2009) in Bildungs-, Förder- und Organisationsentwicklungsmaßnahmen unterteilt.

Bildungsmaßnahmen vermitteln Qualifikationen, die zur Wahrnehmung der jeweiligen Aufgaben erforderlich sind (vgl. Mentzel, 2008). In der Lehrerinnen- und Lehrerbildung werden dabei drei Phasen unterschieden: die Ausbildung, der Berufseinstieg und die berufliche Weiterbildung[3]. In den ersten zwei Phasen

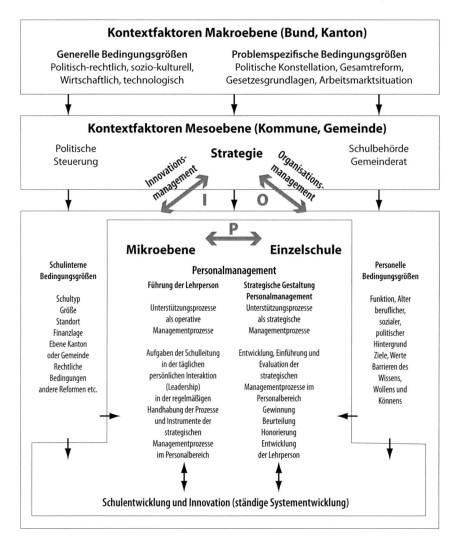

Abb. 2: IOP-Modell zur Führung von Schulen nach Thom und Ritz (2006), erweitert nach Hilb (2005) und Dubs (2005)[2]

wird die grundlegende Qualifikation für den Lehrberuf erworben. Die berufliche Weiterbildung ist als dritte und berufslange Phase der Lehrerinnen- und Lehrerbildung anzusehen (vgl. Daschner, 2009; Fussangel, Rürup & Gräsel, 2010; Terhart, 2010). Während die ersten beiden Phasen hinsichtlich struktureller und inhaltlicher Ausrichtung im Verantwortungsbereich der Bundesländer bzw. des Kantons verortet sind, bestehen für die berufliche Weiterbildung verschiedene Verantwortlichkeiten. Durch das Weiterbildungsangebot des Kantons bzw. der Schulaufsicht sind wohl strukturelle und inhaltliche Vorarbeiten geleistet, die konkrete operative Verantwortung tragen in Baden-Württemberg und Vorarlberg letztlich die Lehrpersonen und in St. Gallen die Lehrpersonen zusammen mit der Schulleitung, gegenüber der je nach Personalreglement der Kommune eine Rechenschaftspflicht besteht (vgl. Steger Vogt, 2013). Damit stellt Personalentwicklung eine zentrale Aufgabe innerhalb der Einzelschule und der für sie verantwortlichen Schulleitung dar.

Fördermaßnahmen umfassen vorwiegend diejenigen Aktivitäten, die auf die Funktion als Lehrperson und deren Funktion in der Schule sowie die berufliche Entwicklung des Einzelnen gerichtet sind und zielgerichtet, systematisch und methodisch geplant, realisiert und evaluiert werden (vgl. Becker, 2009). An individuellen Fördermaßnahmen steht der Schule eine breite Palette zur Verfügung, welche je nach Situation gewählt werden kann, wie bspw. die Einarbeitung neuer Lehrpersonen, das Mitarbeitendengespräch, die Entwicklungsplanung, Coaching bzw. Supervision, Mentoring, kollegiale Hospitation. Weitere Fördermaßnahmen stellen Arbeitsgestaltungsmaßnahmen dar, wie Job Enrichment, Job Enlargement, Job Rotation, Potenzial- bzw. Bedarfsanalysen, Arbeitsplatzgestaltung oder Outplacement (vgl. Steger Vogt, 2013).

Organisationsentwicklung als Personalentwicklung im weiteren Sinne umfasst alle Maßnahmen der direkten und indirekten zielorientierten Beeinflussung von Strukturen, Prozessen, Personen und Beziehungen, die eine Organisation systematisch plant, realisiert und evaluiert. Aufgabe der Organisationsentwicklung ist dabei, die Verklammerung der personalen und der organisationalen Entwicklung im Sinne einer Soll-Entwicklung positiv zu unterstützen (vgl. Becker, 2009). Daher werden dem Bereich Organisationsentwicklung Personalentwicklungsmaßnahmen zugeordnet, die neben der personalen Entwicklung gleichzeitig ein hohes Potenzial zur Entwicklung der Organisationsstruktur und -kultur und damit der organisationalen Entwicklung als Ganzes aufweisen. Die folgende Darstellung zeigt die Inhaltsbereiche der Personalentwicklung und ordnet diesen schulische Personalentwicklungsinstrumente und -maßnahmen zu (vgl. Tab. 1).

Bildung	Förderung	Organisationsentwicklung

• Ausbildung
• Weiterbildungen im Rahmen des Auftrags
  o Training on the job
  o Training off the job (intern, extern)
• Weiterbildung für spezifische Funktionen wie SCHILF–Verantwortliche, Fachperson für Qualitätsentwicklung
• Fachliche Zusatzqualifizierung wie Englisch, musikalische Früherziehung
• E–Learning Angebote
• …
	• Auswahl und Einarbeitung
	• Mitarbeitendengespräch, Leistungsbeurteilung
	• Entwicklungsplanung / Laufbahnplanung
	• Coaching/Supervision
	• Mentoring
	• Kollegiale Hospitation
	• Arbeitsgestaltung
	  o Job Enrichment
	  o Job Enlargement
	  o Job Rotation
	• Potenzial-/Bedarfsanalysen
	• Arbeitsplatzgestaltung
	• Outplacement
	• …
		• Teamentwicklung
		• Professionelle Lerngemeinschaften
		• Kollegiale Beratung in Gruppen, Peer–Coaching
		• Schulinterne Weiterbildung (SCHILF)
		• Projektarbeit
		• Qualitätsentwicklungs-Zyklen
		• Sozio-technische Systemgestaltung wie Aufbau einer Wissenstransferstruktur, Personalkarteien
		• Vernetzende und vernetzte Personalentwicklung
		• …

Bildung **= Personalentwicklung im engen Sinn**	**Bildung + Förderung** **= Personalentwicklung im erweiterten Sinn**	**Bildung + Förderung + Organisationsentwicklung** **= Personalentwicklung im weiten Sinn**

Tab. 1 Inhaltsbereiche schulischer Personalentwicklung (vgl. Steger Vogt, 2013)

Empirische Forschungsbeiträge zu Personalentwicklung in Schulen

Zum Gegenstand der Personalentwicklung als Führungsaufgabe in der Schule liegen bisher wenige empirische Beiträge vor (vgl. Dubs, 2005; Buhren & Rolff, 2006; Semling & Zölch, 2008; Terhart, 2010). Steger Vogt legt 2013 eine erste explorative Studie vor, die Personalentwicklung in der Schule umfassend für den Kanton St. Gallen (CH) fokussiert. Die in diesem Band vorgestellte Untersuchung erweitert diese Studie um die Perspektive der Anrainerländer um den Bodensee (Vorarlberg, Baden-Württemberg, siehe ausführliche Darstellung des Forschungsdesigns Kap. 3) und ermöglicht damit einen Vergleich der Personalentwicklung in den drei Ländern Schweiz, Deutschland und Österreich am Beispiel des Kantons St. Gallen sowie der Bundesländer Vorarlberg und Baden-Württemberg.

Bestehende Untersuchungen weisen darauf hin, dass Personalentwicklung an der Schule im deutschsprachigen Raum wenig etabliert ist, wenig systematisch betrieben wird und sich in Einzelmaßnahmen vollzieht (vgl. Meetz, 2007; Zellweger, 2008; Semling & Zölch, 2008; Arnold, 2010; Steger Vogt, 2013). Zudem wird Personalentwicklung sehr unterschiedlich umgesetzt. Die Unterschiede begründen sich einerseits in der Verschiedenheit der Rahmenbedingungen wie den strukturellen Bedingungen, der Entscheidungsverantwortung, der Unterstützung bei Management- und Verwaltungsaufgaben sowie der zeitlichen und finanziellen Ressourcen (vgl. Maag Merki & Büeler, 2002; Böckelmann & Mäder, 2007; Reichwein, 2007; Steger Vogt, 2013). Des Weiteren wirken Faktoren der Schulleitung ein, wie deren Übernahme der Führungsfunktion und -aufgaben, die fachliche Kompetenz, der Führungsstil und das Führungsverhalten sowie die Auswahl und Ausgestaltung von Personalentwicklungsmaßnahmen (vgl. Appius et al., 2012). Allerdings zeigt sich, dass Schulleitungen gar nicht oder nur in begrenztem Maße auf die Übernahme einer Führungsfunktion in der Schule vorbereitet werden. Die meisten Schulleitungen verfolgen keine Strategien zur Qualitätsverbesserung, zur Beurteilung oder zur Entwicklung der Effizienz der Arbeit ihres Kollegiums (vgl. OECD, 2004; Steger Vogt, 2013). Eine Untersuchung von Zellweger (2008) belegt, dass ein Schulführungshandeln, welches von einer hohen Arbeitsethik und Vorbildfunktion der Schulleitung, einer visionären Ausgestaltung und partizipativen Entwicklung des Leitbildes und dessen Umsetzung sowie einer kooperativen Führung und Fehlerkultur geprägt ist, für die Berufszufriedenheit der Lehrpersonen bedeutsam ist. Die gleiche Untersuchung weist eine hohe Kausalbeziehung zwischen Personalentwicklung und Berufszufriedenheit der Lehrpersonen nach (vgl. ebd.). Die Aufgaben Personalbeurteilung, Personalförderung und -entwicklung stellen für viele Schulleitungen eine Belastung dar. So fehlt vielen die gesetzliche Durchsetzungsmacht, um problematische Situationen mit Lehrpersonen, die den gestellten beruflichen Anforderungen nicht genügen, wirkungsvoll zu verändern. Zudem erwähnen Schulleitungen, dass sie oft eine zu große Anzahl Lehrpersonen regelmäßig beurteilen müssen und die Übernahme von Personalführungsverantwortung häufig zu Widerstand der Lehrpersonen gegenüber der Schulleitung führt (vgl. Seitz & Capaul, 2005; Reichwein, 2007).

Eine weitere zentrale Rolle spielen die Lehrpersonen selbst, ihre Akzeptanz gegenüber der Personalführung und -beurteilung sowie gegenüber einzelnen Personalentwicklungsinstrumenten, aber auch der Vollzug des Kulturwechsels vom autonomen Einzelkämpfertum hin zu einem Verständnis der Lehrperson als Teil einer visionären und zielorientierten Schuleinheit. So zeigen verschiedene Untersuchungen, dass die Akzeptanz der Personalentwicklung gegenüber verschiedenen Instrumenten wie dem Mitarbeitendengespräch, der schulinternen Weiterbildung oder der kollegialen Hospitation mehrheitlich vorhanden ist, andere Instrumente jedoch auf sehr unterschiedliche Akzeptanz oder gar auf Widerstand stoßen, wie die Mitarbeitendenbeurteilung, professionelle Lerngemeinschaften oder die Steuerung der individuellen Weiterbildung. Weiter konnte festgestellt werden, dass

Lehrpersonen ein hohes Maß an Autonomie in Bezug auf deren berufliche Entwicklung und damit insbesondere die individuelle Weiterbildung beanspruchen. Der persönliche Ausbau der Fertigkeiten und Techniken bleibt der einzelnen Lehrperson überlassen und hängt von ihrem Interesse und „Enthusiasmus" ab (vgl. OECD, 2004; Meetz, 2007; Reichwein, 2007; Semling & Zölch, 2008; Appius et al., 2012; Steger Vogt, 2013).

Letztlich wird als zentrale Erkenntnis festgehalten, dass sich Personalentwicklung und damit eine systematische Förderung des Fachwissens, der pädagogischen Fähigkeiten und der Reflexion von Schulerfahrung dadurch rechtfertigt, dass diese direkt auf die Kompetenzen der Lehrpersonen einwirken und dadurch bessere Leistungen von Schülerinnen und Schülern erwartet werden können (vgl. Dubs, 2005).

Literatur

Appius, S., Steger Vogt, E., Kansteiner-Schänzlin, K. & Bach-Blattner, T. (2012). Personalentwicklung an Schulen – Eine Bestandsaufnahme aus Sicht deutscher und schweizerischer Schulleitungen. In Zeitschrift Empirische Pädagogik, 26 (1), 121–139.

Arnold, R. (2010). Schulleitung als Personalentwickler. In H. –G. Rolff (Hrsg.), Führung, Steuerung, Management (S. 79–98). Seelze: Kallmeyer & Klett.

Bauer, K. O. & Kanders, M. (2000). Unterrichtsentwicklung und professionelles Selbst der Lehrerinnen und Lehrer. In H. –G. Rolff, K. Klemm, H. Pfeiffer & R. Schulz-Zander (Hrsg.), Jahrbuch der Schulentwicklung (S. 297–325). München: Juventa, Aufl. 11.

Becker, M. (2009). Personalentwicklung. Bildung, Förderung und Organisationsentwicklung in Theorie und Praxis. Stuttgart: Schäffer-Poeschel, 5. Ausg.

Böckelmann, C. & Mäder, K. (2007). Fokus Personalentwicklung. Konzepte und ihre Anwendung im Bildungsbereich. Zürich: Pestalozzianum.

Bonsen, M. (2009). Der Beitrag der Einzelschule zur Verbesserung der Schülerleistungen. In S. Blömeke, T. Bohl, G. Haag, G. Lang-Wojtasik & W. Sacher (Hrsg.), Handbuch Schule (S. 563–566). Bad Heilbrunn: Klinkhardt.

Buchen, H. (1995). Personalentwicklung in der Schule. In H. Buchen, L. Horster & H.-G. Rolff (Hrsg.), Schulleitung und Schulentwicklung. Ein Reader (S. 58–68). Stuttgart: Raabe.

Buhren, C. & Rolff, H.-G. (2001). Ohne Personalentwicklung keine Schulentwicklung. In Lernende Schule, 16, 4–6.

Buhren, C. & Rolff, H.-G. (2006). Personalmanagement. Ein Gesamtkonzept. In H. Buchen & H.-G. Rolff (Hrsg.), Professionswissen Schulleitung (S. 450–544). Weinheim: Beltz.

Buhren, C. & Rolff, H.-G. (2009). Personalmanagement für die Schule. Ein Handbuch für Schulleitung und Kollegium. Weinheim: Beltz, 2. Aufl.

Daschner, P. (2009). Lehrerfort- und -weiterbildung. Professionalisierung im Kontext der Lehrerbildung. In S. Blömeke, T. Bohl, G. Haag, G. Lang-Wojtasik & W. Sacher (Hrsg.), Handbuch Schule. Theorie – Organisation – Entwicklung (S. 490–494). Bad Heilbrunn: Klinkhardt.

Drumm, H. J. (2008). Personalwirtschaft. Berlin: Springer, 6. Aufl.

Dubs, R. (2005). Die Führung einer Schule. Leadership und Management. Wiesbaden: Franz Steiner.

Fend, H. (2008). Schule gestalten. Systemsteuerung, Schulentwicklung und Unterrichtsqualität. Bad Heilbrunn: Klinkhardt.

Fussangel, K., Rürup, M. & Gräsel, C. (2010). Lehrerfortbildung als Unterstützungssystem. In H. Altrichter & K. Maag Merki (Hrsg.), Handbuch Neue Steuerung im Schulsystem (S. 327–354). Wiesbaden: VS Verlag.

Hilb, M. A. (2005). Integriertes Personal-Management. Neuwied: Luchterhand, 14. Aufl.

Holtappels, H. G., Klemm, K. & Rolff, H.-G. (2008). Schulentwicklung durch Gestaltungsautonomie: Ergebnisse der Begleitforschung zum Modellvorhaben ‚Selbstständige Schule' in Nordrhein-Westfalen. Münster: Waxmann.

Holtbrügge, D. (2007). Personalmanagement. Berlin: Springer, 3. Aufl.

Huber, S. G. (2009). Schulleitung. In S. Blömeke, T. Bohl, G. Haag, G. Lang-Wojtasik & W. Sacher (Hrsg.), Handbuch Schule (S. 502–511). Bad Heilbrunn: Klinkhardt.

Huber, S. G. (1999). School Improvement: Wie kann Schule verbessert werden? In Internationale Schulentwicklungsforschung (II). In Schul-Management, 3, 7–18.

Huber, S. G. (1999). Effectiveness & Improvement: Wirksamkeit und Verbesserung von Schule – eine Zusammenschau. In Internationale Schulentwicklungsforschung (III). In Schul-Management, 5, 8–18.

Keller-Schneider, M. & Albisser, S. (2012). Einschätzungen der Schulleitungsqualität – eine Frage der individuellen Ressourcen der Einschätzenden? In Empirische Pädagogik, 26 (1), 160–179.

Maag Merki, K. & Büeler, X. (2002). Schulautonomie in der Schweiz. Eine Bilanz auf empirischer Basis. In H. -G. Rolff, K. Klemm, H. Pfeiffer & R. Schulz-Zander (Hrsg.), Jahrbuch der Schulentwicklung. Band 12. Daten, Beispiele, Perspektiven (S. 131–162). Weinheim: Juventa.

Meetz, F. (2007). Personalentwicklung als Element der Schulentwicklung. Bestandsaufnahme und Perspektiven. Bad Heilbrunn: Klinkhardt.

Mentzel, W. (2008). Personalentwicklung. Erfolgreich motivieren, fördern und weiterbilden. München: dtv, 3. Aufl.

Neuberger, O. (1994). Personalentwicklung. Stuttgart: Enke.

OECD (2004). Anwerbung, berufliche Entwicklung und Verbleib von qualifizierten Lehrerinnen und Lehrern. Länderbericht: Deutschland. Verfügbar unter: http://www.kmk.org/fileadmin/pdf/PresseUndAktuelles/2004/Germany_Country_Note_Endfassung_deutsch.pdf [23.3.2010].

Pont, B., Nusche, D. & Moorman, H. (2008). Improving School Leadership. volume 1: Policy and Practice. Paris: OECD.

Reichwein, K. (2007). Führung und Personalmanagement in Schulen. Zürich: Rüegger.

Schuler, H. (1989). Fragmente psychologischer Forschung zur Personalentwicklung. In Zeitschrift für Arbeits- und Organisationspsychologie, 7, 3–11.

Seitz, H. & Capaul, R. (2005). Schulführung und Schulentwicklung. Theoretische Grundlagen und Empfehlungen für die Praxis. Bern: Haupt.

Semling, C. & Zölch, M. (2008). Human Resource Management als Aufgabe der Schulleitung. In A. Krause, H. Schüpbach, E. Ulich & M. Wülser (Hrsg.), Arbeitsort Schule. Organisations- und arbeitspsychologische Perspektiven (S. 211–239). Wiesbaden: Gabler.

Solga, M., Ryschka, J. & Mattenklott, A. (2008). Personalentwicklung: Gegenstand, Prozessmodell, Erfolgsfaktoren. In M. Solga, J. Ryschka & A. Mattenklott (Hrsg.), Praxishandbuch Personalentwicklung. Instrumente, Konzepte, Beispiele (S. 19–33). Wiesbaden: Gabler, 2. Aufl.

Steger Vogt, E. (2013). Personalentwicklung – Führungsaufgabe von Schulleitungen. Münster: Waxmann.

Strittmatter, A. & Ender, B. (2010). Personalführung an Schulen. Gewährleisten. Unterstützen. Entwickeln. Bern: Schulverlag.

Terhart, E. (2010). Personalauswahl, Personaleinsatz und Personalentwicklung an Schulen. In H. Altrichter & K. Maag Merki (Hrsg.), Handbuch Neue Steuerung im Schulsystem (S. 255–276). Wiesbaden: VS Verlag.

Thom, N. & Ritz, A. (2006). Innovation, Organisation und Personal als Merkmale einer effektiven Schulführung. In N. Thom, A. Ritz & R. Steiner (Hrsg.), Effektive Schulführung. Chancen und Gefahren des Public Managements im Bildungswesen (S. 3–35). Bern: Haupt, 2. Aufl.

Thom, N., Ritz, A. & Steiner, R. (Hrsg.). (2006). Effektive Schulführung. Chancen und Gefahren des Public Managements im Bildungswesen. Bern: Haupt, 2. Aufl.

Zaugg, R. (2009). Nachhaltige Personalentwicklung. In N. Thom (Hrsg.), Moderne Personalentwicklung. Mitarbeiterpotenziale erkennen, entwickeln und fördern (S. 20–39). Wiesbaden: Gabler, 3. Aufl.

Zellweger, T. (2008). Führung an teilautonomen Volksschulen. Vom Einfluss der Schulleitungen auf die Berufszufriedenheit der Lehrkräfte. Freiburg: Universität.

Anmerkungen

1. Wir folgen der Ebenenaufschlüsselung des IOP Modells zur Führung von Schulen nach Thom & Ritz (2006, S. 9), erweitert in Anlehnung an Hilb (2005, S. 13) und Dubs (2005, S. 263), nicht der auch geläufigen Ebenenunterscheidung, die die Mesoebene für die Einzelschule und die Mikroebene für den Unterricht vorsieht (vgl. z.B. Fend, 2008).

2. Das IOP–Modell bildet auf der Makro- und der Mesoebene begrifflich die schweizerischen Strukturen ab.

3. Da sich die begriffliche Abgrenzung zwischen Fort- und Weiterbildung in Zeiten der Wissensgesellschaft immer schwieriger gestaltet, wird im Rahmen dieser Monografie auf eine Unterscheidung der Begriffe verzichtet und meist der Begriff „Weiterbildung" verwendet.

Voraussetzungen der drei Länder im Überblick 2

Stephanie Appius

Seit Ende der 1990er Jahre zeigt sich in der Bildungslandschaft der deutschsprachigen Länder ein Paradigmenwechsel. Outputsteuerung und in diesem Zusammenhang Kompetenzmessung, Bildungsstandards und internationale Vergleichsstudien sind die neuen Steuerungsmodi. Wenn auch die Produktionsfunktion der Schule aktuell den bildungswissenschaftlichen Diskurs maßgeblich prägt, würde eine eindimensionale Betrachtung der Einzelschule der Komplexität der Wissensproduktion im Bildungssystem nicht gerecht werden (vgl. Ditton, 2000, S. 79ff.; Böttcher, 2002, S. 94 ff.). Das institutionelle Fundament rückt insbesondere aus soziologischer Perspektive wieder vermehrt ins Zentrum. Handeln ist demnach auch immer bedingt durch den institutionellen Rahmen, so die These des Neo-Institutionalismus (vgl. Senge & Hellmann, 2006, S. 7). Die Ausprägung der dabei geschaffenen organisationalen Strukturen basiert formal auf politischer Gesetzesnormierung (vgl. ebd., S. 24).

Für den Vergleich der Ergebnisse dieser Studie ist die explizite Betrachtung der institutionell definierten Voraussetzungen aufschlussreich und eine Klärung der unterschiedlichen Ausgangslagen für die Interpretation der Daten notwendig. In vielen Belangen sind die Bildungssysteme in Vorarlberg, Baden-Württemberg und im Kanton St. Gallen vergleichbar aufgebaut. Dennoch wurde im länderübergreifenden Austausch im Rahmen dieser Forschungskooperation verschiedentlich deutlich, dass Teilaspekte differieren und unter gleichen Begriffen nicht zwangsläufig dasselbe verstanden wird. In diesem Sinne möchte dieses einführende Kapitel die unterschiedlichen Voraussetzungen in den drei Erhebungsstandorten kurz beleuchten, denn nur mit Bezug zu ihrem Kontext kann das Geschehen in den Schulen richtig verstanden werden. Insbesondere für die vergleichende Schulforschung bedarf es detaillierter Kenntnisse über die zu vergleichenden Bildungssysteme (vgl. Döbert & Sroka, 2004, S. 14). Aus diesem Grunde wird an dieser Stelle die gesetzlich normierte Schulorganisation, konkret die rechtlichen Grundlagen, welche die Pflichten und Handlungsmöglichkeiten von Schulleitungen sowie die Zuständigkeiten und Kompetenzen weiterer Akteure im Bildungssystem definieren, erläutert. Den Schulleitungen bleibt, mit Rückgriff auf die je relevanten gesetzlichen Vorgaben, mehr oder weniger Gestaltungsfreiraum in ihrer Führungstätigkeit.

Dieser Artikel bezweckt eine Annäherung an die idealtypische Ausgestaltung der Schulleitungsfunktion im Kanton St. Gallen, in Vorarlberg und Baden-Württemberg. Die nicht zu vernachlässigenden länderspezifischen Differenzen hinsichtlich der diesbezüglichen Rechtsgrundlagen werden im Folgenden ebenfalls dargestellt. Hierfür werden rechtliche Prinzipien der Schulorganisation und der Schulführung – konkret der Trägerschaften, Aufsichtsfunktionen, Finanzierungsfragen sowie die Zuständigkeiten der Schulleitung – beleuchtet. Eine rechts- und institutionenvergleichende Auslegeordnung soll die in dieser Publikation aufgeführten Vergleichsanalysen im jeweiligen staatlichen Gesamtkontext verankern, dem Verständnis dienen und die Interpretation der Ergebnisse stützen (vgl. für den Systemvergleich auch Nenniger, 2012).

Die gesetzlichen Rahmenbedingungen der Schulorganisation

Trotz der geografischen Nähe prägen unterschiedliche Rechtsprinzipien die drei Schulsysteme. Dem Subsidiaritätsprinzip folgend ist die vertikale Gewaltentrennung in der Schweiz sehr ausgeprägt und explizit in den Grundgesetzen verankert. Insbesondere die Gestaltung der obligatorischen Volksschule delegiert der Bund an die Kantone (vgl. Criblez, 2002; Nenniger, 2012). Auch in Deutschland übergibt der Bund die Legislativaufgaben hinsichtlich des Bildungswesens an die Länder. Eine weitere vertikale Aufgabentrennung ist jedoch nicht explizit vorgesehen, weshalb die kommunale Ebene in die übergeordneten Ebenen (Land und Regierungsbezirke) exekutiv eingeschlossen ist (vgl. Döbert, 2002a; Volckmar & Werler, 2002; Nenniger, 2012). Das österreichische Bildungssystem ist aus rechtlicher Perspektive vorwiegend Sache des Bundes. In dieser zentralistischen Organisation können die Länder nur bedingt gesetzliche Rahmenbedingungen schaffen, Länder und Kommunen agieren vorwiegend ausführend, selten gesetzgebend (vgl. Eder & Thonhauser, 2002). Im Folgenden werden die Besonderheiten je Standort separat beleuchtet.

Kanton St. Gallen (CH)

Im Kanton St. Gallen definieren kantonale sowie kommunale Gesetze die Grundfesten der Schule. Das St. Galler Volksschulgesetz schafft, in Ergänzung mit anderen Rechtsnormen, einen Rahmen für die pädagogische und die curriculare Ausgestaltung der Volksschulbildung, für die Qualitätssicherung an den Schulen sowie für die Aus- und Weiterbildung von Lehrpersonen. Die kantonale Legislative erlässt diese Bildungsgesetze und die Exekutive (Regierungsrat) ist mit Unterstützung des Bildungsdepartements (Schulverwaltung) für deren Umsetzung zuständig. Für die eigentliche Organisation ist der Schulträger zuständig. Im Falle der obligatorischen

Volksschulen (Primar- und Sekundarstufe I) steht die Kommune in umfassender Verantwortung. Sie führt die Schule und trägt die Verantwortung für die gesamte Organisation des Volksschulwesens von der Bereitstellung der Infrastruktur über das Personalmanagement, seit wenigen Jahren über die Beaufsichtigung der Schulen bis zur Finanzierung sämtlicher Aufwände (je nach Finanzlage mit Unterstützung des Kantons). Hierfür wird eine eigenständige Exekutiv-Behörde[1] eingesetzt. Neben der Schulführung kennt das St. Galler Bildungssystem die Schulaufsicht, welche im Sinne eines Kontrollorgans die Geschehnisse auf Schulebene überwacht und Beschwerden entgegennimmt. Die Ausgestaltung dieser Funktion befindet sich aktuell umfassend im Umbruch. So wurde das Miliz-Organ ‚regionale Schulaufsicht' per September 2012 abgeschafft und durch eine regionale Rekursinstanz ersetzt. Die Aufsichtstätigkeiten werden neu von kantonalen Instanzen sowie von der kommunalen Schulbehörde übernommen.

Die Autonomie der Kommunen hat im Kanton St. Gallen eine lange und ausgeprägte Tradition. So regeln kommunale Rechtsgrundlagen unter Einhaltung der kantonalen Gesetzgebung maßgebliche Fragen der Staatsorganisation, im Schulbereich die

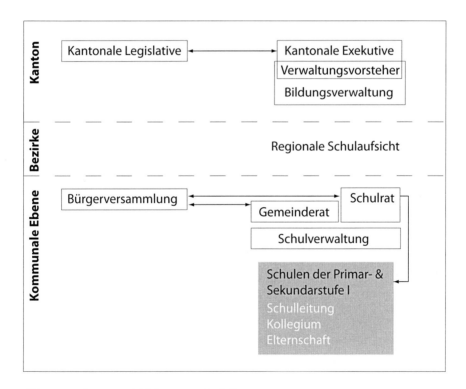

Abb. 1: Die Akteure im Bildungssystem St. Gallen

Zuständigkeiten der politischen sowie der Verwaltungsbehörden, der Schulleitungen sowie des pädagogischen Personals (vgl. Art. 4 ff. Volksschulgesetz SG). Der Kanton ist nur bedingt in Fragen des Personalmanagements involviert. Er erlässt lediglich gesetzliche Grundlagen bezüglich Anstellungsverhältnis und Besoldung, um innerhalb des Kantons einheitliche Bedingungen zu schaffen. Mit dem Volksschulgesetz, dem Gemeindegesetz und dem Lehrpersonenbesoldungsgesetz sorgt der Kanton für eine gewisse Homogenität zwischen den Kommunen. In der konkreten Ausgestaltung überlässt er jedoch der Gemeindeebene viel Gestaltungsfreiraum. Folglich sind Differenzen bezüglich Zuständigkeiten, Kompetenzen und Ressourcen zwischen den Kommunen innerhalb desselben Kantons keine Seltenheit.

Bundesland Baden-Württemberg (D)

In Baden-Württemberg liegen die Legislativrechte im Bildungswesen im Wesentlichen auf Ebene der Bundesländer. Die Länder sind zuständig für die gesetzliche Regelung der grundlegenden Bildungs- und Erziehungsziele. Die Ausführung der Gesetze überlässt das baden-württembergische Landesparlament der staatlichen Schulverwaltung. Somit übernehmen Beamt/innen des Ministeriums für Kultus, Jugend und Sport (im Folgenden Kultusministerium genannt) die Aufgabe der Organisation und Überwachung sowie der Ausgestaltung des Schulsystems.

Die Schulaufsicht ist in Baden-Württemberg dreigeteilt (vgl. Avenarius, Brauckmann & von Kopp, 2007, S. 90). Im Gegensatz zum Kanton St. Gallen bedeutet Aufsicht im deutschen Kontext nicht nur die Kontrolle der Schulen, sondern auch die Planung und Gestaltung der Organisationsstrukturen, die Normierung der Bildungsziele sowie die Rechtsstellung des Personals (vgl. Avenarius, Döbert, Geissler & Sroka, 2007, S. 64). Das Kultusministerium, die oberste Schulaufsichtsbehörde, ist somit verantwortlich für die inneren Schulangelegenheiten, für die Planung und Leitung, Ordnung und Förderung des gesamten Schulwesens, sie regelt insbesondere die Aufgaben und Ordnungen jeder Schulart auf Gesetzesebene (vgl. § 32 Abs. 1 SchG BW). Für die Fachaufsicht über die Schulen und für die Dienstaufsicht über die Schulleiter und Lehrpersonen sind die vier Regierungspräsidien als obere und für die Primar- und die Sekundarstufe I zusätzlich die 21 staatlichen Schulämter als untere Schulaufsichtsbehörde auf regionaler Ebene zuständig (vgl. § 33 & 34 Abs. 1 SchG BW). Die Regierungspräsidien (mit Sitz in Stuttgart, Karlsruhe, Freiburg i.B. und Tübingen) übernehmen die Aufgaben der Schulaufsicht und der Schulverwaltung. Die ‚Abteilung 7 – Schule und Bildung', so werden die Oberschulämter in den vier Regierungspräsidien benannt, sind für die Personalverwaltung der ca. 100'000 Lehrpersonen, die Lehrereinstellung, den Einsatz des pädagogischen Personals und für die Besetzung der Funktionsstellen an den Schu-

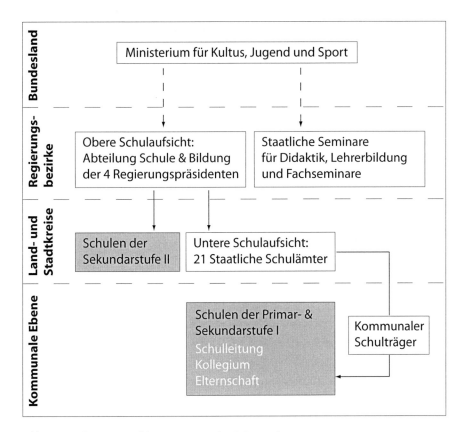

Abb. 2: Die Akteure im Bildungssystem Baden-Württemberg

len zuständig. Die Beamt/innen der Abteilung 7 werden zudem aktiv hinsichtlich Qualitätssicherung und Schulentwicklung. Gemeinsam mit den staatlichen Schulämtern, die einem Abteilungsbereich zugeordnet sind, beraten sie Schulleitungen bei Rechts- und Führungsfragen und unterstützen die Schulen in krisenhaften Situationen (vgl. Kultus Portal Baden-Württemberg, 2012). Ebenfalls übernehmen sie die Aufgabe der unmittelbaren Dienst- und Fachaufsicht über Lehrpersonen und Schulleitungen der Sekundarstufe II sowie über die untergeordneten staatlichen Schulämter.

Nebst der Dienstaufsicht über die Lehrpersonen und Schulleitungen beraten und unterstützen die Beamt/innen der Schulämter die Schulen im Primar- und Sekundarbereich I bei didaktischen und methodischen Fragen des Unterrichts, bei individuellen Schullaufbahnentscheidungen sowie bei der Gestaltung von Schulentwicklungsprozessen (vgl. Bildungsberichterstattung, 2011, S. 33).

Als Schulträger ist in Baden-Württemberg ebenfalls die Kommune vorgesehen. Die Trägerschaft bestimmt sich über die Finanzierung der Schule. Wer die Schule finanziert, ist deren Träger (vgl. § 27 Abs. 1 SchG BW). Im Bereich allgemeinbildender Schulen sind grundsätzlich die Kommunen Träger. Sie sind verantwortlich für die äußeren Schulangelegenheiten, also für die Errichtung, Organisation und Unterhaltung sowie die Verwaltung der einzelnen Schulen, ebenso für die Finanzierung der Schulbauten, der Einrichtung und den Betrieb der Schule meist mit finanziellen Zuschüssen des Landes. Wahrgenommen wird die Aufgabe der Schuladministration (Sachfragen) von der kommunalen Schulverwaltung unter der Leitung des Bürgermeisters oder der Bürgermeisterin. Die landesweit gültige Rechtsgrundlage sowie die in vielen Kommunen knappen finanziellen Mittel beschränken den Handlungsspielraum dieser Ebene vielerorts. Für die Besoldung und Versorgung des pädagogischen Personals ist das Land zuständig (vgl. Avenarius et al., 2007, S. 65), denn die Personalhoheit über die Lehrpersonen obliegt im Allgemeinen nicht den kommunalen Schulträgern. Die Lehrpersonen sind als Landesbeamt/innen staatlich Bedienstete und somit ist das Land zuständig für deren Anstellung, Beförderung, Versetzung und für alle sonstigen dienstrechtlichen Maßnahmen. Besondere Beachtung wird an dieser Stelle dem Verfahren der Personalrekrutierung und Anstellung gegeben. Grundsätzlich ist die obere Schulaufsicht verantwortlich für die Einstellung von Lehrpersonen und die Vergabe des Beamtenstatus. Das Auswahlverfahren, die Beurteilung der Bewerberinnen und Bewerber und die eigentliche Zuweisung der Lehrpersonen an Schulen, welche spezifischen Personalbedarf angemeldet haben, ist Sache der Regierungspräsidien. Das Einstellungsverfahren für Lehrpersonen der Grund-, der Haupt- und Werkrealschulen, der Realschulen und Sonderschulen kann die obere Schulaufsichtsbehörde an die Schulämter delegieren. Somit kann diese Instanz zuständig für Vorstellungs- und Bewerbungsgespräche sein (vgl. 2.3.2 Verwaltungsvorschrift Einstellung von Lehramtsbewerber/innen). Wünsche von Seiten der Lehrpersonen, in welchen Regionen sie tätig sein möchten, werden nach Möglichkeit berücksichtigt. Auch kann die Schulleitung ihre Bedürfnisse äußern. Inwiefern jedoch diesen Wünschen entsprochen werden kann, entscheidet die Schulaufsichtsbehörde (vgl. Hinweise zur Lehrereinstellung für LehrerInnen, 2013).

An dieser Stelle gilt es zu bedenken, dass aus rechtlicher Perspektive den Einzelschulen die Voraussetzung für autonomes Handeln fehlt, da qua deutschem Grundgesetz die Schule unter der Aufsicht des Staates steht (vgl. Art. 7 Abs. 1 GG). Allerdings wurden die Befugnisse der Schulleitung im Zuge der Dezentralisierungsbemühungen erweitert (vgl. Avenarius et al., 2007, S. 65). Dies findet in Baden-Württemberg jedoch keinen Niederschlag auf Gesetzesebene.

Bundesland Vorarlberg (A)

Das österreichische Bildungssystem folgt einer alten Tradition zentralistisch organisierter Bildungsadministration (vgl. Eder, Kroath & Thonhauser, 2007). Aus der Verbindung der Ebenen Bund, Land und Bezirk als Steuerungs- und Verwaltungsinstanzen ergibt sich ein administratives System von erheblicher Komplexität (vgl. Eder & Thonhauser, 2002, S. 548).

In der Grundsatzgesetzgebung des Bildungssystems definiert der Bund ein für alle Länder gültiges System (Bundes-Verfassungsgesetz Art. 14). Gesetze des Bundes regeln die Schulformen und Schultypen, die Schulorganisation und die Schulerhaltung, die Anstellung und Besoldung des pädagogischen Personals sowie grundlegende Werte und Haltungen dieses staatlichen Subsystems. Lehrpläne und Formen der Leistungsbeurteilung werden ebenfalls zentralistisch in Verordnungen geregelt (vgl. Eder & Thonhauser, 2002, S. 547).

Die Aufgaben und Zuständigkeiten der Akteure im österreichischen Bildungssystem variieren zwischen den Pflichtschulen (Volksschulen, Neue Mittelschulen/Hauptschulen, Sonderschulen, Polytechnische Schulen, Berufsschulen) und den allgemeinbildenden und den berufsbildenden mittleren und höheren Schulen. Die Zuständigkeiten für die Pflichtschulen liegen bei Bund, Land und den Gemeinden. Aufgrund der Fallauswahl werden an dieser Stelle lediglich die Strukturen im Bereich der Volksschulen und Neuen Mittelschulen/Hauptschulen erläutert. Für den Vollzug der zentral erlassenen Gesetzesgrundlagen sind die Länder und teils die Gemeinden zuständig. Die Länder regeln dies in der Ausführungsgesetzgebung.

Die fachliche und pädagogische Aufsicht liegt beim zuständigen Bundesminister, den ihm unterstehenden Landesschulräten und den diesen unterstehenden Bezirksschulräten. Die Schulaufsicht über Volksschulen und Neue Mittelschulen/Hauptschulen üben Landesschulinspektoren und diesen unterstehende Bezirksschulinspektoren aus (vgl. Eder & Thonhauser, 2002, S. 548; § 2 Bundes-Schulaufsichtsgesetz). Die Schulaufsichtsfunktion umfasst die Prüfung der auf Bundesebene erlassenen Qualitätsziele (§ 18 Bundes-Schulaufsichtsgesetz) sowie die Umsetzung der Bundes- und Landesgesetze. Ausgewählt und eingesetzt werden die Inspektoren vom zuständigen Bundesminister, wobei das Kollegium des Landesschulrates einen Dreiervorschlag für die Bestellung vorlegt (§ 9 Bundes-Schulaufsichtsgesetz und Art. 81a und 81b Bundes-Verfassungsgesetz).

Die Verantwortung für die Schulerhaltung trägt bei Volksschulen und Neuen Mittelschulen/Hauptschulen die kommunale Ebene, wobei das Vorarlberger Schulerhaltungsgesetz unter dem Begriff Erhaltung insbesondere die Bereitstellung von Schulraum fasst (§ 12 Schulerhaltungsgesetz). Bei ganztägigen Schulen sind die Gemeinden auch für die Betreuung der SchülerInnen durch entsprechendes Personal während des Freizeitanteils der Ganztagesschule zuständig. Das Schulerhaltungsgesetz regelt die Finanzierung der Pflichtschulen: die mit der Errichtung, Erhaltung der Gebäude und Auflassung öffentlicher Pflichtschulen verbundenen Kosten sind durch die Gemeinden als gesetzliche Schulhalter zu tragen (§ 2 Schulerhaltungsgesetz). Nebst der Schulerhaltung werden der Gemeinde keine weiteren Aufgaben zugeteilt. Folglich werden auf kommunaler Ebene auch keine spezifischen Schulbehörden eingesetzt.

An Volksschulen und Neuen Mittelschulen/Hauptschulen unterrichten Landeslehrer-Innen, die in einem öffentlich-rechtlichen Dienstverhältnis zum Land stehen (§ 1 Landeslehrer-Dienstrechtsgesetz). Die Abteilung Schule im Amt der Landesregierung, die oberste Dienstbehörde der Landeslehrpersonen, verfügt über die zentrale Rolle in der Personalverwaltung, -planung, -organisation sowie Personalabrechnung. Anstellungen, Versetzungen, Kündigungen, Stellenzuweisungen und Pensionierungen werden für LandeslehrerInnen durch dieses Amt vollzogen.

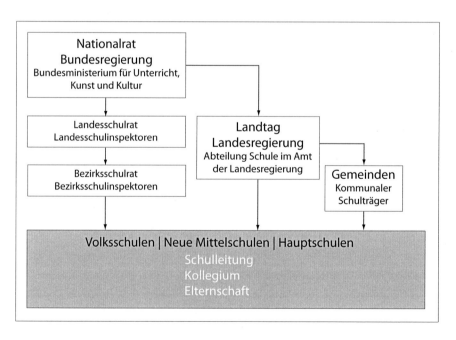

Abb. 3: Akteure im österreichischen Schulsystem: Volksschulen | Neue Mittelschulen | Hauptschulen

Die Finanzierung der Lehrpersonen- und Schulleitungsbesoldung ist Sache des Bundes (§ 4 Finanzausgleichsgesetz). Er überlässt den Ländern auf dem Wege des Finanzausgleichs die notwendigen Mittel (vgl. Eder & Thonhauser, 2002).[2] Die Abteilung Schule im Amt der Landesregierung erstellt, üblicherweise in Zusammenarbeit mit den Landesschulräten, eine Personalplanung. Hierfür hat die Schulleitung einen Personalbedarfs- und Personalentwicklungsplan zu erstellen (§ 32 Landeslehrer-Dienstrechtsgesetz). Die Stellenpläne der Länder werden vom Bund genehmigt. Die Aufgabe der Schulführung bei Volksschulen und Neuen Mittelschulen/Hauptschulen liegt im Kompetenzbereich der vom Land bestellten Schulleitungen (§ 26 Landeslehrer-Dienstrechtsgesetz), d.h. die Schulleitung weist die Lehrpersonen an die einzelnen Klassen und übernimmt die Einteilung der wöchentlichen Stunden.

Die idealtypische Ausgestaltung der Schulleitungsfunktion

Nach einer ausführlichen Darstellung der Akteurkonstellation sowie der Zuständigkeiten einzelner Akteure in den drei Ländern wird im Folgenden die Rolle der Schulleitung aus politisch rechtlicher Sicht beschrieben. Im Fokus stehen die rechtlich definierten Zuständigkeiten, Kompetenzen und Befugnisse der Leitungsinstanz in den Einzelschulen, der weiteren kommunalen Instanzen sowie von Akteuren aus der Verwaltung.

Kanton St. Gallen (CH)

Im Kanton St. Gallen werden die Zuständigkeiten der Schulleitung nur bedingt durch kantonale Gesetze und Weisungen geregelt. Die kantonalen Regelungen schaffen lediglich einen groben Rahmen für die Definition der Schulleitungsaufgaben (vgl. Appius & Nägeli, 2014). Generell zeigt sich im Kanton St. Gallen eine hohe Dezentralisierung der Schulorganisation auf die kommunale Ebene. Grund hierfür sind historisch gewachsene Finanzierungsregelungen; die Personalkosten für Lehrpersonen sowie für Schulleitungen müssen von der Kommune getragen werden. Damit verbunden überlässt der Kanton den Kommunen Freiheiten in der Ausgestaltung der Schulorganisation. Die Schulleitung führt im Auftrag der Schulbehörde eine Schuleinheit in administrativer, personeller und pädagogischer Hinsicht. Dies ist im kantonalen Volksschulgesetz seit 2004 verankert (vgl. Art. 114 ff. Volksschulgesetz). Im Zuge der Einführung von Schulleitungen überließ der Kanton dem kommunalen Schulrat die Definition der Aufgaben einer Schulleitung. Inwiefern der kommunale Schulrat tatsächlich Kompetenzen an diesen Akteur delegierte und welche Aufgaben weiterhin vom Schulrat übernommen wurden, blieb in der Ermessensfrage des Schulrates. Der Schulrat ist lediglich zwingend zuständig für die Begründung, Unterhaltung und Auflösung der Arbeitsverhältnisse, bei den Lehrpersonen nach kantonalem Recht und bei den Schulleitungen nach kommunalem Verwaltungsrecht (vgl. Art. 5. Weisungen zur Schulleitung). Mit einer Weisung zur Schulleitung definierte der Kanton die Anstellungsbedingungen hinsichtlich Führungspensum und Unterrichtstätigkeit.[3] Die konkreten Aufgaben der Schulleitungen definiert hingegen die Schulbehörde in einem kommunal verfassten Reglement. Folglich unterscheiden sich die Zuständigkeiten von Gemeinde zu Gemeinde. Aus diesem Grunde wurde in der Befragung der St. Galler Schulleitungen erhoben, welcher Akteur über welche Zuständigkeiten verfügt.

Abbildung 4 verdeutlicht, dass der Schulrat über die abschließende Kompetenz hinsichtlich des Arbeitsverhältnisses der Lehrpersonen verfügt. Der Schulrat ist zuständig für die Einstellung, die Weiterführung und die Kündigung der Arbeitsverhältnisse von Lehrpersonen. Vielerorts wird die Schulleitung in das Einstellungsprozedere involviert, die Rücksprache mit der Schulleitung ist oft kommunal-gesetzlich vorgesehen. Aufgaben der Personalführung wurden in vielen Kommunen an die Schulleitung delegiert.[4] Sie trägt meist die Verantwortung für die Beurteilung der Lehrpersonen sowie für die Planung der Pensen. Zudem

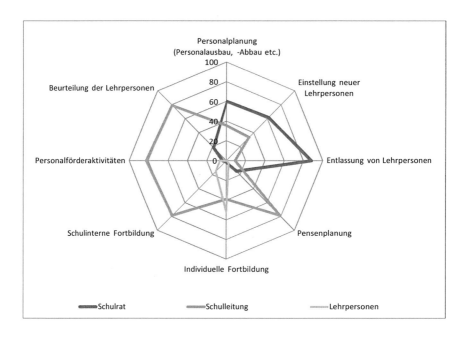

Abb. 4: Entscheidungsbefugnisse im Bereich des Personalmanagements auf kommunaler Ebene (in Prozent) im Kanton St. Gallen (vgl. Steger Vogt & Appius, 2011)

ergreift sie Maßnahmen der Personalförderung und organisiert schulinterne Fortbildungen entsprechend den schulinternen Begebenheiten (vgl. Steger Vogt & Appius, 2011).

Bundesland Baden-Württemberg (D)

Im Bundesland Baden-Württemberg definiert das Schulgesetz die Aufgaben der Schulleitung landesweit. Im Vergleich zum Kanton St. Gallen werden die Leitungsaufgaben sehr differenziert im Schulgesetz (vgl. Schulgesetz Baden-Württemberg) geregelt. So ist die Schulleitung zuständig für die Gesamtlehrerkonferenzen einer Schule, sie leitet und verwaltet die Schule und ist gleichzeitig als Lehrperson an dieser Schule angestellt. Im Weiteren befindet die Schulleitung über die Aufnahme und die Entlassung von Schülerinnen und Schülern, sie pflegt die Beziehung zu den Eltern, schulnahen Institutionen und der Öffentlichkeit und ist für die Aufstellung der Stunden- und Aufsichtspläne innerhalb der rechtlichen Vorgaben zuständig.

Die Schulleitung ist zwar in Erfüllung ihrer Aufgaben weisungsberechtigt gegenüber den Lehrpersonen ihrer Schule insbesondere hinsichtlich der dienstlichen Beurteilung, der Pensenplanung, der Personalförderung sowie der schulinternen Fortbildung. Weitere Aufgaben der Personalführung sind den Schulleitungen jedoch nur bedingt übertragen worden (vgl. Vereinigung von Schulleiterinnen und Schulleitern in Baden-Württemberg, 2009)[5]. Lehrpersonen stehen in Baden-Württemberg im Dienste des Landes (vgl. § 38 SchG BW) und deren Aufsicht ist Sache der staatlichen Schulaufsicht (vgl. § 32 SchG BW). Die Beteiligung an der Personalauswahl kann aufgrund der Gesetzeslage nur bedingt wahrgenommen werden. Folglich können der Schulleitung diesbezügliche Personalführungsaufgaben nicht übertragen werden. Lediglich Personen, die nicht im Dienste des Landes stehen, sondern von der Kommune angestellt sind, können durch die Schulleitung beaufsichtigt werden (vgl. § 41 Abs. 2 & 3 Schulgesetz für Baden-Württemberg). Eine Stärkung der Schulleitung kann der kommunale Schulträger formal hinsichtlich kommunaler Finanzierungspflichten anstreben (vgl. Informationssystem „SchulRechtPLUS" für Schulleiter, Rechtliche Erläuterungen zum Schulrecht § 41).[6] Da in vielen Kommunen die Haushaltsmittel äußerst knapp sind, bleibt den Schulleitungen faktisch beim Einsatz kommunaler Ressourcen kaum Gestaltungsspielraum.

Bundesland Vorarlberg (A)

Der autonome Entscheidungsspielraum der Schulleitung ist formal klar begrenzt (vgl. Schratz, 2008). Das österreichische Bundesrecht sieht vor, dass die Schulleitung für die Besorgungen aller bundesweit verordneten Angelegenheiten zuständig ist, welche nicht von übergeordneten Schulbehörden übernommen werden. Die Funktion der Schulleitung, die Dienstpflichten und Zuständigkeiten sind im Schulunterrichtsgesetz, im Landeslehrer-Dienstrechtsgesetz und im Landeslehrer-Diensthoheitsgesetz geregelt. Die Schulführung von Pflichtschulen vor Ort liegt im Kompetenzbereich der vom Land bestellten Schulleitung.[7] Sie sorgt formal für die Einhaltung aller Rechtsvorschriften in der Schule. So soll die Schulleitung darauf achten, dass alle an der Schule tätigen Lehrpersonen ihre dienstlichen Aufgaben gesetzmäßig und in zweckmäßiger Weise erfüllen (§ 32 Abs. 2 Landeslehrer-Dienstrechtsgesetz).

Vielerorts übernimmt die Schulleitung die Klassenzuteilung, die Stundenplanung sowie nach Möglichkeit die inhaltliche Schwerpunktsetzung einer Schule. Im Weiteren weist das Schulunterrichtsgesetz den Schulleitungen Aufgaben des Qualitätsmanagements, der Schul- und Unterrichtsentwicklung, der Führung und Personalentwicklung sowie die Pflege von Außenbeziehungen zu. Sie ist die unmittelbare Vorgesetzte der Lehrpersonen und sonstigen Bediensteten einer Schule (§ 56 Schulunterrichtsgesetz). Die Schulleitung hat die Lehrpersonen in ihrer Unterrichts- und Erziehungsarbeit zu beraten und sich vom Stand des Unterrichts und von den Leistungen der Schüler regelmäßig zu überzeugen (§ 56 Schulunterrichtsgesetz; § 32 Abs. 2 Landeslehrer-Dienstrechtsgesetz). Zudem befähigt das Landeslehrer-Dienstrecht die Schulleitung, das dienstliche Fortkommen der Lehrpersonen zu fördern (§ 32 Abs. 2 Landeslehrer-Dienstrechtsgesetz). So wird die Schulleitung verpflichtet, eine Personalbedarfs- und Personalentwicklungsplanung zu erstellen. Im Gegenzug erhält sie das Recht, zu Bewerbungen Stellung zu nehmen und der personalführenden Stelle Vorschläge zu übermitteln (§ 32 Abs. 5 Landeslehrer-Dienstrechtsgesetz).

Exkurs: Regelungen zu Fort-/Weiterbildung

In diesem kurzen Exkurs werden die Regelungen hinsichtlich der Fort- und Weiterbildungsverpflichtungen der Lehrpersonen sowie die Verankerungsmaßnahmen von Personalentwicklung in den drei Ländern dargestellt. Für die Interpretation der nachfolgend dargestellten Ergebnisse soll dieser Exkurs den gesetzlichen Hintergrund erläutern.

Kanton St. Gallen (CH)

Das St. Galler Volksschulgesetz verpflichtet die Lehrpersonen zu regelmäßiger fachlicher und pädagogischer Fortbildung (vgl. Art. 79 Volksschulgesetz). Der

Kanton bietet mit einem umfassenden Kursprogramm eine breite Palette an Weiterbildungsmöglichkeiten an. Dabei besteht die Verpflichtung zur Weiterbildung während wenigstens zwölf Tagen innerhalb von vier Jahren für jene Lehrpersonen, die über ein Vollzeitpensum verfügen (vgl. Art. 32 Verordnung über das Arbeitsverhältnis der Volksschullehrpersonen). Weiterbildungen sind in der unterrichtsfreien Zeit zu besuchen (vgl. Art. 31 Verordnung über das Arbeitsverhältnis der Volksschullehrpersonen). Trotz kantonaler Verpflichtung finanziert der Kanton die Fort- und Weiterbildung nur teils, die Gemeinden haben einen Beitrag an den Kurskosten zu leisten (vgl. Art. 30 Verordnung über das Arbeitsverhältnis der Volksschullehrpersonen). Die schulinterne Weiterbildung wird ebenfalls in einer Verordnung erwähnt, dort werden die Gemeinden aufgefordert, schulinterne Fort- und Weiterbildungen anzubieten (vgl. Art. 27 Verordnung über das Arbeitsverhältnis der Volksschul-Lehrpersonen). Für die kollegiale Hospitation sieht der Kanton zwei Halbtage pro Lehrperson pro Schuljahr vor (vgl. Art. 29 Abs. 3 Verordnung über das Arbeitsverhältnis der Volksschul-Lehrpersonen). Im Kanton St. Gallen verfügen die Schulleitungen nebst einem Lehrerdiplom und Unterrichtserfahrung mehrheitlich über den Ausweis einer abgeschlossenen Schulleitungsausbildung (vgl. Art. 7 Weisungen zur Schulleitung).

Bundesland Baden-Württemberg (D)

Mit den Leitlinien zur Fortbildung und Personalentwicklung an Schulen in Baden-Württemberg wurde 2006 eine Vorschrift erlassen, welche die Stärkung der Eigenverantwortung der Einzelschule bezüglich Schul-, Unterrichts- und Personalentwicklung und somit auch die Fort- und Weiterbildung der Lehrpersonen vorsieht. Die Lehrpersonen werden in diesen Leitlinien zur Weiterbildung verpflichtet, deren Umfang wird jedoch nicht definiert (vgl. Informationssystem „SchulRechtPLUS" für Schulleiter/innen, Leitlinien zur Fortbildung und Personalentwicklung).

Das Angebot an Lehrer/innenfort- und Weiterbildungsmöglichkeiten wird allgemein vom Kultusministerium konzipiert. Innerhalb dieser Rahmenbedingungen sorgen die drei Landesakademien für Fortbildung und Personalentwicklung an Schulen in Baden-Württemberg für die detaillierte Gestaltung und Durchführung von Fortbildungsangeboten in den Bereichen Personalentwicklung, der pädagogischen und pädagogisch-psychologischen Fortbildung, des fachlichen und didaktisch-methodischen Bereichs sowie der Schulentwicklung und -beratung (vgl. Diehl, Krüger, Richter & Vigerske, 2010, S. 19). Die Staatlichen Seminare für Didaktik und Lehrerbildung wirken ebenso bei der Fort- und Weiterbildung der Lehrkräfte mit (vgl. Staatliche Seminare in Baden-Württemberg). Ergänzend gibt es Fort- und Weiterbildungsangebote auf regionaler Ebene sowie schulintern (vgl.

Brauckmann, Döbert, Fuchs & Sroka, 2007, S. 112), die i.d.R. von den Staatlichen Schulämtern mit getragen werden. Ein Fortbildungsbudget kann das Land hierfür zur Verfügung stellen, dies ist aber nicht die Regel (vgl. Bundesarbeitsgemeinschaft SCHULEWIRTSCHAFT, 2008, S. 37).

Amtierende Schulleitungen haben keine gesonderte Ausbildung besucht. In der Regel bewerben sich erfahrene Lehrpersonen auf eine Schulleiterstelle (vgl. Döbert, 2002b, S. 101). Mit Amtsantritt besuchen die Schulleitungen Fortbildungsmodule und darüber hinaus kann ein ergänzendes Fortbildungsangebot für Führungskräfte an der Landesakademie für Fortbildung und Personalentwicklung an Schulen in Baden-Württemberg in Schwäbisch-Hall (Comburg) besucht werden. Im Weiteren bieten verschiedene Schulleitungsvereinigungen ein spezifisches Weiterbildungsangebot für Leitungsaufgaben.

Vorarlberg (A)
Die österreichischen Bundesgesetze definieren die berufliche Fortbildung der Lehrpersonen ebenfalls nur marginal. Im Schulunterrichtsgesetz wird die Weiterbildungspflicht der Lehrpersonen verankert (§ 51 Abs. 2 Schulunterrichtsgesetz). Differenzierter wird der Umfang dieser Pflicht im Landeslehrer-Dienstrechtsgesetz definiert: „Im Rahmen der Jahresstundensumme […] sind für die Teilnahme an verpflichtenden Fortbildungsveranstaltungen, die im Zusammenhang mit der Tätigkeit des Lehrers stehen, 15 Jahresstunden [vorgesehen]" (§ 43 Abs. 3 Landeslehrer-Dienstrechtsgesetz). Ebenfalls schafft das Bundesgesetz die Möglichkeit, im Rahmen von Lehrerkonferenzen schulinterne Fortbildung abzuhalten (§ 57 Abs. 1 Schulunterrichtsgesetz). Für die Konzipierung und die Durchführung von Fort- und Weiterbildungen sind die Pädagogischen Hochschulen zuständig.

Zusammenfassende Bilanz

Abschließend werden einige Aspekte der gesetzlichen Institutionalisierung der Schulführung im Mehrebenensystem hervorgehoben. Einerseits wird auf die vorangehend hergeleiteten Rechtsnormen Bezug genommen. Andererseits werden ergänzend subjektive Einschätzungen zu den Rechtsgrundlagen aufgeführt, immer im Bewusstsein, dass diese erst mittels einer systematischen wissenschaftlichen Analyse erhärtet werden müssen.

Eine markante Differenz zwischen den drei Systemen zeigt sich in der kommunalen Verankerung der Volksschule. Im Kanton St. Gallen verfügt die kommunal zuständige Schulbehörde über erheblich weitergehende Zuständigkeiten und Kompetenzen als in Vorarlberg und Baden-Württemberg. Dem Subsidiaritätsprinzip streng folgend stehen die St. Galler Kommunen in der Pflicht, sämtliche Kosten des Schulbetriebs zu übernehmen. Im Gegenzug erhalten sie jedoch Entscheidungsfreiheiten im Hinblick auf die Schulorganisation.[8] Die St. Galler Kommunen sind verpflichtet, dies in kommunalen Gesetzen zu regeln, die kantonalen Vorgaben können entsprechend der kommunalen Situation rekontextualisiert werden. Im Gegensatz dazu sind die Kommunen in Baden-Württemberg und in Vorarlberg formal lediglich zuständig für die Bereitstellung der Schulinfrastruktur. Über die Ausgestaltung der Schulorganisation entscheiden übergeordnete Instanzen. Die Schulverwaltung, in Baden-Württemberg das Ministerium für Kultus, Jugend und Sport und in Österreich das Bundesministerium für Unterricht, Kunst und Kultur, definierte trotz ihrer großen Distanz zur Schulbasis die Führungsbefugnisse der Schulleitung. So bleibt der kommunalen Ebene nur bedingt ein rechtlicher sowie ein minimaler finanzieller Spielraum, spezifische Organisationsformen entsprechend den lokalen Bedürfnissen zu finden (in seiner vergleichenden Analyse kommt Nenniger (2012, S. 32) zu ähnlichen Einschätzungen).

Relevante Differenzen zeigen sich zudem hinsichtlich Anstellungsfragen. In St. Gallen werden die Schulleitungen von den Gemeinden bestellt, ebenso die Lehrpersonen. Diese werden vielerorts von der Schulleitung rekrutiert und ausgewählt und von der Schulbehörde formal angestellt. In Baden-Württemberg sind die drei Schulaufsichtsbehörden auf Länderebene und in Vorarlberg Ämter auf Landes- und teils auch auf Bundesebene zuständig für Anstellungsfragen im Primar- und Sekundarbereich I. Schulleitungen sowie Lehrpersonen werden von den Verwaltungsabteilungen auf Länderebene in einzelne Schulen entsandt. Folglich wird die zentrale Personalmanagementaufgabe, die Einstellung von Lehrpersonen, den Schulleitungen nicht zuteil. Eine den lokalen Bedürfnissen entsprechende Personalauswahl ist erst in Ansätzen mit den sogenannten Schulscharfen Ausschreibungen in Baden Württemberg (vgl. Landtag von Baden-Württemberg, 28.7.2010) vorhanden.

Eine autonome Ausgestaltung der Schulleitungsfunktion auf kommunaler Ebene erschwert die Regelungsdichte in diesen beiden Ländern. Gesetze und Verordnungen sind abstrakte Gebilde, die einer Konkretisierung bedürfen und somit per se einen gewissen Handlungsspielraum gewähren. Eine wohlwollende Auslegung der Rechtsgrundlage ermöglicht trotz großer Regelungsdichte Spielraum für lokal adaptierte Problemlösungen. Die Konkretisierung von Paragraphen und Gesetzesartikeln hängt aber auch in einem demokratischen Rechtsstaat von der politischen und juristischen Sensibilität individueller und kollektiver Akteure ab. Dies ist auch im Kanton St. Gallen trotz kürzerer Entscheidungswege und kommunal geregelter Führungsstrukturen relevant für eine stete Entwicklung in den Schulen, denn die Ausgestaltung organisationaler Strukturen basiert auf politischer Normierung und auf individuell professioneller Gestaltung durch soziales Handeln (vgl. Senge & Hellmann, 2006, S. 24).

Literatur

Appius, S. & Nägeli, A. (2014). Bildungsreformen in Städten am Beispiel der Einführung von geleiteten Schulen, Tagungsband Governancetagung Giessen.

Avenarius, H., Brauckmann, S. & von Kopp, B. (2007). Verfassungsrechtliche Grundlagen und politisch-administrative Praxis. In Arbeitsgruppe Internationale Vergleichsstudie (Hrsg.), Schulleistungen und Steuerung des Schulsystems im Bundesstaat: Kanada und Deutschland im Vergleich (S. 69–104). Münster: Waxmann.

Avenarius, H., Döbert, H., Geissler, G. & Sroka, W. (2007). Die Bildungssysteme Kanadas und Deutschlands im Überblick. In Arbeitsgruppe Internationale Vergleichsstudie (Hrsg.), Schulleistungen und Steuerung des Schulsystems im Bundesstaat: Kanada und Deutschland im Vergleich (S. 57–68). Münster: Waxmann.

Böttcher, W. (2002). Kann eine ökonomische Schule auch eine pädagogische sein? Weinheim: Juventa.

Brauckmann, S., Döbert, H., Fuchs, H.-W. & Sroka, W. (2007). Steuerung der Schulsysteme in den kanadischen Provinzen und den deutschen Ländern. In Arbeitsgruppe Internationale Vergleichsstudie (Hrsg.), Schulleistungen und Steuerung des Schulsystems im Bundesstaat: Kanada und Deutschland im Vergleich (S. 105–120). Münster: Waxmann.

Criblez, L. (2002). Schweiz. In H. Döbert (Hrsg.), Die Schulsysteme Europas. (S. 665–685). Baltmannsweiler: Schneider Hohengehren.

Ditton, H. (2000). Qualitätskontrolle und Qualitätssicherung in Schule und Unterricht. In Zeitschrift für Pädagogik. 41. Beiheft, 73–92.

Diehl, T., Krüger, J., Richter, A. & Vigerske, S. (2010). Einflussfaktoren auf die Fort- und Weiterbildung von Lehrkräften. Erste Ergebnisse eines Forschungsprojekts. In Berufs- und Wirtschaftspädagogik Online, 19, S. 1–21.

Döbert, H. (2002a). Deutschland. In H. Döbert (Hrsg.), Die Schulsysteme Europas. (S. 175–203). Baltmannsweiler: Schneider Hohengehren.

Döbert, H. (2002b). Deutschland. In H. Döbert, W. Hörner, B. von Kopp & W. Mitter (Hrsg.), Die Schulsysteme Europas. (S. 92–113). Baltmannsweiler: Schneider Hohengehren.

Döbert, H. & Sroka, W. (2004). Features of Successful School System. Münster: Waxmann.

Eder, F., Kroath, F. & Thonhauser, J. (2007). Austria. In H. Hörner (Hrsg.), The education systems of Europe (S. 52–76). Dordrecht: Springer.

Eder, F. & Thonhauser, J. (2002). Österreich. In H. Döbert (Hrsg.), Die Schulsysteme Europas. (S. 665–685). Baltmannsweiler: Schneider Hohengehren.

Geser, H. (2007). Die kommunale Milizverwaltung: Zukunfts- oder Auslaufmodell? In Sociology in Switzerland. Verfügbar unter: http://geser.net/gem/001i.pdf [04.07.2013].

Nenniger, P. (2012). Das Schulwesen in Deutschland und in der Schweiz – Über einige Unterschiede von scheinbar Gleichem. In A. Hoffmann-Ocon (Hrsg.), Reformprozesse im Bildungswesen: zwischen Bildungspolitik und Bildungswissenschaft. Wiesbaden: VS Verlag.

Schratz, M. (2008). Die Rolle der Schulleitung im österreichischen Schulwesen. In J. Schmich & C. Schreiner (Hrsg.), TALIS 2008: Schule als Lernumfeld und Arbeitsplatz. Graz: Leykam. Verfügbar unter: https://www.bifie.at/buch/1053/6/k [28.08.2013].

Senge, K. & Hellmann, K.-U. (2006). Einführung in den Neo-Institutionalismus. Wiesbaden: VS Verlag.

Steger Vogt, E. & Appius, S. (2011). Personalentwicklung als Führungsaufgabe von Schulleitungen, Bericht zur Befragung der Schulleitungen Kanton St. Gallen. Verfügbar unter: http://www.phsg.ch/Portaldata/1/Resources/forschung_und_entwicklung/schulentwicklung_und_beratung/Bericht_zum_Fragebogen_Schulleitung_2011_02_10.pdf [16.12.2013].

Volckmar, N. & Werler, T. (2002). Österreich. In H. Döbert (Hrsg.), Die Schulsysteme Europas. (S. 543–563). Baltmannsweiler: Schneider Hohengehren.

Quellen & Gesetzestexte

Kanton St. Gallen

Gemeindegesetz (GG) des Kantons St. Gallen vom 21.04.2009.

Gesetz über den Lohn der Volksschullehrer (GLV; Lehrpersonenbesoldungsgesetz) vom 30.11.1971.

Verordnung über das Arbeitsverhältnis der Volksschul-Lehrpersonen (VAL) vom 23. Februar 1999.

Volksschulgesetz (VSG) des Kantons St. Gallen vom 13. Januar 1983.

Weisungen des Kantons St. Gallen zur Schulleitung vom 1. September 2004 (Mit der zwischenzeitlich neugeregelten Finanzierung der Schulleitungsstellen durch die Gemeinden ist die Rechtfertigung für kantonal festgelegte Rahmenbedingungen entfallen. Dies ist jedoch für dieses Forschungsprojekt nicht relevant, da die Daten vor der Aufhebung dieser Weisung erhoben wurden.)

Bundesland Baden-Württemberg

Bildungsberichterstattung 2011 (2011), Landesinstitut für Schulentwicklung, Statistisches Landesamt Baden-Württemberg.

Bundesarbeitsgemeinschaft SCHULEWIRTSCHAFT (2008). Was Schulleiter als Führungskraft brauchen http://www.arbeitgeber.de/www/arbeitgeber.nsf/res/Schulleiterbrosch%C3%BCre.pdf/$file/Schulleiterbrosch%C3%BCre.pdf [16.12.2013].

Grundgesetz für die Bundesrepublik Deutschland in der Fassung vom 11. Juli 2012

Hinweise zur Lehrereinstellung für Lehrerinnen und Lehrer an Grund- und Hauptschulen, Werkreal-schulen, Realschulen, Sonderschulen, Ministerium für Kultus, Jugend und Sport Baden-Württemberg; Ministerium für Kultus, Jugend und Sport, Baden-Württemberg https://www.lehrer-online-bw.de/,Lde/Startseite [16.12.2013].

Informationssystem „SchulRechtPLUS" für Schulleiter, Rechtliche Erläuterungen zum Schulrecht § 41; In: Lambert, Müller, Sutor (Hrsg.) Schulrecht Baden Württemberg http://bildungsklick.de/pm/54381/wolters-kluwer-deutschland-bietet-schulleitern-mit-dem-informationssystem-schulrecht-plus-eine-wirkungsvolle-unterstuetzung-ihrer-leitungstaetigkeit/ [16.12.2013].

Informationssystem „SchulRechtPLUS" für Schulleiter. Erläuterungen zu den Leitlinien zur Fortbil-dung und Personalentwicklung an Schulen in Baden-Württemberg, Verwaltungsvorschrift vom 24. Mai 2006; Informationssystem „SchulRechtPLUS" für Schulleiter, rechtlichen Erläuterungen zum

Schulrecht zu den Leitlinien http://bildungsklick.de/pm/54381/wolters-kluwer-deutschland-bietet-schulleitern-mit-dem-informationssystem-schulrecht-plus-eine-wirkungsvolle-unterstuetzung-ihrer-leitungstaetigkeit/ [16.12.2013].

Kultus Portal Baden-Württemberg (2012) Lehrer Online Baden-Württemberg, die zentrale Plattform zum Personalmanagement https://www.lehrer-online-bw.de/servlet/PB/menu/1177385/index.html [18.10.2012].

Landtag von Baden-Württemberg, 28.7.2010, Antrag der Fraktion der SPD und Stellungnahme des Ministeriums für Kultus, Jugend und Sport, Unterrichtsversorgung im Schuljahr 2010/2011 http://www9.landtag-bw.de/WP14/Drucksachen/6000/14_6751_d.pdf [12.12.2013].

Lehrerinnen-Fortbildungsserver, Landesakademie für Fortbildung und Personalentwicklung an Schulen http://lehrerfortbildung-bw.de/wirueberuns/ [16.12.2013].

Schulgesetz (SchG) für Baden-Württemberg in der Fassung vom 1. August 1983.

Staatliche Seminare in Baden-Württemberg http://www.seminare-bw.de/servlet/PB/menu/1161830/index.html [16.12.2013].

Vereinigung von Schulleiterinnen und Schulleitern in Baden-Württemberg, 2009; Grundpositionen der VSL Baden-Württemberg. b:sl Beruf : Schulleitung (3) 2009. http://www.vsl-bw.de/index.php/termine/eventeinzelheiten/3/-/schulleitungstag-2013 [28.08.2013].

2.3.2 Verwaltungsvorschrift Einstellung von Lehramtsbewerberinnen und Lehramtsbewerbern vom 13. Dezember 2011 des Bundeslandes Baden Württemberg.

Bundesland Vorarlberg

Bundes-Verfassungsgesetz BGbl. Nr 1/1030 zuletzt geändert durch BGbl I Nr. 31/2005.

Bundes-Schulaufsichtsgesetz BGBl. Nr. 240/1962 i.d.g.F.

Finanzausgleichsgesetz 2008 BGBl. Nr 1/1930 zuletzt geändert durch BGbl. I Nr., 31/2005.

Landeslehrer-Diensthoheitsgesetz LGBl. Nr. 34/1964 i.d.g.F.

Landeslehrer-Dienstrechtsgesetz BGBl. Nr. 302/1984 i.d.g.F.

Schulerhaltungsgesetz LGBl.Nr. 32/1998, 45/2000, 28/2002, 37/2006, 63/2012, 44/2013.

Schulunterrichtsgesetz BGBl. Nr. 472/1986 i.d.g.F.

Anmerkungen

1. Der Schulrat ist eine Zivilbehörde. Gewählte Bürgerinnen und Bürger engagieren sich ehrenamtlich in diesem Exekutivgremium. Dies ist typisch für das schweizerische Milizsystem. So wird die öffentliche Aufsicht der Schule der republikanischen Grundidee folgend nicht einer kleinen Elite von Berufspolitikern und professionellen Verwaltungsbeamten überlassen (vgl. Geser, 2007).

2. Die notwendigen Mittel für die Finanzierung der Lehrpersonenbesoldung werden vom Bund in Form von ‚Werteinheiten für Lehrerstunden' (Zeiteinheit) zur Aufrechterhaltung des Regelangebots sowie für das ergänzende, schulintern definierte Bildungsangebot vor Ort zugewiesen.

3. Diese Weisungen wurden zwischenzeitlich, im Sommer 2013 und somit nach Abschluss der Datenerhebung für dieses Forschungsprojekt, aufgehoben. Aufgrund einer Revision der kantonalen Finanzbeteiligung entfällt die Rechtfertigung für kantonal festgelegte Rahmenbedingungen. Der Verband der Volksschulträger und die Vereinigung der Schulleitungspersonen haben Orientierungshilfen mit Aussagen zu den Anstellungsbedingungen, zum Gehalt und zum Führungspensum von Schulleitungen erarbeitet.

4. Ob dies formal definiert oder informell praktiziert wird, bleibt im Fragebogen offen.

5. Dies bemängelt der Verband ‚Vereinigung von Schulleiterinnen und Schulleitern in Baden- Württemberg'. So wird in einem Positionspapier gefordert, dass die Entscheidungsbefugnisse der Schulleitung bei Personaleinstellungen gestärkt werden müsse (vgl. VSL, 2009)

6. 80% der gesamten Bildungskosten werden in Deutschland von den Ländern getragen, die Kommunen decken etwa 20% der Kosten des Bildungssystems ab (vgl. Döbert, 2002b, S. 98).

7. Die Schulführung ist über mehrere Schulen möglich, wobei die Gesamtzahl von zwölf Klassen nicht überschritten werden darf.

8. Beispielsweise verlangt der Kanton lediglich, dass Schulleitungen eingesetzt werden. Wie deren Pflichtenheft und die Zusammenarbeit mit den kommunalen Schulbehörden aussehen, wird von Seiten des Kantons nicht definiert.

Ziel und forschungsmethodische Anlage der Studie

3

Elisabeth Steger Vogt

Ziel der Untersuchung

Die Untersuchung hat zum Ziel, aus den Sichtweisen von Lehrpersonen, Schulleitungen[1] und Verantwortlichen der Schulbehörden Gelingensbedingungen von Personalentwicklung an der Einzelschule herauszuarbeiten. Aus den jeweiligen Erfahrungen und Einschätzungen der Akteurinnen und Akteure werden Hinweise auf unterstützende Merkmale und fruchtbare Dynamiken für die produktive Personalentwicklung an Schulen im Primar- und Sekundarbereich I abgeleitet. Die länderspezifischen Besonderheiten in Schulführungsfragen stellen dabei den mit zu berücksichtigenden Rahmen dar, innerhalb dessen Personalentwicklung je spezifischen Anforderungen unterliegt, die ihrerseits wiederum das Gelingen mit beeinflussen. So werden länderspezifische Ausprägungen der Personalentwicklung sowie die Bedeutung differenter Führungskulturen auf die jeweilige Praxis der Personalentwicklung ermittelt. Ziel ist es, im Ländervergleich Erkenntnisse zu systembedingten bzw. systemunabhängigen personalentwicklungsförderlichen Bedingungen in Bezug auf das Strategiehandeln, die Systemstrukturen sowie das Steuerungshandeln zur Professionalisierung von Schulleitungen zu generieren.

Folgende Fragen leiten diese Forschungsarbeit:
- Wie wird Personalentwicklung im Ländervergleich in der Einzelschule strategisch als auch operativ gestaltet und durch schulinterne Bedingungen sowie durch die Schulbehörde unterstützt?
- Welche strategischen, strukturellen, kulturellen, schulinternen und kontextuellen Bedingungen sowie welche Formen des Personalführungshandelns der Schulleitung wirken systembedingt bzw. systemunabhängig förderlich auf die berufliche Entwicklung der Lehrpersonen und deren Akzeptanz der Personalentwicklung?

Auf der Grundlage der Erkenntnisse der Schulwirksamkeitsforschung wird im Rahmen dieser Untersuchung der Empfehlung von Bonsen (vgl. 2006, S. 225) nachgegangen, andere Wirkungsbereiche der Schulleitung als jene des Outputs von Schule zu betrachten und damit die Prozessebene zu fokussieren. Im Feld der Regulationsvorgänge der Schule auf mehreren Ebenen (vgl. IOP-Modell nach

Thom und Ritz, 2006) werden im Rahmen dieses Projekts die Ergebnisse auf den folgenden sieben Ebenen zusammengeführt und dargestellt (vgl. Kap. 1, Abb. 2):

1. *Kontextfaktoren Makroebene* (Bundesstaat, Bundesland / Kanton): gesetzliche Grundlagen, Aufgabenfeld Schulleitung im Ländervergleich, Unterstützungs-leistungen für Personalentwicklung durch Bundesland / Kanton (Kap. 2)
2. *Kontextfaktoren Mesoebene*[2] (Kommune / Gemeinde): Zuständigkeiten der Personalverantwortung, Führungskonzepte, Unterstützungsleistungen und Führungserwartung für Personalentwicklung durch Schulaufsicht / -behörde (Kap. 4.4)
3. *Mikroebene Einzelschule; Schulinterne Bedingungsgrößen*: Führungsverantwor-tung, zeitliche und finanzielle Ressourcen für Personalentwicklung (Kap. 4.3)
4. *Mikroebene Einzelschule; strategische und operative Gestaltung der Personalent-wicklung* (Kap. 4.1 und 4.2)
5. *Mikroebene Einzelschule; Personelle Bedingungsgrößen Schulleitung*: Führungs-verständnis und Führungsverhalten (Kap. 4.5)
6. *Mikroebene Einzelschule; Personelle Bedingungsgrößen Lehrpersonen*: Akzep-tanz der Personalführung und -entwicklung (Kap. 4.6)
7. *Mikroebene Einzelschule; Kultur*: Lernkultur und Entwicklungsbereitschaft der Kollegien (Kap. 4.7)

Forschungsdesign und Stichprobe

Die vorliegende Untersuchung fokussiert Personalentwicklung als Schulführungs-aufgabe im internationalen Vergleich des Kantons St. Gallen (CH) und der zwei Bundesländer Baden-Württemberg (D) und Vorarlberg (A). Um vergleichende Ergebnisse erzielen zu können, wurden die Studienschritte so weit wie mög-lich in den drei Ländern vergleichbar vollzogen. Unterschiede im Feldzugang, Anpassungen der Instrumente an länderspezifische Besonderheiten und zeit-liche Verschiebungen sind jeweils beschrieben. Für den Kanton St. Gallen liegt eine eigenständige Veröffentlichung vor (vgl. Steger Vogt, 2013). Eine detaillierte Beschreibung des methodischen Zugangs und der Instrumentenentwicklung kann darin nachgelesen werden (vgl. ebd.).

Der forschungsmethodische Zugang erfolgt mittels qualitativer und quantitativer Methoden, um eine breite und zugleich vertiefende Datenbasis zur Gestaltung von Personalentwicklung an Schulen zu erhalten, da die Untersuchung an ein komplexes Forschungsfeld anknüpft, zu dem kaum konkrete Ergebnisse vor-liegen. So wird den Untersuchungen ein sequenzielles quantitativ-qualitatives

Design zugrunde gelegt (Abb. 1), d.h. auf der Grundlage einer quantitativen Erhebung folgt ein qualitatives Erhebungsverfahren mittels Fallstudien (Case Studies). Dabei werden aufbauend auf einer Ist-Zustandsanalyse der Personalentwicklungspraxis an den Schulen über Fallanalysen vertiefte Erkenntnisse förderlicher Bedingungen für Personalentwicklung gewonnen und diese im Ländervergleich kontrastiert.

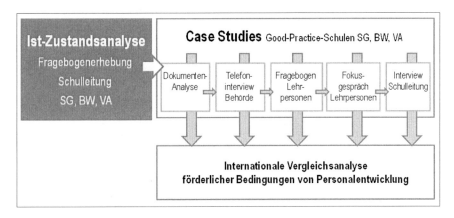

Abb. 1: Untersuchungsdesign (SG = St. Gallen, BW = Baden-Württemberg, VA = Vorarlberg)

Ist-Zustandserhebung: Fragebogen Schulleitungen

Zur Ist-Zustandserhebung der Personalentwicklung in der Schule wurden in den Jahren 2010 die Schulleitungen der Primar- und Sekundarstufe I im Kanton St. Gallen befragt. In den Jahren 2011 (Baden-Württemberg) und 2012 (Vorarlberg) folgten die Befragungen der Schulleitungen derselben Schultypen der beiden anderen Länder. Gymnasien und berufliche Schulen wurden nicht in die Stichprobe eingeschlossen, da diese aufgrund unterschiedlicher gesetzlicher Grundlagen nicht mit den Schulleitungen der allgemein bildenden Schulen des Sekundarbereichs I bzw. den Pflichtschulen verglichen werden konnten. Für die schweizerischen Untersuchungen drängte sich zudem eine Fokussierung der Primar- und Sekundarstufe I auf, da das Bildungssystem dort durch die Einführung von Schulleitungen in den letzten Jahren einschneidende Strukturveränderungen erfahren hatte und damit die Bedeutung der Schule als wesentliche Handlungseinheit (vgl. Fend 1986) auch strukturell gestärkt wurde.

Die Stichproben gehen auf differente Ziehungen zurück. Im Kanton St. Gallen und im Bundesland Vorarlberg wurden aufgrund der kleinen Grundgesamtheit der Schulleitungen Vollerhebungen durchgeführt. Im Kanton St. Gallen beteiligten sich 207 Schulleitungen (Rücklauf 82%) und im Bundesland Vorarlberg 113 Personen (Rücklauf 55%) an der Untersuchung. Dank der Zusammenarbeit mit den Schulleitungs- und Schulgemeindeverbänden in St. Gallen bzw. der Schulbehörde in Vorarlberg konnten in beiden Ländern sämtliche Schulleitungen kontaktiert werden. In Baden-Württemberg konnten nur jene Schulleitungen der Grund-, Haupt-, Werkreal-, Real- und Sonderschulen angeschrieben werden (N = 2611), deren Email-Adressen aus dem Internet recherchierbar waren, da eine Gesamtliste mit Email-Adressen weder vom Statistischen Landesamt noch von der Schulaufsichtsbehörde aus Gründen des Datenschutzes zur Verfügung gestellt werden konnte. Aufgrund dieser erschwerten Erhebungsbedingungen fiel der Rücklauf mit 17% deutlich geringer aus (n = 444) als in den beiden anderen Ländern. Als Folge der Differenzen in der Brutto- und in der Nettostichprobe sollte eine mögliche Verzerrung der Baden-Württemberger Daten mitgedacht werden.

Obgleich unterschiedliche Rahmenbedingungen an den drei Standorten vorliegen, die möglicherweise Einfluss auf die Gestaltung der Personalentwicklung haben, kann davon ausgegangen werden, dass keine gravierenden gruppenspezifischen Differenzen im Verständnis, was Personalentwicklung im schulischen Kontext bedeutet, zu berücksichtigen sind. Aktuellere Ausbildungsmodule für Schulleitungen haben sich in allen drei deutschsprachigen Ländern vor dem Hintergrund derselben Fachdebatte entwickelt und beziehen sich weitgehend auf einen gemeinsamen Fachwissensbestand.

Die Schulleitungsbefragung (Ist-Zustandsanalyse) dient als Grundlage und Ausgangsbasis für die weiteren Untersuchungsschritte und ermittelt Verantwortlichkeit, Strategie, Planung und Ressourcen der Personalentwicklung sowie die Führungseinstellung der Schulleitung. Weiter fragt sie nach der Einschätzung der Schulleitungen zum Kollegiumsklima und zur Führungsakzeptanz der Lehrpersonen sowie nach der Unterstützung durch die Schulbehörde. Damit wird explorativ-deskriptiv der Ist-Zustand der Praxis der Personalentwicklung an den Schulen der drei Länder erhoben und gleichzeitig der Zugang zum Feld geschaffen. Weiter dienen die Befunde der Befragung zur Auswahl von 24 relevanten Good-Practice-Fallschulen für die weiterführenden Case Studies zur vertiefenden quantitativen und qualitativen Datenerhebung.[3]

Case Studies
Die Stichprobe der Fallschulen setzt sich zu gleichen Teilen aus je acht Volksschulen des Kantons St. Gallen, acht allgemeinbildenden Schulen (GHWRS) des Bundeslands Baden-Württemberg und acht Pflichtschulen des Bundeslands Vorarlberg

zusammen. Die Auswahl der Schulen erfolgte über ein theoretisches Sampling, d.h. nach konkret-inhaltlichen Kriterien, und begründet sich damit, dass diese nach ihrer Relevanz sowie kontrolliert durch die emergierende Theorie rekrutiert werden und das Feld damit über möglichst genuine und typische Fälle von innen heraus erschlossen werden kann (vgl. Flick, 2006). Damit erfolgt die Auswahl der Schulen anhand der Daten der Fragebogenerhebung über die Erfüllung eines Kriterienkatalogs (vgl. Steger Vogt, 2013). Hauptkriterien für die Teilnahme an der Untersuchung sind eine mindestens dreijährige Personalentwicklungsaktivität[4] der Schulleitung an der untersuchten Schule, eine strategische Orientierung der Schulleitung, positive Erfahrungen mit verschiedenen Personalentwicklungsinstrumenten, eine ausgewogene Verteilung von Stadt- und Landschulen sowie weiblicher und männlicher Schulleitungen. Die Auswahlkriterien heben damit vorab Aspekte gelingender Personalentwicklung hervor, um unter der Berücksichtigung der geringen Fallzahl den Grad der Verallgemeinerbarkeit der Aussagen zu erhöhen (vgl. Flick, 2006).

Die *Dokumentenanalyse* dient der Erhebung von Kontextfaktoren der Makro- und Mesoebene (u.a. Gesetzesgrundlagen, Führungskonzepte, Ressourcen, Regelung der Zuständigkeiten) sowie schulinterner Bedingungsgrößen (u.a. Schultyp, -größe, Standort). Daraus werden Aspekte zur Ausgestaltung der Führungsaufgabe entnommen, um bei den Interviews Spezifika im Blick zu halten. Zur Erfassung relevanter Dokumente wurden die Schulleitungen der Fallschulen gebeten, ein Dokumenten-Portfolio als Untersuchungsgrundlage zur Verfügung zu stellen. Dazu erhielten sie eine Liste mit detaillierten Angaben der erwarteten Dokumente, wie bspw. Leitfaden oder Schulprogrammbeschreibungen, tabellarische Zusammenstellung von Kennzahlen zur Infrastruktur und Personen der Schule und, so vorhanden, klassenübergreifende Vereinbarungen zum Unterricht und zur Unterrichtsentwicklung oder auch Informationsvereinbarungen (vgl. Steger Vogt, 2013). Die Dokumentenanalyse fließt im Rahmen der hier vorgestellten Untersuchung nicht als Datensatz in die triangulierende Auswertung ein.

Mittels *strukturiertem Telefoninterview* wurden 20 Personen der Schulaufsicht bzw. Schulbehörde befragt, d.h. in St. Gallen acht Schulpräsidentinnen bzw. Schulpräsidenten, in Baden-Württemberg sieben Schulrätinnen bzw. Schulräte und in Vorarlberg fünf Bezirksschulinspektorinnen bzw. Schulinspektoren. Diese wurden jeweils zu ihrer Führungserwartung in Bezug auf Personalentwicklung, zur ihrer Erfahrung mit der Regelung der Verantwortlichkeiten in Bezug auf Personalentwicklung und -führung sowie zur Zusammenarbeit mit der Schulleitung der in die Untersuchung eingebundenen Schule befragt (siehe Unterstützungsleistungen der Schulbehörde, Kap. 4.4).

Die *Online-Fragebogenerhebung* wurde nach Rücksprache mit der Schulleitung i.d.R. vor den Interviews ausschließlich den Kollegien der beteiligten Schulen mit Bitte um Teilnahme zugesandt. Diese fand in den drei Ländern sehr unterschiedlich statt (N SG: = 188; N VA: = 77; N BW: = 62). Ein durchschnittlicher Rücklauf 45% und mehr war nur für die St.Galler Lehrerkollegien zu verzeichnen. So fallen die Länderstichproben unterschiedlich repräsentativ aus und die Daten des Lehrerfragebogens sind als weniger robust einzustufen. Die Lehrpersonen wurden im Fragebogen zur Akzeptanz der Personalentwicklung als Führungsaufgabe und zu Merkmalen der Führungspraxis (siehe operative Personalentwicklung Kap. 4.2) sowie der Kollegiumskultur (siehe Lernkultur Kap. 4.7), zu ihrem Weiterbildungsverhalten sowie zu ihren beruflichen Zielen und Motiven (siehe personelle Bedingungsgrößen Lehrpersonen Kap. 4.5) befragt.

Im nächsten Schritt wurden zur vertiefteren Betrachtung der Bedingungen der Führungsakzeptanz bei den Lehrpersonen sowie der subjektiven Sichtweisen von Wirkungszusammenhängen der zurückgespiegelten Daten der quantitativen Online-Erhebung Fokusgruppen-Interviews (n = 5–7 pro Schule, total n = 225) durchgeführt. Die Auswahl der Interviewteilnehmenden erfolgte nach konkret-inhaltlichen Kriterien. Diese konnten unter der Maßgabe der Freiwilligkeit der Teilnahme weitestgehend berücksichtigt werden. Dabei wurde auf eine möglichst heterogene Gruppenzusammensetzung Wert gelegt, zur Erfassung einer großen Variationsbreite und Unterschiedlichkeit von Auffassungen sowie differierenden Perspektiven gegenüber förderlicher Bedingungsfaktoren von Personalentwicklung. Als Hauptkriterien wurden dabei die Stufenzugehörigkeit, das Alter sowie unterschiedliche Aufgaben und Funktionen an der Schule festgelegt. Die Auswahl der Lehrpersonen in Bezug auf eine große Variationsbreite an Einstellungen beruht auf der Einschätzung der Schulleitungen.

Befragungsschwerpunkte | Fokusgruppeninterview Lehrpersonen
- Kollegiumsklima & Entwicklungsbereitschaft des Kollegiums
- Umgang mit Heterogenität: Würdigung besonderer Leistungen
- Akzeptanz, die individuellen Ziele den Schulentwicklungszielen unterzuordnen
  (Einstellung „Ich als Individuum" versus „Ich als Teil der Schule")
- Akzeptanz der Steuerung der Weiterentwicklung durch Schulleitung: kritische Rückmeldungen
- Akzeptanz, Nutzen und Wirkung des Mitarbeitendengesprächs (MAG)

> **Befragungsschwerpunkte | Leitfadeninterview Schulleitung**
> - Lernkultur und Entwicklungsbereitschaft des Kollegiums
> - Verständnis von Personalentwicklung und Umgang mit Ressourcen
> - Strategie: Vision und Ziele
> - Steuerung & Akzeptanz der Personalentwicklung als Führungsaufgabe
> - Pädagogischer Austausch und Zusammenarbeit
> - Innovationsförderung
> - Umgang mit entwicklungsunwilligen Lehrpersonen
> - Kontext Ebene Schulgemeinde: Unterstützung durch Schulbehörde

Als letzter Erhebungsschritt erfolgten *themenzentrierte Interviews mit den Schulleitungen* (N = 24). Darin wurden das Verständnis und das Erleben von Personalentwicklung und der Führungskultur der Schulleitungen fokussiert (siehe Strategie der Personalentwicklung Kap. 4.1) sowie ihre Erklärung von Wirkungszusammenhängen der zurückgespiegelten Daten der quantitativen Online-Erhebung und des Interviews mit den Lehrpersonen erfasst.

Instrumente der Datenerhebung

Alle verwendeten Instrumente dieser Vergleichsstudie wurden im Rahmen der St.Galler Untersuchung (vgl. Steger Vogt, 2013) in Kooperation einer Forscherinnengruppe entwickelt[5] und im Wortlaut an die spezifischen Bedingungen der jeweiligen Länder angepasst. Bei der Entwicklung der *Fragebögen* bildeten theoretisch hergeleitete Analysedimensionen und -subdimensionen deren Grundstruktur (vgl. ebd.). Die Items wurden als Statements konzipiert, d.h. eine Aussage konnte anhand einer fünf-stufigen Likert-Skala mit den Antwortmöglichkeiten „trifft gar nicht zu" „trifft eher nicht zu", „teils-teils", „trifft eher zu" und „trifft genau zu" beurteilt werden. Zusätzlich enthalten die Fragebögen einige demographische Variablen (u.a. Alter, Geschlecht, Anzahl Jahre der Führungstätigkeit, Kennzahlen der Schule wie Klassenanzahl oder Kollegiumsgröße) und wurden auf eine Bearbeitungszeit von 45 Min. (Schulleitung) bzw. 25 Min. (Lehrpersonen) ausgerichtet. Die Entwicklung der Leitfäden erfolgte auf der Grundlage der Fragebogenerhebungen, der Dokumentenanalyse sowie vorangegangener Interviews anhand eines vorab definierten Analyseverfahrens und führte zur Bildung von Befragungsschwerpunkten, welche in den Leitfadeninterviews fokussiert wurden.

Datenauswertung

Die quantitative Online-Befragung von Schulleitungen und Lehrpersonen wurde mittels SPSS 17 ausgewertet. Zur zusammenfassenden und übersichtlichen Darstellung der Ergebnisse wurden Verfahren der deskriptiven Statistik wie Mittelwerte, Streuung, Kreuztabellen und Korrelationsmatrizen angewendet, um die Stichproben vergleichbar und Merkmalszusammenhänge erkennbar zu machen (vgl. Bortz & Döring, 2006). Ferner wurden die Ländergruppen auf varianzanalytischer Basis miteinander verglichen (vgl. Sedlmeier & Renkewitz, 2008).

Die Auswertung der *Dokumentenanalyse* erfolgte nach einem Auswertungsleitfaden (vgl. Steger Vogt, 2013). Dabei wurden die wichtigsten Kennzahlen der Schulen, die Verantwortlichkeiten der Schulleitungen, die strategische Positionierung von Personalentwicklung, deren konzeptuelle Verankerung sowie die Strukturen institutionalisierter Zusammenarbeit des Kollegiums und der Schulentwicklung erfasst. Weiter wurden der Differenzierungsgrad der Dokumente, die Klarheit der Regelung der Verantwortlichkeit sowie Besonderheiten oder Unklarheiten in Bezug auf Personalentwicklung ermittelt.

Die *Fokusgruppeninterviews mit Lehrpersonen* sowie die *Einzelinterviews mit den Schulleitungen* wurden vollständig transkribiert und gemäß dem inhaltsanalytischen Vorgehen nach Mayring (2007) mittels MAXQDA ausgewertet. Zur Erarbeitung der wesentlichen Inhalte und Zusammenhänge der Befragung wurde die Auswertung mit den zwei Grundformen Strukturierung und Zusammenfassung bearbeitet (ebd.). Für die inhaltliche Strukturierung wurde das Kategoriensystem induktiv aus dem erhobenen Datenmaterial zeitlich vorgeordnet zunächst aus der St.Galler Untersuchung entwickelt (vgl. Steger Vogt, 2013) und anschließend in den beiden anderen Bundesländern den Länderspezifika angepasst und teilweise erweitert. Die einzelnen Kategorien wurden mithilfe von Kodierregeln definiert und mit Ankerbeispielen versehen. Kodierregeln und Ankerbeispiele wurden sowohl als eigenständiges Kodiermanual als auch als Codememos in MAXQDA festgehalten. Die Forscherinnen und Forscher konnten durch die unmittelbare Rückkopplung an die Kodierregeln in MAXQDA das Risiko frühzeitiger Interpretation schon während des Codierprozesses minimieren. Zur Erreichung einer hohen Intercoder-Reliabilität zwischen den Auswertungspersonen der drei Länder wurde mittels MAXQDA ein Intercoding-Testverfahren durchgeführt. Nach der Etablierung von mind. drei Testwerten zwischen 0.76 und 0.88 wurden die Interviews codiert. Anschließend an das Kodierungsverfahren wurden die Interviews im ersten Schritt fallbezogen den Verfahrensschritten Paraphrase, Generalisierung und Reduktion unterzogen und danach fallübergreifend pro Land anhand der Kategorien zusammengefasst und verdichtet. Im Anschluss erfolgte eine länderübergreifende Vergleichsanalyse der so entstandenen Reduktionen.

Für die Auswertung der *Telefoninterviews der Schulaufsicht bzw. Schulbehörden*[6] wurde in St. Gallen das Vorgehen der reduktiven Inhaltsanalyse gewählt (vgl. Lamnek, 2010). Diese beschränkt sich auf manifeste Kommunikationsinhalte und geht vor allem zusammenfassend und strukturierend vor. Dabei wurden die Aussagen thematisch erfasst, den vorgegebenen Kategoriebereichen zugeordnet oder damit induktiv Kategorien gebildet. In Baden-Württemberg und Vorarlberg wurden die Interviews mit MAXQDA kategorisiert und inhaltsanalytisch ausgewertet. Anschließend wurden alle Auswertungen reduktiv zusammengefasst und in Form einer Themenmatrix dargestellt.

Methodologische Triangulation

Die ländervergleichende Untersuchung fokussiert die Ergebnisse der qualitativen Erhebungen und sucht damit in ausgewählten Befragungsschwerpunkten nach förderlichen Bedingungen der Personalentwicklung, welche eine spezifische Kontextabhängigkeit oder -unabhängigkeit vermuten lassen. Bei Fragestellungen, die sich aus der qualitativen Datenanalyse ergaben, wurde auf das quantitative Datenmaterial zurückgegriffen und gezielt weitere statistische Analysen zur Kontrastierung oder Validierung von Phänomenen und spezifischen Ausprägungen vorgenommen.

Überblick über die Ergebniskapitel

Die thematische Struktur der Ergebnisdarstellung bilden die sieben Dimensionen des IOP-Modells (Thom & Ritz, 2006) Strategie, Struktur (operative Gestaltung), schulinterne Bedingungen, Kontext Schulbehörde, Personelle Bedingungsgröße Schulleitung, personelle Bedingungsgröße Lehrpersonen und Kultur. Den Leitfragen der Untersuchung wird in folgender Aufteilung nachgegangen: Wie wird Personalentwicklung im Ländervergleich in der Einzelschule strategisch als auch operativ gestaltet und durch schulinterne Bedingungen sowie durch die Schulbehörde unterstützt?
- Kap. 4.1 Strategische Gestaltung der Personalentwicklung
- Kap. 4.2 Operative Gestaltung der Personalentwicklung
- Kap. 4.3 Unterstützende schulinterne Bedingungen
- Kap. 4.4 Unterstützende Bedingungen durch die Schulbehörde

Welche Formen des Personalführungshandelns der Schulleitung sowie welche strukturellen wie kulturellen Bedingungen wirken systembedingt bzw. systemunabhängig förderlich auf die berufliche Entwicklung der Lehrpersonen und deren Akzeptanz der Personalentwicklung?
– Kap. 4.5 Förderliches Führungsverständnis und -verhalten der Schulleitung
– Kap. 4.6 Führungsakzeptanz der Personalentwicklung durch die Lehrpersonen
– Kap. 4.7 Die Entwicklungsbereitschaft von Teams

Pro Ergebniskapitel wird das Datenmaterial auf wenige Schwerpunkte fokussiert. Die Auswahl der Schwerpunkte richtet sich nach der Aussagekraft des Datenmaterials, d.h. nach bemerkenswerten Ergebnissen, die im Ländervergleich Unterschiede oder Gemeinsamkeiten beschreiben. Die sieben Ergebniskapitel schließen jeweils mit einer Zusammenfassung und Teildiskussion.

Literatur

Bonsen, M. (2006). Wirksame Schulleitung. Forschungsergebnisse. In H. Buchen & H.-G. Rolff (Hrsg.), Professionswissen Schulleitung (S. 193–228), Weinheim: Beltz.

Bortz, J. & Döring, N. (2006). Forschungsmethoden und Evaluation. Heidelberg: Springer.

Dubs, R. (2005). Die Führung einer Schule. Leadership und Management. Wiesbaden: Franz Steiner.

Fend, H. (2008). Schule gestalten. Systemsteuerung, Schulentwicklung und Unterrichtsqualität. Bad Heilbrunn: Klinkhardt.

Fend, H. (1986). „Gute Schulen – schlechte Schulen". Die einzelne Schule als pädagogische Handlungseinheit. In Die deutsche Schule, 78, 3, 275–293.

Flick, U. (2006). Qualitative Sozialforschung. Reinbek bei Hamburg: Rowohlt.

Hilb, M.A. (2005). Integriertes Personal-Management (Vol. 14). Neuwied: Luchterhand.

Lamnek, S. (2010). Qualitative Sozialforschung. Weinheim: Beltz.

Mayring, P. (2007). Qualitative Inhaltsanalyse. Grundlagen und Techniken. Weinheim: Beltz.

Sedlmeier, P. & Renkewitz, F. (2008). Forschungsmethoden und Statistik in der Psychologie. München: Pearson.

Steger Vogt, E. 2013. Personalentwicklung – Führungsaufgabe von Schulleitungen. Münster: Waxmann.

Thom, N. & Ritz, A. (2006). Innovation, Organisation und Personal als Merkmale einer effektiven Schulführung. In N. Thom, A. Ritz & R. Steiner (Hrsg.), Effektive Schulführung. Chancen und Gefahren des Public Managements im Bildungswesen (S. 3–35), Bern: Haupt.

Anmerkungen

1. Wir verwenden die Form ‚Schulleitung' für die Schulleiterinnen und Schulleiter und nicht im Sprachgebrauch, wie er in Deutschland häufig verwendet wird, wo Schulleitung das Leitungsteam mindestens von Schulleiter/in und Konrektor/in meint. Stellvertreterinnen und Stellvertreter sind in unserer Studie unberücksichtigt, da nicht alle Schulen in den drei Ländern der Befragung diese stellen.

2. Wir folgen der Ebenenaufschlüsselung des IOP Modells zur Führung von Schulen nach Thom und Ritz (2006, S. 9), erweitert in Anlehnung an Hilb (2005, S. 13) und Dubs (2005, S. 263), nicht der auch geläufigen Ebenenunterscheidung, die die Mesoebene für die Einzelschule und die Mikroebene für den Unterricht vorsieht (vgl. z.B. Fend, 2008).

3. Die Schulleitungen hatten die Möglichkeit, im Fragebogen ihre Bereitschaft zur weiteren Teilnahme anzugeben.

4. Bei einer Schulleitung in BW wurde eine zweijährige Berufserfahrung zugelassen.

5. Die Entwicklung der Fragebögen und Interview-Leitfäden erfolgte in Kooperation der Forscherinnengruppe Steger Vogt, Appius, Kansteiner-Schänzlin und Bach-Blattner der Pädagogischen Hochschulen St. Gallen (CH) und Weingarten (D). Die Grundlagen dazu (Herleitung der Analysedimensionen und Indikatoren) wurden im Rahmen der St.Galler Untersuchung erarbeitet (vgl. Steger Vogt, 2013).

6. Im deutschen Untersuchungsteil wurden nur Personen aus der unteren Schulaufsicht in die Untersuchung einbezogen, auch wenn mittlere und obere Schulaufsicht in Baden-Württemberg Personalentwicklung an Schulen z.B. über das länderweite Fortbildungsprogramm mit vorstrukturieren. Sie blieben unberücksichtigt, um die Parallelität vor allem zum Schweizer Kanton zu erhalten.

Die strategische Gestaltung der Personalentwicklung

Christoph Stamann & Katja Kansteiner

Die Verlagerung einiger wichtiger Befugnisse der Schulaufsicht auf die Ebene der Einzelschule überträgt einen nicht unbedeutenden Teil der Verantwortung für das Qualitätsmanagement der schulischen Arbeit in die Hände der professionellen Akteur/innen vor Ort, sprich in die Hand der Schulleitung und ihres Kollegiums. Die politische Ebene stellt dazu den Orientierungsrahmen und steuert u.a. durch Information, Planung, Mittelbeschaffung sowie durch die Festlegung der erwarteten Wirkungen und ihre Überwachung (vgl. Thom & Ritz, 2006, S. 7f). Die Zuweisung der operativen Handlungsfreiheit (vgl. Schedler, 1995, S. 119) auf die Ebene der Einzelschule (vgl. Fend, 1996) fordert neben der Führungsverantwortung auch die Strategieverantwortung. Es gilt seitens der Schulleitung dafür zu sorgen, dass schulintern Ziele gesetzt werden und ein Konzept entwickelt wird, das die strategische Ausrichtung zum Erreichen der Ziele für die Schule festlegt (vgl. Thom & Ritz, 2006, S. 8).

Die Führungsaufgabe, Schulentwicklung strategisch auszurichten, umfasst die drei Entwicklungsfelder, die man gemeinhin als Trias der Schulentwicklung konzeptualisiert: die Unterrichtsentwicklung sowie die Organisations- und Personalentwicklung (vgl. Bastian & Combe, 1998). Hierbei agieren Schulleitungen innerhalb eines Feldes konkreter Erwartungen der tangierten Akteursgruppen. Bezüglich der Personalentwicklung sind dies primär zwei, mit deren Erwartungen sie konfrontiert sind: die Schulaufsichtspersonen, denen die Schule im Sprengel zugeordnet ist, und die Lehrpersonen ihres Kollegiums, auf die sich ihre personalentwicklerische Führung direkt bezieht. Erstere[1] wurden nach ihren Zielvorstellungen zur Personalentwicklung und den Erwartungen an die Schulleitung befragt:

– Welche Aspekte von Personalentwicklung innerhalb einer Einzelschule sind die zentralen Impulse für die Entwicklung der Schule?
– Wodurch können Personalentwicklungsbemühungen der Schulleitungen gelingen?
– Was erwarten Sie von Ihrer Schulleitung in Bezug auf die Personalentwicklung?
– Wie beeinflusst die Schulaufsicht das Gelingen von Personalentwicklung?

Die Lehrpersonen wurden hingegen nach ihren Ansichten zum Bereich Fort- und Weiterbildung als zentrale personalentwicklerische Maßnahme gefragt:

- Nach welchen Kriterien wählen Sie Ihre Fort- und Weiterbildung[2]?
- Unter welchen Umständen, sind sie bereit, die Auswahl Ihrer Fort- und Weiterbildungen an den Bedürfnissen oder Zielen der Schule anstatt ihren persönlichen Interessen auszurichten?
- In welchen Situationen finden Sie es legitim, dass die Schulleitung in Bezug auf Ihre berufliche Fort- und Weiterbildung Ansprüche an Sie stellt?

In den Gesprächen mit den Schulleitungen waren indes ihr eigenes Verständnis von Personalentwicklung sowie ihre Sicht auf die Bedeutung und den Umgang mit ihrer Vision für die Schulentwicklung Thema:

- Was verstehen Sie konkret unter dem Begriff „Personalentwicklung" und welchen Stellenwert hat sie für Sie?
- Wie gelingt es, dass sich Lehrkräfte als Teil einer visionären und zielorientierten Schuleinheit verstehen?
- Wie kann es gelingen, angesichts der Ressourcen Personalentwicklung angemessen zu betreiben?

Die Frage des personalentwicklerischen Bemühens der Schulleitung bezüglich ihrer eigenen Fortbildung kommt an anderer Stelle zur Sprache (siehe Kap. 4.5). Im Folgenden werden vielmehr die zentralen Erwartungen der Personen der Schulaufsicht/Schulbehörde an das personalentwicklerische Bemühen der Schulleitungen vorgestellt und Einblick in die strategische Ausrichtung, wie sie die Schulleitungen selbst für sinnvoll halten, ermöglicht. Dabei kommt auch ihr Umgang mit den gegebenen Bedingungen zur Sprache. Kontrastiert wird die Sichtweise auf die Steuerung von Personalentwicklung mit der Perspektive der Lehrpersonen am Beispiel der Fortbildung. Die Darstellungen beruhen dabei primär auf den qualitativen Interviews mit den Beteiligten. Hier sind länderbezogene Hinweise so zu verstehen, dass eine Beobachtung dort mit in den Gesamtreigen an Gelingensbedingungen eingebracht wurde, die allerdings keinen Anspruch an Repräsentativität für das jeweilige Land beansprucht. Aus den ergänzten quantitativen Schulleitungsdaten hingegen erlauben sich durchaus länderspezifische Differenzierungen. Für St. Gallen wurden die Daten der Stichprobe bereits separat veröffentlicht (vgl. Steger Vogt, 2013).

Erwartungen der Schulaufsicht/Schulbehörde an die Führungsaufgabe der Personalentwicklung der Schulleitung

Personalentwicklung soll aus Sicht der befragten Schulaufsichtspersonen den Mehrwert der Schule erhöhen und damit die Standortattraktivität sichern. Außerdem erwarten sie vor allem Unterrichtsentwicklung an den Schulen. Hierzu wird, mit leicht verschiedenen Akzentuierungen, insbesondere der angemessene Umgang mit Heterogenität als Ziel beschrieben (z.B. mit Blick auf Inklusion) und die Notwendigkeit eines veränderten Rollenbildes der Lehrpersonen als Lernbegleitung, auch mit vielfältigen Spezialisierungen im Kollegium, angesprochen. In Vorarlberg wird außerdem in diesem Zusammenhang an die Bedeutung der Rahmenbedingungen erinnert und den Aufsichtspersonen ist bewusst, dass die Personalentwicklung nicht immer leicht zu gestalten ist. Die umfassende Aufgabenpalette und die z.T. bestehenden Lehrer/innenengpässe machen es notwendig, Prioritäten zu setzen. Ziel- und Leistungsvereinbarungen, auch mit der Schulleitung, kommen in den Blick des Erwartungshorizonts für die Zukunft. In allen Ländern finden sich Hinweise, dass den Verantwortlichen die gute Zusammenarbeit mit den Schulbehörden als notwendige Bedingung für das Gelingen von Personalentwicklung an den Schulen bewusst ist.

Die Personen der Schulaufsicht stimmen weitgehend darin überein, was sie von Schulleitungen erwarten. Diese sollen ihre Führungsrolle und -verantwortung eindeutig übernehmen, entsprechend Personalentwicklung als grundsätzliche Aufgabe annehmen, sowie die Zuständigkeiten und die ihnen zur Verfügung stehenden Unterstützungssysteme und Instrumente nutzen. Eine Schulleitung aus Vorarlberg hebt die Bedeutung umfassenderer Personalmanagementbefugnisse auch für die konkrete Ausgestaltung der Führungsaufgabe durch die Schulleitung wie folgt hervor:

> Ich denke, dass die Autonomie der Schulen ein wichtiges Thema ist, auch deshalb, damit der Schulleiter sich als Führungsposition besser wahrnehmen kann. Er hat beim Personal kein Mitspracherecht. Ich würde mir wünschen, dass die Schulleiter ihre Rolle als Führungsposition besser wahrnehmen können. (VA SL_04:122)

Schulleitungen sollen der Erwartung nach bei der konkreten Personalführung intensiv mit den Lehrpersonen in Kontakt stehen und ein Interesse an deren persönlicher Entwicklung zeigen. Des Weiteren werden ein offener Umgangsstil und eine gute, taktvolle Kommunikation sowie ein Überblick über Stärken und Bedürfnisse der Lehrpersonen und über organisatorische Belange des Kollegiums positiv eingeordnet. Für gelingende Personalentwicklung sei es dienlich, wenn Probleme früh wahrgenommen würden und entsprechend zeitnah gehandelt würde. Die Lehrpersonen sollen zur Weiterentwicklung ermuntert werden. Über entsprechende Aktivitäten solle durchaus auch mehr Kontrolle ausgeübt werden.

> […] auch mit den Einzelnen ins Gespräch zu gehen, die Motivation sie dazu zu bewegen, tatsächlich auch in einem Bereich, in einem Bereich sich weiterentwickeln zu wollen, sprich Verantwortung zu übernehmen, Kompetenzen dazu zu erwerben […] (BW SB_03:54)

In allen Projektländern wird der Stellenwert der Personalentwicklung hoch eingestuft. Sie sei für Unterrichtsqualität und Schulentwicklung eine unverzichtbare Voraussetzung, auch könne hierüber die Gesundheit, die Motivation und die Innovationsfähigkeit der Lehrpersonen gefördert werden. Die Schulleitung in ihrer Schlüsselrolle müsse über ein Bewusstsein für Personalentwicklung verfügen und solle ihr Vorrang einräumen, so die Erwartung aus der Gruppe der Aufsichtspersonen.

> […] dass […] Schulleiterin und Konrektor sich auch gemeinsam überlegen, wie holen wir die Menschen mit ins Boot […] ernsthaft, wertschätzend, sehr achtend und respektvoll, um gemeinsam dann eben neue Ziele zu verwirklichen und neue Dinge zu realisieren. Also es wird sich wirklich dafür auch Zeit genommen und man lässt sich darauf ein. (BW SB_08:16)

Die Professionalisierung der Personalführung wird seitens der Schulaufsicht für sinnvoll gehalten und die Erwartung einer effizienten Organisation durch die Schulleitung formuliert. Dabei wird durchaus das Gelingen von Schulentwicklung auch durch vielfältige Mitwirkungsmöglichkeiten des Kollegiums anstatt verordneter Neuerungen gesehen.

Einstellungen der Schulleitungen zur strategischen Personalentwicklung

In den Interviews wurden die Schulleitungen nach ihrem Verständnis von Personalentwicklung und der Bedeutung einer gemeinsamen Vision für die Schulentwicklung sowie hinsichtlich ihrer strategischen Personalentwicklung befragt. Außerdem war von Interesse, wie sie unter den gegebenen Bedingungen Personalentwicklung in ihrer täglichen Führungsaufgabe zum Gelingen bringen.

Verständnis von Personalentwicklung bei den Schulleitungen

Der Länderüberblick macht deutlich, dass eine klare Definition von Personalentwicklung bzw. Grenzziehung zu anderen Aufgaben als schwierig erachtet wird und entsprechend auch im deutschsprachigen Raum unterschiedliche Sichtweisen auf Personalentwicklung eingebracht werden. So wird beispielsweise sogar von einer Schulleitung in Baden-Württemberg die Kontaktpflege mit externen Akteuren explizit als Aspekt der Personalentwicklung angeführt, ein Aspekt, der bei anderen nicht zum Tragen kommt. Während nun die einen vor allem ihre Aufgabe in der Personalpflege im Sinne einer erfolgreichen Integration einer Lehrperson in den laufenden Schulbetrieb sehen und die vorhandenen Potenziale des Kollegiums als Ausgangspunkt für Schulentwicklungsziele ansehen, nehmen andere eine vorhandene Vision von Schule als Ausgangspunkt und verlegen ihre Aufmerksamkeit auf den Aspekt der Personalzusammenstellung bzw. -rekrutierung. Dass Personalentwicklung vielschichtig auszugestalten ist und auch vor der eigenen Person nicht Halt macht, verdeutlicht die nachstehende Interviewpassage.

> Okay, auch das hat verschiedene Ebenen für mich. Es gibt natürlich die Personalentwicklung, die sich zunächst mal auf […] das Individuum bezieht […] Dass man hier quasi die […] Zwei-Personen-Ebene, in, in den Blick nimmt. Feedback gibt, im Gespräch bleibt, schaut, wo sind Entwicklungspotenziale, wo sind auch Wünsche da, wo sind Bedürfnisse da, das wäre die erste Ebene […]. Dann gibt's eine zweite Ebene. Ist natürlich Personalentwicklung in Bezug auf die Zusammensetzung eines Kollegiums, dass man im Kollegium eine Vielfalt hat, auch eine Vielfalt an Meinungen, aber auch eine Vielfalt an Fachkompetenzen. Das muss Ziel sein von Personalentwicklung, weil sonst wird's irgendwie einseitig. Und die dritte Ebene würde ich auch sagen, ist letztendlich Personalentwicklung […] auf das ganze Bildungssystem, aber auf das System der einzelnen Schule bezogen, wo habe ich letztendlich Potenzial im Kollegium, das dann in erweiterte Aufgabenbereiche, in Schulleitungsaufgabenbereiche, in Fachbereichsleitungen oder ähnliches letztendlich eingebunden werden kann, damit eine Zwischenebene entsteht zwischen Kollegium und Schulleitung. […] man kann natürlich sagen, die vierte Ebene ist natürlich der gesamte Fortbildungsbereich, der letztendlich gesteuert werden muss, zu schauen, wo ist, wo hat die Schule Bedarf an Kompetenzen? Wer würde dafür in Frage kommen? Wen spreche ich an? Und da überschneiden sich jetzt diese Dinge, die ich grad gesagt hab. […] und vielleicht der letzte Punkt, man darf sich auch selber nicht vergessen. Das heißt Personalentwicklung auch für sich selber, wer sich selber nicht weiterentwickelt, hat auch nicht den Blick auf die Entwicklungspotenziale der anderen. (BW SL_12:18)

Dass im Verständnis von Personalentwicklung ein durchaus unterschiedliches Verantwortungsgefühl für die eigene Entwicklung der Lehrpersonen in den beiden Bundesländern bzw. im Kanton mitwirkt, zeigen die Daten der Onlinebefragung.

Tabelle 1 | Mitverantwortung Schulleitung für Professionalisierung
1 trifft gar nicht zu | 2 trifft eher nicht zu | 3 teils-teils | 4 trifft eher zu | 5 trifft genau zu

Item Schuleitungsfragebogen	Land	n	MW	p		SD
Ich bin als Schulleitung wesentlich mitverantwortlich für die Professionalisierung der einzelnen Lehrpersonen.	SG	205	3,79	VA	*	0,86
				BW	n.s.	
	VA	110	3,52	SG	*	0,81
				BW	***	
	BW	438	3,88	SG	n.s.	0,73
				VA	***	

p = Irrtumswahrscheinlichkeit; * = p ≤ .05 | ** = p ≤ .01 | *** = p ≤ .001 | n.s. = nicht signifikant
SG = St. Gallen; VA = Vorarlberg; BW = Baden-Württemberg
n = Stichprobenumfang; MW = Mittelwert; SD = Standardabweichung

Hier stimmen die St. Galler und baden-württembergischen Schulleitungen etwas deutlicher zu als die Vorarlberger Kolleg/innen. Allerdings nimmt auch in Vorarlberg das Erkennen, Fördern und Steuern von Potenzialen der Lehrpersonen einen großen Raum ein. Entsprechend wird der Wert verschiedener Kompetenzen in heterogenen Kollegien herausgestrichen.

> Personalentwicklung, wenn ich es führe, als Schule, dann schaue ich, dass ich viele Bereiche abdecke. Also inhaltlicherseits, von den Kompetenzen, von den Stärken ausgehe. Ja in diesem Bereich. Ich versuche, die Fäden da zu spinnen, die Verbindungen aufrecht zu erhalten. (VA SL_02:04)

An einigen Schulen ist, über die Projektländer hinweg, die Überzeugung der hohen Bedeutung der Personalentwicklung auch schriftlich fixiert (vgl. Tab. 2). Statistisch signifikante Länderdifferenzen bestehen nicht.

Ein Gros der Schulleitungen sieht es indes durchaus als ihre Aufgabe, Lehrpersonen in ihrem Entwicklungsprozess und in schwierigen Situationen zu begleiten und zu unterstützen. Dass sie diese Unterstützung – hier bezogen auf den professionellen Weiterentwicklungsprozess – nicht losgelöst von den Schulentwicklungszielen geben, zeigen ihre Antworten im Fragebogen. Die Zustimmung zur freien Fortbil-

Tabelle 2 | Fixierung der Aufgabe Personalentwicklung im Leitbild der Schule

1 trifft gar nicht zu | 2 trifft eher nicht zu | 3 teils-teils | 4 trifft eher zu | 5 trifft genau zu

Item Schulleitungsfragebogen	Land	n	MW	SD
Im Leitbild meiner Schule werden das Thema 'Lernen als Lehrpersonen' oder andere Aspekte der Personalentwicklung angesprochen.	SG	198	3,49	1,32
	VA	66	3,41	1,14
	BW	433	3,3	1,21

SG = St. Gallen; VA = Vorarlberg; BW = Baden-Württemberg;
n = Stichprobenumfang; MW = Mittelwert; SD = Standardabweichung

dungswahl fällt deutlich geringer aus als die Anforderung an die Rückbindung an die Schulentwicklungsziele. So erreicht das Item „Ich halte es für wichtig, dass die Lehrpersonen ihre Fortbildungsaktivitäten frei wählen können" länderübergreifend auf einer fünfstufigen Skala keinen höheren Mittelwert als 2,52, was als eher geringes Maß an Zustimmung gewertet werden kann. Demgegenüber verdeutlichen die in der nachfolgenden Abbildung dargestellten Items aus dem Schulleitungsfragebogen in allen drei Ländern eine Gewichtung zugunsten der Schulentwicklungsziele gegenüber der Selbstbestimmung der Lehrpersonen (vgl. Abb. 1[3]).

Unterrichtsbesuche zählen als adäquate Unterstützungsmaßnahme und es wird in allen drei Ländererhebungen bekräftigt, dass Schulleitungen den Lehrpersonen positives und negatives Feedback geben und dies anlassbezogen und wertschätzend formulieren sollen.

> […] wo man als Lehrperson, als Mitarbeiterin oder Mitarbeiter ein kompetentes Feedback bekommt und in einen Austausch gerät. Und diese Gelegenheiten, finde ich, müssen wir schaffen, fest. (SG SL_06:14)

Obwohl die Schulleitungen für die Personalgewinnung gerade in Vorarlberg und Baden-Württemberg nur sehr eingeschränkte Befugnisse haben, legen manche durchaus Augenmerk auf die Personalrekrutierung, von der Bedarfsanalyse über die Suche nach geeignetem Personal bis hin zu Einzelheiten des Einstellungsverfahrens.

> Zuerst einmal muss ich im Haus erkennen, was für Personal brauche ich, und dann muss ich schauen, woher bekomme ich das Personal, das ich grad brauche, und wie kann ich das lukrieren? (VA SL_04:07)

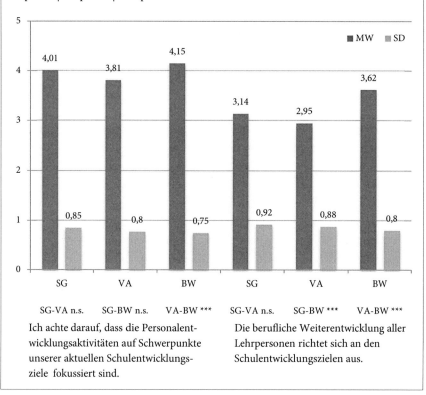

Abbildung 1: Fortbildungswahl zwischen Selbstbestimmung und Schulentwicklungszielen aus Sicht der Schulleitungen
Schulleitungsfragebogen
SG St. Gallen n = 207 | VA Vorarlberg n = 113 | BW Baden-Württemberg n = 444
1 trifft gar nicht zu | 2 trifft eher nicht zu | 3 teils teils | 4 trifft eher zu | 5 trifft genau zu
*= p ≤ .05 | **= p ≤ .01 | ***= p ≤ .00

SG-VA n.s.   SG-BW n.s.   VA-BW ***   SG-VA n.s.   SG-BW ***   VA-BW ***

Ich achte darauf, dass die Personalentwicklungsaktivitäten auf Schwerpunkte unserer aktuellen Schulentwicklungsziele fokussiert sind.

Die berufliche Weiterentwicklung aller Lehrpersonen richtet sich an den Schulentwicklungszielen aus.

Häufiger tauchen in den St.Galler Schulleitungsinterviews, entsprechend der weitreichenderen Befugnisse, die Themen Personalrekrutierung, -beurteilung und -freistellung auf, allerdings auch mit der Erfahrung, dass es besser gelingt, wenn die Schulbehörde unterstützt. Dominierender sind indes Aspekte des Einsatzes des vorhandenen bzw. neu hinzukommenden Personals. Personalentwicklung heißt hier, möglichst schnell die Potenziale der Lehrpersonen zu erkennen, um sie mit Rücksicht auf ihre Interessen passend einsetzen zu können.

[…] halte ich es für ganz wichtig, dass wir wirklich schauen, dass sich jeder hier mit seinen Stärken, ob er sie nun kennt oder nicht kennt, einbringen kann. Wenn er/sie ihre Stärken kennt, dann finde ich, ist es meine Aufgabe in der Personalentwicklung zu schauen, wie können wir diese Stärken für unsere Schülerschaft und für unsere Schule nutzen, wie kann, wie kann er sie gewinnbringend einsetzen. Wenn er sie nicht kennt, ist es meine Aufgabe, ihm Hilfestellungen oder Impulse zu geben, entweder ganz direkt, indem ich es ihm verbal sage oder indem er mit Projekten vertraut wird, wo er merkt „Hoppla, das kann ich gut, da möchte ich mich noch mehr einbringen, da möchte ich mich weiter fortbilden." Umgekehrt natürlich auch, ich muss jetzt nicht jemanden dort einsetzen, wo es ihm überhaupt keinen Spaß macht oder wo es, was er nicht gut kann. (BW SL_01:30)

Die Bedeutung der Personalentwicklung und ihre Ausgestaltung im Rahmen bestehender Ressourcen

Auf die Frage, wie Personalentwicklung trotz knapper Ressourcen gelingen kann, führen die Schulleitungen am häufigsten an, dass die Präsenz im Kollegium und die Unterstützung der Lehrpersonen Vorrang vor anderen Aufgaben hätten.

Zurücklehnen, nachdenken, was ist wichtig heute oder was an wichtigen Themen ist anzugehen, anzustoßen, oder, um was geht es oder gibt's jemand der leidet? (VA SL_01:10)

Dabei erleben die Schulleitungen ihre Spielräume im Vergleich zwischen den Ländern, aber auch innerhalb der Länder unterschiedlich. Vor allem einige Vorarlberger Kolleg/innen sehen sich von zu vielen anderen Aufgaben beansprucht (vgl. Tab. 3). Einige baden-württembergische Schulleiter/innen machen darauf aufmerksam, dass sie Personalentwicklung nur betreiben können, wenn sie dafür auch einen Teil ihrer Freizeit investieren.

Hilfreich sei neben der Priorisierung, die Personalentwicklung gut zu planen, sich dafür Zeitfenster zu setzen und auf Effizienz zu achten, auch indem die verschiedenen Personalentwicklungsinstrumente gut miteinander verknüpft und aufeinander abgestimmt oder auch Konferenzen gut geplant werden.

Ich habe das jetzt einfach so gesetzt mit diesen Nachmittagen, wenn wir Schulschluss gemacht haben, um sich zu treffen, das sind solche einzelne Punkte. Die musst du dir einfach setzen und dann kommt das irgendwie ins Laufen. (SG SL_02:22)

Ferner wird die Notwendigkeit genannt, sich abzugrenzen und zu delegieren z.B. durch Übertragen von Aufgaben an Lehrpersonen und Mitarbeiter/innen. Interessanterweise wird jedoch auch angemerkt, dass die eigenen Ansprüche nicht auf die

Tabelle 3 | Prioritäten und Handlungsspielräume von Schulleitungen mit Blick auf Personalentwicklung

1 trifft gar nicht zu | 2 trifft eher nicht zu | 3 teils-teils | 4 trifft eher zu | 5 trifft genau zu

Item Schulleitungsfragebogen	Land	n	MW	p		SD
Der Handlungsspielraum für Personalentwicklung, der mir innerhalb der täglichen Anforderungen bleibt, ist zu klein.	SG	205	2,92	VA	***	1,16
				BW	***	
	VA	110	3,92	SG	***	1,04
				BW	n.s.	
	BW	438	3,81	SG	***	0,91
				VA	n.s.	
Personalentwicklung hat für mich eine so hohe Priorität, dass ich andere Aufgaben auch einmal dafür liegen lasse.	SG	203	3,21	VA	*	1,02
				BW	n.s.	
	VA	110	2,9	SG	*	1
				BW	n.s.	
	BW	434	3,08	SG	n.s.	0,95
				VA	n.s.	
Viele andere Aufgaben beanspruchen meine Aufmerksamkeit, sodass jene der Personalentwicklung regelmäßig zu kurz kommen.	SG	203	2,92	VA	***	1,04
				BW	n.s.	
	VA	110	3,43	SG	***	0,95
				BW	**	
	BW	437	3,09	SG	n.s.	1,01
				VA	**	

p = Irrtumswahrscheinlichkeit; * = p ≤ .05 | ** = p ≤ .01 | *** = p ≤ .001 | n.s. = nicht signifikant

SG = St. Gallen; VA = Vorarlberg; BW = Baden-Württemberg

n = Stichprobenumfang; MW = Mittelwert; SD = Standardabweichung

Lehrpersonen zu übertragen seien. Es wird des Weiteren empfohlen, eine gewisse Distanz zur Arbeit zu wahren und gegebenenfalls die Ansprüche an die eigene Person in manchen Bereichen zu senken.

[…] also reduzieren wirklich vom Arbeitsaufwand her und der Unterricht, da den Fokus drauf haben, als Lehrerin bin ich anders auf Unterricht fokussiert, als, als Schulleiterin und als Schulleiter können wir leider nicht noch komplett unseren Unterricht so ausrichten, dass wir Vorbild für alle sind. Davon müssen wir Abstriche machen. (BW SL_08:99)

Während in St. Gallen noch die Verhandlungen um Ressourcen mit der Schulbehörde als hilfreich erachtet werden, kommt aus Baden-Württemberg der Vorschlag, durch Reflexion der eigenen Tätigkeit und der persönlichen Stärken und Schwächen sowie durch die Standortbestimmungen mit den Ressourcen passend umzugehen. Verwiesen wird darauf, Rituale und Mechanismen zu institutionalisieren, die nur bei Bedarf modifiziert werden und insgesamt eine entlastende Orientierung bieten.

Ich habe jetzt einfach im Schulrat gesagt, ihr müsst wissen, was ihr wollt. Wenn ihr wollt, dass wir Personal haben, das bleibt und wo es gut geht, dann müssen wir in das investieren und für das braucht es eine SL. […] Ich habe gesagt, ihr könnt jetzt machen, was ihr wollt. Ihr könnt von mir aus 10% von meinem Pensum streichen, aber ich will hier oben eine Sekretärin, welche einmal am Morgen bei mir ist. So nützt sie mir etwas und sonst nicht. Jetzt haben sie darauf eingeschlagen. (SG SL_04:40)

Oder wir haben den letzten Schultag ritualisiert, das was ich sage, wenn wir was verändern wollen, Modifizierung jeder Zeit, aber nur wieder ritualisiert, also wir modifizieren nicht jedes Jahr, sondern wirklich, wenn einer sagt: „Hey also da passt mir jetzt was nicht so. (BW SL_08:118)

Weiter vereinzelt genannte Einflussfaktoren auf die Möglichkeit, mit knappen Mitteln Personalentwicklung zu betreiben, sind Intervision und Coaching, die Rekrutierung der Schulleitung explizit nicht aus dem Kollegium heraus zugunsten einer besseren Durchsetzungsfähigkeit, sowie die Reduktion des noch zu leistenden Unterrichtspensums (siehe bezüglich Unterrichtspensen Kap. 4.3).

Vision und strategische Impulse im Rahmen der Personalentwicklung
Im Interviewbereich zu Strategie und Vision nennen die Schulleitungen neben kleinen differenten Hinweisen zentral das Kollegium und seinen Zusammenhalt sowie die Arbeit an gemeinsamen Zielsetzungen als ein beachtenswertes Moment, um eine Vision zu verfolgen. Den Lehrpersonen zufolge genießen Schulentwicklungsziele, die der Förderung der Kollegiums- und Schulkultur dienen, eine hohe Akzeptanz. Sinnvoll sei, Ziele gemeinsam zu entwickeln, auch im Rückgriff auf Bedürfnisse im Kollegium, und am Verständnis von Verantwortlichkeit von der Klasse hin zur Schule zu arbeiten.

Also ich hab da nicht ein fertiges Konzept aus der Schublade geholt und gesagt: „So machen wir das." Sondern mit welchen Kräften und mit welchen Möglichkeiten und so hat sich das scheibchenweise aufgebaut. (BW SL_04:113)

Insgesamt spielt dabei ,Zeit zu lassen' und Entwicklung in Ruhe verfolgen zu können, eine große Rolle. In den Vorarlberger Interviews werden ferner gemeinsame schulische und außerschulische Aktivitäten als förderlich für ein positives Wir-Gefühl und eine Stärkung der Zusammenarbeit angeführt.

Folgt man der Skala Vision (vgl. Tab. 4), die auf den gemeinsamen Abstimmungs- und Vereinbarungsaspekt für die Weiterentwicklungsziele der Lehrpersonen abzielt,

Tabelle 4 | Skala Vision

1 trifft gar nicht zu | 2 trifft eher nicht zu | 3 teils-teils | 4 trifft eher zu | 5 trifft genau zu

Skala Schulleitungsfragebogen	Land	n	MW	p		SD
Ich habe ein klares Zukunftsbild von meiner Schule | Ich sehe es als meine Aufgabe als Schulleiter/ Schulleiterin, für eine gemeinsame Vision der Schule zu sorgen | Im Schulentwicklungsprozess versuche ich, das Kollegium von meiner Vision zu überzeugen | Visionen sind mir für Schulen zu realitätsfern.	SG	205	4,15	VA n.s. BW ***		0,55
	VA	110	4,24	SG n.s. BW n.s.		0,54
	BW	438	4,34	SG *** VA n.s.		0,54

Cronbachs α .725

p = Irrtumswahrscheinlichkeit; * = p ≤ .05 | ** = p ≤ .01 | *** = p ≤ .001 | n.s. = nicht signifikant

SG = St. Gallen; VA = Vorarlberg; BW = Baden-Württemberg

n = Stichprobenumfang; MW = Mittelwert; SD = Standardabweichung

dann zeigt sich ein insgesamt hoher Wert, der nachweist, dass in den drei Ländern viele Schulleitungen bemüht sind, das Kollegium für ihre Visionen zu gewinnen.

Damit Lehrpersonen eine Schulvision teilen, werden zwei Bedingungen genannt, die sich nicht zwingend ausschließen, sich aber auch nicht ohne Weiteres zusammenbringen lassen. Einerseits benötige die Schulleitung eine Vision, für die sie die Lehrpersonen überhaupt erst gewinnen kann.

> Aber ich sage, als Schulleitung musst du eine Vision haben, sagen, das möchte ich machen, das will ich erreichen. (SG SL_02:49)

Andererseits wird gefordert, dass die Schulleitung die eigene Vision am Kollegium orientiert und schrittweise aufbaut, anstatt ein fertiges Konzept zu präsentieren.

> […] natürlich hab ich Visionen, aber meine Visionen orientieren sich immer an dem Gemeinsamen, nicht, ich sag also meine eigene Vision, heißt, es muss mit dem Kollegium eine Vision werden […] (BW SL_04:107)

Die Schulleitung soll Anstöße einbringen, indem sie Themen vorbereitet, Fortbildungen als Impulse nutzt, Referent/innen einlädt oder kleinere Projekte initiiert. Hier wird auch noch einmal auf die Bedeutung fester Zeitfenster und Gefäße erinnert. Die Schulleitung soll auch in der Lage sein, das Einhalten von Vereinbarungen einzufordern und sich zu diesem Zweck durchsetzen können. Aus der

Gruppe der interviewten Lehrpersonen in St. Gallen wird zudem die öffentliche Würdigung besonderer Leistungen angeführt (siehe auch Kap. 4.5).

In allen drei Projektländern äußern sich Schulleitungen dahingehend, dass sie selbst für den Gesamtentwicklungsprozess verantwortlich seien, sowohl hinsichtlich der Steuerung durch regelmäßiges Überprüfen der Ziele und frühzeitiges Reagieren auf Probleme, als auch durch gute Information der Lehrpersonen zum Entwicklungsprozess. Diese müssten nachvollziehen können, welche Gründe hinter den Veränderungen der Schule stehen. Transparenz wird mehrfach betont.

> […] das hat wieder mit der Schulleitung auch zu tun, dass man solche Sachen auch sauber ablaufen lässt, nicht dass dann irgendwann bei der Umsetzung Zeug nach vorne kommt, wo man jetzt nicht daran gedacht hat. Also so ein wenig wirklich den Überblick hat, was alles an Fragen, Problemen, die könnten nachher eben noch Stolpersteine sein, frühzeitig merken und auch angehen und ansprechen und Lösungen suchen. (SG SL_05:46)

Ängste und Bedenken sollen, so eine weitere Empfehlung der Schulleitungen, ernst genommen und durch aktive Kommunikation aufgelöst werden. Umgekehrt sind Erwartungen an die Lehrpersonen frühzeitig, direkt und in einem passenden Rahmen zu kommunizieren, damit diese sich ihrer Mitwirkungsmöglichkeiten bewusst sind und das Handeln der Schulleitung für sie berechenbar wird. Da die Schulleitung von den Lehrpersonen als jene Instanz gesehen wird, die für die Veränderungen verantwortlich ist, muss sie einerseits zur Entwicklung Stellung beziehen und andererseits als Vorbild die Vision vorleben und auf diese Weise Lehrpersonen dafür zu gewinnen suchen. Auch zu nutzen sei das innovative Potential im Kollegium und die Konzentration auf entwicklungsinteressierte Lehrpersonen.

> […] und die, die erst mal da sind als Gruppe, mit denen innovativ voran zu gehen, weil das ist jetzt übrigens ein gigantischer Schneeballeffekt. (BW SL_08:318)

Einstellungen der Lehrpersonen zur strategischen Personalentwicklung im Bereich der Fort- und Weiterbildung

Um die Bereitschaft zu erhöhen, ihre persönliche Entwicklung an Zielen der Schule auszurichten – und hier ist besonders die Lehrerfortbildung fokussiert – wird der Schulleitung länderübergreifend von den Lehrpersonen eine wesentliche Rolle zugesprochen. Am deutlichsten kristallisiert sich die Sicht heraus, dass es die Aufgabe der Schulleitung sei, Einfluss auf die individuelle Entwicklung zu nehmen, allerdings gekoppelt mit dem Wunsch, ein eher vorschlagendes als verordnendes Vorgehen zu wählen und selbst vorbildhaft zu agieren.

> Was bringt es dir, wenn dir jemand sagt, du musst diese Weiterbildung machen und du von dir aus eigentlich zu bist und es kommt an dich ran? Dann kann ich ins Büchlein schreiben, dass ich diesen Kurs besucht habe, aber aufgenommen habe ich trotzdem nicht, weil ich nicht bereit war, etwas aufzunehmen. (SG LP_02:166)

In Bezug auf Weiterbildungsverpflichtung wird seitens der Lehrpersonen als besonders wichtig erachtet, dass die Schulleitung ihnen wohl überlegte und zu deren Interessen und Stärken passende Angebote nahelegt. Im Kanton St. Gallen werden zudem in Mitarbeitendengesprächen (MAG) getroffene Zielvereinbarungen als Akzeptanz fördernd benannt (vgl. Kap. 4.2), sofern die Ziele partizipativ entwickelt wurden. In St. Gallen wird überdies die Empfehlung eingebracht, dass die Schulleitung eine Balance zwischen der Forderung nach Entwicklung und Phasen der Konsolidierung finden möge und dass die Entwicklungsansprüche mit den Ressourcen der Lehrpersonen in Einklang zu bringen sind.

> Ich denk, z.B. dass jeder auch in regelmäßigen Abständen Fortbildungen machen sollte. Wenn man jetzt einfach sieht, der eine Kollege hat seit fünf Jahren gar nichts mehr gemacht, dann find ich schon, dass die Schulleitung auch mal sagen könnte: „Guck doch mal, wär vielleicht mal wieder angebracht" weil es ist für jeden eigentlich wichtig, auch für einen persönlich wichtig, find ich, wenn man ab und zu mal rauskommt aus der Schule, andere Leute trifft und sich anders Gedanken macht, wie hier. (BW LP_06:145)

Als sinnvoll wird zudem ein Multiplikatoren-System erlebt, durch welches Wissen koordiniert erworben und in der Schule weitergegeben wird.

Kollegiumsbezogene Fortbildungen werden mit der Zielsetzung der Identifikation mit dem gemeinsam zu vertretenden Projekt sowie als Multiplikator-Situation genutzt. In Baden-Württemberg wird zudem als hilfreich bewertet, wenn sie sich bezüglich der Themenwahl am Bedarf des Kollegiums orientieren. In St. Gallen wird überdies genannt, dass die Schulleitung zwar Vorschläge machen könne, die Entscheidung über Ziele jedoch vom Kollegium gefällt werden sollte. Die quantitativen Befragungen von Schulleitungen und Lehrpersonen bestätigen dahingehend leichte Länderspezifika, wie die nachstehende Abbildung 2 verdeutlicht.[4]

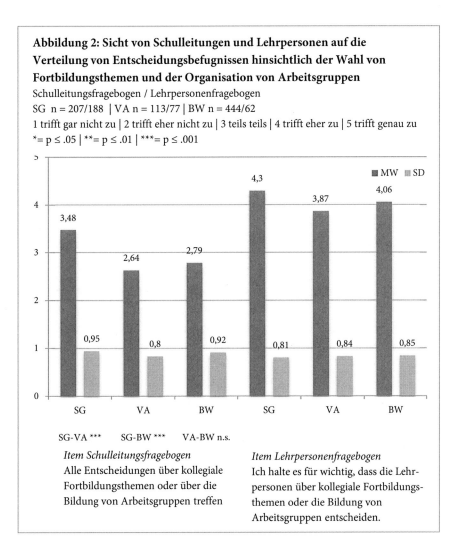

Abbildung 2: Sicht von Schulleitungen und Lehrpersonen auf die Verteilung von Entscheidungsbefugnissen hinsichtlich der Wahl von Fortbildungsthemen und der Organisation von Arbeitsgruppen

Schulleitungsfragebogen / Lehrpersonenfragebogen
SG n = 207/188 │ VA n = 113/77 │ BW n = 444/62
1 trifft gar nicht zu │ 2 trifft eher nicht zu │ 3 teils teils │ 4 trifft eher zu │ 5 trifft genau zu
*= p ≤ .05 │ **= p ≤ .01 │ ***= p ≤ .001

SG-VA ***   SG-BW ***   VA-BW n.s.

Item Schulleitungsfragebogen
Alle Entscheidungen über kollegiale Fortbildungsthemen oder über die Bildung von Arbeitsgruppen treffen

Item Lehrpersonenfragebogen
Ich halte es für wichtig, dass die Lehrpersonen über kollegiale Fortbildungsthemen oder die Bildung von Arbeitsgruppen entscheiden.

Die Lehrpersonen führen eine Vielzahl an Motiven zur Entscheidung für Fortbildungen an. Sowohl in St. Gallen als auch in Baden-Württemberg werden die Fortbildungen von einigen Lehrpersonen als persönliche Lern- und Entwicklungschance bezeichnet. Von einer baden-württembergischen Lehrperson wird jedoch auch auf ein berufliches Selbstverständnis hingewiesen, demnach jede pädagogisch tätige Person verpflichtet sei, sich weiterzuentwickeln, was auch das Befolgen von Weisungen der Schulleitung einbezieht.

Ich denke, in einem gewissen zeitlichen Rahmen, hat man ja schon, also die Pflicht, sage ich mal, so was dann auch anzunehmen. (BW LP_03:243)

Innerhalb der Interviews aus Vorarlberg und St. Gallen kommt ferner die Überlegung zur Sprache, dass Fortbildungsentscheidungen auch unter der Frage entschieden werden, ob sie zeitlich leistbar sind (z.B. mit Blick auf Teilpensen) und ob sie im Rahmen von Unterrichtszeit besucht werden können.

> […] der Zeitfaktor ist natürlich auch wichtig. Kann ich das einbauen, ohne dass ich ausbrenne oder dass ich erschöpft bin. (VA SL_07:245)

> […] aber halt für wirklich größere Dinge nicht entsprechend mit Zeit abgegolten, ja? Und ich denke, das schreckt die Kollegen letztendlich dann ab davon zu sagen „Ja, also komm …". (BW LP_04:119)

Übersetzt man die in den Interviews relativ häufig in kritischer Weise angeführten Aspekte positiv, dann kommt man bei der Frage, was Fortbildungsengagement befördert, auch zum Anspruch, dass Aufwand und Ertrag in Relation stehen müssten. Es müsse klar sein, ob mit Fortbildungen zusätzliche Aufgaben zur Übernahme folgen und dafür gesorgt werden, dass sie den Geldbeutel schonen und ihre Menge zeitlich individuell passend ausgerichtet ist.

Zusammenfassende Bilanz

Bilanziert man die Ansichten der befragten Schulaufsichtspersonen, sieht man bei ihnen die Bedeutung der Personalentwicklung durch die Schulleitung als Führungsaufgabe dahingehend unterstrichen, dass sie die Qualitätsentwicklung der Einzelschule im Bereich zentraler Themen der Unterrichtsentwicklung sichern und dabei durchaus im Dienste des Wettbewerbs und der Kundenattraktivität tätig sein soll. Dabei ist in allen drei Ländern die zentrale unterrichtsentwicklerische Zielperspektive derzeit der professionelle Umgang mit Heterogenität. Die Schulaufsichtspersonen hegen gegenüber den Schulleitungen Erwartungen, die der aus der Fachdebatte bekannten Bild als ‚change agent' (vgl. Huber, 1999) entsprechen. Zugleich haben einige durchaus vor Augen, dass die personalentwicklerische Aufgabe viele Facetten kennt und die sonstige Aufgabenvielfalt dieser Leitungsfunktion nicht vergessen werden darf. So wird die übergreifende Frage nach dem guten Gelingen der personalentwicklerischen Führungsaufgabe auch immer wieder in einen kritischen Kontext von Überfrachtung und Mangel gestellt.

Unter den Schulleitungen findet man die hohe Bedeutung der Personalentwicklung bestätigt und der Anspruch an die Notwendigkeit, hierfür Prioritäten im Alltagsgeschäft setzen zu müssen, wird von vielen unterstrichen. Mit einher geht die Beobachtung, dass die Aufgabe angesichts der bestehenden Ressourcen, vor allem die zeitlichen, zu umfassend sei. Einige Schulleitungen in St. Gallen erleben ihren Handlungsspielraum weniger eng als einige der anderen Befragten. Die Modi, zu nötigen Ressourcen zu kommen, sind unterschiedlich und reichen von Verhandlungen mit den Schulbehörden bis hin zu Freizeitverzicht. Um der Personalentwicklung Priorität einräumen zu können, kennen Schulleitungen ferner Strategien von Delegation von Aufgaben an andere, um sich Raum zu schaffen, oder für sich die Erwartungen an den Gegebenheiten kritisch zu überprüfen. Sie suchen Synergieeffekte und Verknüpfung im Einsatz der Personalentwicklungsinstrumente und zielen auf effektive Sitzungsgestaltung ab.

Zwei leicht unterschiedliche Strategien, Personalentwicklung auszulegen, zeigen sich. Während die einen Führungskräfte mehr im Sinne der Frage handeln „Was kann ich mit den mir zur Verfügung stehenden Personalressourcen bewegen?", orientieren sich die anderen eher entlang der Frage „Wie kann ich die für die Schule sinnvollen Ziele effektiv und effizient erreichen?" Rekrutierungsbemühen werden sichtbar, interessanterweise unabhängig der entsprechenden rechtlichen Befugnisse zur Einstellung von Lehrpersonen. Offensichtlich lassen sich Rekrutierungsinteressen auch über einen guten Kontakt zur Schulbehörde/Schulaufsicht einbringen. Als primäre Strategie erweist es sich jedoch vor allem, die Potentiale zu nutzen, die im Kollegium vorhanden sind. Ein vergleichbar einheitliches Votum ist auch, die Vielfalt im Kollegium für Entwicklung und Delegation zu nutzen. Dabei gibt es Schulleitungen, die sich bemühen, alle Lehrpersonen ins Boot zu holen, während andere sich auf jene konzentrieren, die Entwicklung mit befördern wollen.

Neben der Beobachtung, dass im Verständnis von Personalentwicklung von Person zu Person unterschiedliche Vorstellungen zugrunde liegen, lassen sich leichte Länderdifferenzen im Zusammenspiel von Lenkung durch die Schulleitung und Mitentscheidung der Lehrpersonen feststellen. Dies zeigt sich zum einen darin, wie deutlich beschrieben wird, dass die Lehrpersonen für Entwicklungsziele zu gewinnen seien, und zum anderen darin, wie stark sie die Fort- und Weiterentwicklung der Lehrpersonen mitzusteuern suchen. Den Schulleitungen aller drei Länder ist bewusst, dass es auf die Zustimmung des Kollegiums ankommt, unterschiedlich stark werden dabei jedoch die Vorgaben gesetzt. Immer wieder wird – über die Länder hinweg mit unterschiedlicher Fokussierung – darauf verwiesen, Instrumente und Verhaltenserwartungen zu institutionalisieren und auf Routinen und Rituale zu setzen, um letztlich die Verbindlichkeit von Weiterlernen zu erhöhen. Betont wird auch, dass die Notwendigkeit für Vorgaben bzw. Entwicklungsschritte durch die Schulleitung einsichtig gemacht werden muss. Gerne sehen viele Lehrpersonen, wenn Impulse durch die Führungskraft gesetzt werden, durch die das Kollegium ins Gespräch kommt.

Gelingensbedingungen für die strategische Ausrichtung der Personalentwicklung

- Die operative Handlungsfreiheit fordert Führungs- und Strategieverantwortung
- Personalentwicklung soll den Mehrwert der Schule erhöhen und die Standort-attraktivität sichern
- Entwicklungsziel ist Unterrichtsentwicklung, dabei primär angemessener Umgang mit Heterogenität, Umgang mit verändertem Rollenbild der Lehrperson
- Zwei Seiten im Verständnis von Personalentwicklung gehören zusammen: Passende Personen zu rekrutieren/erfolgreich zu integrieren sowie vorhandene Personen für das Passende einzusetzen
- Personalentwicklung dient sowohl dazu, Schulentwicklungsziele besser zu verfolgen, als auch zur Motivation und Gesundheit der Lehrpersonen beizutragen
- Schulleitungen sehen sich für die Entwicklung der Lehrpersonen mitverantwortlich
- Das Lernen der Lehrpersonen auch schriftlich zu fixieren, ist noch Desiderat an vielen Schulen
- Fortbildungsplanung braucht Balance zwischen der Erwartung der Bindung an Schulentwicklungsziele und vielseitigen persönlichen Motiven der Lehrpersonen
- Entwicklungsimpulse werden als hilfreich erlebt, z.B. über Feedback nach Unterrichts-besuchen und/oder im sorgfältig gestalteten MAG mit Zielvereinbarung
- Mehr Mitwirkungsmöglichkeiten anstatt verordneter Neuerungen
- Zur Bewerkstelligung der Aufgabe Personalentwicklung: Personalentwicklung priorisieren, Synergieeffekten und Delegation nutzen sowie auf entwicklungs-interessierte Lehrpersonen setzen
- Gemeinsame kollegiale Arbeit an der Vision und eine Stärkung des Wir-Gefühls für bessere Identifikation der Lehrpersonen mit den Schulentwicklungszielen
- Verhandlung mit der Schulaufsicht/Schulbehörde um Ressourcen

---

Die Bindung auf die Schulentwicklungsziele und einhergehend die Werbung für die Vision kommen am stärksten in den Schulleitungsinterviews in Baden-Württemberg zur Sprache. Besonders dort und in St. Gallen sprechen sich ferner die Lehrpersonen für Möglichkeiten der Mitentscheidung aus. In St. Gallen wird am deutlichsten unterstrichen, dass die SCHILF-Entscheidungen in der Hand des Kollegiums liegen sollten. Generell scheinen die Lehrpersonen über die Länder hinweg die Mitberatung der Schulleitung zu ihrem Fortbildungsengagement zu befürworten, allerdings unter dem Anspruch der Passung zur Person und der letztlichen

Entscheidungsfreiheit der Lehrperson. Für den Weiterbildungsbereich zeigt sich, dass es grundsätzlich die Bereitschaft der Lehrpersonen gibt, individuelle Fortbildung auch an den Schulentwicklungszielen auszurichten, wenn dabei nicht zeitlich und von den Kräften her überfordert oder verordnet wird.

Literatur

Bastian, J. & Combe, A. (1998). Pädagogische Schulentwicklung. Gemeinsam an der Entwicklung der Lernkultur arbeiten. In Pädagogik, 50. Jg./1998/Heft 11, 6–9.

Fend, H. (1996). Qualität im Bildungswesen. Weinheim: Juventa.

Huber, S. G. (1999). School Effectiveness: Was macht Schule wirksam? Internationale Schulentwicklungsforschung (I). In Schul-Management, Heft 2, 10–17.

Schedler, K. (1995). Ansätze einer wirkungsorientierten Verwaltungsführung: von der Idee des New Public Managements (NPM) zum konkreten Gestaltungsmodell: Fallstudie Schweiz. Bern: Haupt.

Steger Vogt, E. (2013). Personalentwicklung – Führungsaufgabe von Schulleitungen. Münster: Waxmann.

Thom, N. & Ritz, A. (2006). Innovation, Organisation und Personal als Merkmale einer effektiven Schulführung. In: N. Thom, A. Ritz & R. Steiner (Hrsg.): Effektive Schulführung (S. 3–35), Bern: Haupt, 2. Aufl.

Anmerkungen

1. In Baden-Württemberg wurde in Parallelität zu den beiden anderen Ländern lediglich die untere Schulaufsichtsbehörde in die Interviews einbezogen, eine Verkürzung, die wir für zulässig halten, da bis in den Sekundarbereich I hier der Kontakt zu Punkten des täglichen Schullebens höher ist und Schulrät/innen die ersten Ansprechpartner/innen auch für Schulleiter/innen sind. Grundlage ist das Subsidiaritätsprinzip, demnach ein Problem immer, soweit möglich, auf der untersten Ebene gelöst werden soll (vgl. Landesverfassung Baden-Württemberg, Vorspruch). Die Dienstaufsicht über Lehrpersonen und Schulleitungen liegt rechtlich bei der unteren und der oberen Schulaufsicht (vgl. Schulgesetz Baden-Württemberg), und so bleibt die untere Ebene zuständig, solange sie zur Erfüllung des entsprechenden Aufgaben-/Funktionsbereichs fähig ist. Daraus folgt, dass die Schulämter die primäre Ebene im Kontakt zwischen Schule und Schulaufsicht darstellen. In den Interviews bestätigt sich die größere Nähe zur unteren Schulaufsicht.

2. Im Sprachgebrauch der drei beteiligten Länder unterscheidet sich die Verwendung der Begriffe ‚Fortbildung' und ‚Weiterbildung'. Auch unter den Interviewpartner/innen wurden die Begriffe nicht einstimmig verwendet. Wir unterscheiden sie folglich in dieser Arbeit nicht präzise, sondern nutzen sie in Anlehnung an die Daten.

3. Fehlende Werte wurden unter Berücksichtigung des MCAR-Tests nach Little mit dem Expectation Maximization Algorithmus imputiert. Die Signifikanzniveaus des Ländervergleichs ändern sich nicht.

4. Fehlende Werte wurden beim Schulleitungsfragebogen unter Berücksichtigung des MCAR-Tests nach Little mit dem Expectation Maximization Algorithmus imputiert. Die Signifikanzniveaus des Ländervergleichs Schulleitungssicht ändern sich nicht. Für das Item des Lehrpersonenfragebogens ergeben sich rechnerisch Signifikanzen. Da die Stichprobe jedoch nicht den Anforderungen an Repräsentativität entspricht, verzichten wir auf die Angabe der Signifikanzniveaus.

Die operative Gestaltung der Personalentwicklung

Katja Kansteiner & Christoph Stamann

Als eine wesentliche Veränderung von Steuerungshandeln im Schulsystem wird die Verlagerung operativer Entscheidungen von der System- auf die Organisationsebene angeführt (vgl. Kussau & Brüsemeister, 2007; Thiel & Thillmann, 2012). Ein wichtiger Impuls für diese Entwicklung war die Erkenntnis der Bedeutung der Einzelschule innerhalb der Wirkungszusammenhänge guter Schulen, die sich in den 80er Jahren u.a. aus den Schulvergleichsstudien Helmut Fends herauskristallisierte (vgl. Fend, 1986). Im Rahmen der Autonomiedebatte der 90er Jahre (vgl. Rolff, 1995; Europäische Kommission, 2007) wurde neben dem finanziellen Effizienzkriterium auch damit argumentiert, dass die Professionellen vor Ort über ausreichend Entscheidungsbefugnisse verfügen müssten, um ihrer je spezifischen Schüler/innenklientel gerecht werden zu können (vgl. Kansteiner-Schänzlin, 2002). Im Zuge der Debatte wurden in den deutschsprachigen Ländern Dezentralisierungsentscheidungen getroffen und die Eigenständigkeit der Schule erweitert (vgl. Hutmacher, Schratz, Rhyn, Strittmatter, Rauch & Radnitzky, 1998; Maag Merki & Büeler, 2002; FS&S aktuell, 2004; Rürup, 2007). Einher gingen die Stärkung der Schulleitung und eine stärker beratende Rolle der Schulaufsicht für die Arbeit an der Einzelschule, verbunden mit der Erwartung der Rechenschaftslegung (vgl. Wissinger, 2007). In den Interviews mit den Schulaufsichtspersonen im Rahmen der vorliegenden Studie wird diese Eigenständigkeit der Einzelschule auch deutlich betont (vgl. Kap. 4.1).

Um zu klären, wie nun innerhalb der erweiterten Befugnisse die operative Gestaltung der Personalentwicklung vor Ort konkret ausfällt, wenn bisher empirisch nur belegt ist, dass Personalentwicklung an Schulen noch wenig systematisch betrieben wird (vgl. zum Forschungsstand Kap.1), haben wir Schulleitungen und Lehrpersonen danach gefragt:

- Welche Faktoren fördern den pädagogischen Austausch und die Zusammenarbeit?
- Welche Instrumente und Maßnahmen kommen konkret zum Einsatz, um Lehrpersonen weiter zu qualifizieren und ihre gemeinsame Arbeit zu verbessern?
- Welche fachlichen Gründe, persönlichen Bedürfnisse und Rahmenbedingungen haben Einfluss auf Ihr Fort- und Weiterbildungsengagement[1] als Lehrperson?

Dabei lassen sich die Maßnahmen der Personalentwicklung in zweierlei Hinsicht differenzieren: erstens im Hinblick auf eine individuelle und kollektive Dimension (vgl. Kansteiner-Schänzlin, Steger Vogt, Appius & Bach-Blattner, 2013) und zweitens im Hinblick auf ihren Charakter als Fördermaßnahmen, Bildungsmaßnahmen und Organisationsentwicklungsmaßnahmen. Fördermaßnahmen beschreiben Aktivitäten, die auf die berufliche Entwicklung des/der Einzelnen – sowohl auf die individuellen Aufgaben der Lehrperson als auch auf deren Funktion in der Schule – gerichtet sind und sich an individuellen sowie an gemeinschaftlichen Zielen orientieren. Bildungsmaßnahmen dienen der Vermittlung der zur Wahrnehmung der jeweiligen Aufgaben erforderlichen Qualifikationen, und Organisationsentwicklungsmaßnahmen adressieren die Gruppe als lernendes System, wenngleich sie letztlich die Einzelperson zum Lernen auffordern. (vgl. Grundlagen der Personalentwicklung Kap. 1).

Interessant ist also zu verfolgen, wie Personalentwicklung an den untersuchten Good-Practice-Schulen stattfindet und welche Maßnahmen in welchem Umfang zum Tragen kommen. Um dem nachzugehen, werden im Folgenden die von den Schulleitungen erörterten Qualitätsfaktoren für pädagogischen Austausch und Zusammenarbeit herangezogen und mit den in den Interviews von den Lehrpersonen geäußerten Motiven hinsichtlich ihrer Fort- und Weiterbildungsplanung zusammengeführt. Diesen qualitativen Befunden werden jene aus den Schulleitungs- und Lehrpersonenfragebogenerhebungen zur Seite gestellt, um u.a. Aussagen über den quantitativen Einsatz konkreter Maßnahmen vor Ort treffen zu können. Die Darstellungen beruhen dabei primär auf den qualitativen Interviews mit den Beteiligten. Hier sind länderbezogene Hinweise so zu verstehen, dass eine Beobachtung dort mit in den Gesamtreigen an Gelingensbedingungen eingebracht wurde, die allerdings keinen Anspruch an Repräsentativität für das jeweilige Land beansprucht. Aus den ergänzten quantitativen Schulleitungsdaten hingegen erlauben sich durchaus länderspezifische Differenzierungen. Für St. Gallen wurden die Daten der Stichprobe bereits separat veröffentlicht (vgl. Steger Vogt, 2013).

Qualitätsfördernde Faktoren für pädagogischen Austausch und Zusammenarbeit aus Schulleitungssicht

Neben der einzelnen Lehrperson und der Schulleitung sind als qualitätsfördernde Faktoren laut Fachdebatte auch die Zusammensetzung des Kollegiums sowie die Zusammenarbeitsgefäße von Interesse, die die Koordination, Kooperation und das gemeinsame Lernen der Professionellen vorstrukturieren (vgl. Carle, 1995;

Schnoor, Lange und Mietens, 2006; Kansteiner, 2002; Huber, 2009). Der Zusammensetzung des Kollegiums wird auch seitens der Interviewpartner/innen ein hoher Stellenwert zugeschrieben, weil sie die Möglichkeiten der Kooperation maßgeblich mit beeinflusse. In St. Gallen wird zwar auch einmal begründet, dass ähnlich denkende Lehrpersonen eine höhere Qualität des Austauschs sicherten, allerdings berichten insgesamt mehr Lehrpersonen von der positiven Wirkung eines heterogenen Kollegiums mit unterschiedlichen Erfahrungen und Vorstellungen (vgl. Kap. 4.1). In einem Fall wird diese Vielfalt sogar explizit als Ziel von Personalentwicklung definiert. Dass neue Themen ins Blickfeld geraten, ist in St. Gallen ein häufig hervorgehobener Gewinn der Zusammenarbeit, wenngleich es dann wichtig sei, so unterstreicht eine Lehrperson, dass das Kollegium (auch bei vorgegebenen Themen) eine Einigung erziele, diese Vielfalt also zielführend genutzt wird. Unter den Vorarlberger Schulleitungen wird die Kollegiumsheterogenität ebenfalls als Bereicherung gesehen und sie suchen diese produktiv zu nutzen, z.B. in Form von Arbeitstandems, in denen Lehrpersonen mit unterschiedlichen Interessen, Fähigkeiten und Erfahrungen bewusst zur Zusammenarbeit angeregt werden. Zudem verweisen sie auf die Bedeutung gemeinsamer Zeitfenster, wie z.B. das Mittagessen oder Konferenzen, als Gefäße, die den Austausch sicherstellen.

> [...] dass sie einfach wissen, sie können dort kommen, das ist irgendwo ein geschützter Raum und das darf da ausgesprochen und reflektiert werden und versucht werden, aufeinander einzugehen. (VA SL_7:169)

Schulleitungen in St. Gallen und Baden-Württemberg geben überdies an, dass Möglichkeiten der Zusammenarbeit bedeutsam sind, die sich aus dem Unterricht oder von einer generellen gemeinsamen Betroffenheit durch ein entsprechendes Thema ableiten und sich nach Bedarf einrichten lassen. In beiden Ländern wird als Qualität steigernder Faktor ferner auf den Ehrgeiz bzw. die Motivation der Lehrpersonen hingewiesen. Motivation könne, so eine baden-württembergische Schulleitung, entstehen, wenn Lehrpersonen ihre Stärken in ein Team einbringen können. Als begünstigend wird auch wahrgenommen, wenn Qualitätsziele gesetzt und Maßnahmenpläne sowie Meilensteinen eingehalten werden. Auch der vorgeschalteten Ausbildung der Lehrpersonen wird Bedeutung beigemessen, u.a. weil gut ausgebildete Lehrpersonen mit einer hohen Reflexionsfähigkeit zur Qualität des Austauschs beitrügen.

Sich selbst schätzen die Schulleitungen ebenfalls bedeutend für die Förderung von Austausch ein. In Vorarlberg steht dabei das Thema Transparenz in verschiedener Hinsicht im Vordergrund. Die Schulleitungen betonen u.a. die Wichtigkeit einer klaren Vorgehensweise in schwierigen Situationen, sprechen sich ferner für eine Kultur der offenen Bürotür als Präsenzsignal aus und halten es für förderlich, gemeinsam erreichte Ziele sichtbar zu machen.

> Ich habe damals dort gesagt, weil für mich war wichtig, dass einfach Sachen, die im Schulhaus sind, dass das ein bisschen transparenter gemacht wird. Dass alle Bescheid wissen, wenn es einen Vorfall gibt, was weiß ich, sei es mit Eltern, sei es mit Schülern, dann bin ich auf den Jour fixe gekommen. (VA SL_03:64)

Den interviewten Schulleitungen in St. Gallen zufolge braucht es Gelegenheiten für Austausch und Zusammenarbeit auch deshalb, da sie die Auseinandersetzung mit pädagogischen Themen anregen und als Initiatorin für Zusammenarbeit fungieren. Davon leiten einige Schulleitungen für ihre Führungstätigkeit die Verantwortung ab, sicherzustellen, dass die notwendigen Zusammenarbeitsgefäße bereitstehen und gut in die Organisation eingebunden sind. In diesem Zusammenhang unterstützen eine feste Verankerung in der Jahresplanung, eine fixe Integration der Zusammenarbeitsgefäße im Wochenplan, Regelmäßigkeit, eine gute Nutzung der Präsenzzeitverpflichtung, kleine Zusammenarbeitsgruppen sowie eine straffe Führung der Teamsitzungen mit wenig Organisatorischem respektive mit einer guten Moderation, ggf. auch durch Externe, das Gelingen.

> Ein Teil ist, dass wir unsere Teamsitzungen so gestalten, dass wir möglichst wenig irgend solchen organisatorischen „Blingbing" haben, oder? Ich habe so ein Fächlein oben, wo ich jede Woche all das Zeug, das reinkommt die ganze Woche lang, dort hinlege, eine Übersicht schreibe was ist und dann kann jede Lehrperson dann, wenn sie mal einen Moment Zeit hat, kann das mal durchlesen, aussortieren, was geht mich überhaupt etwas an und was nicht. […] eine zweite ist moderierter Erfahrungsaustausch, das haben sie jetzt dieses Jahr haben wir das zum ersten Mal gemacht und da bekomme ich sehr viele positive Rückmeldungen über den Umgang und das finde ich, ist für mich auch ein Stück weit ein Qualitätsbeweis. (SG SL_05:88)

Zwei Schulleitungen plädieren überdies für eine Vorgabe von Themen durch die Schulleitung oder auch für wechselnde Anforderungen in der Kollegialen Hospitation. Neben der Aufgabe des Initiierens und der Organisation könne der Austausch, so ein Votum aus Baden-Württemberg, durch flankierende Maßnahmen zielführender gesteuert werden wie bspw. durch die Bestimmung von Projektleitungen, einen rotierenden Wechsel von Stufensprechern, das Herausgeben klarer Anweisungen zu Feedbackregeln und das Einbinden von Unterstützungssystemen wie bspw. Expert/innen der mittleren Schulaufsicht. Auch auf den Nutzen von

Dokumentationen der Ergebnisse kollegialen Austauschs wird in Baden-Württemberg hingewiesen, bspw. durch Ergebnisprotokolle, Berichte von Zwischenergebnissen in Gesamtlehrerkonferenzen (GLK) oder auch Leitfäden und Merkblätter.

> Oder wenn jetzt zum Beispiel eine Selbstevaluation durchgeführt wird, so im Sinne unseres Zyklus, dass dann wirklich auch die Maßnahmen wieder notiert werden […] Was wichtig ist, ja für das nächste Mal. So im Sinne von Zielvereinbarungen. Individual-Feedback haben wir jetzt beispielsweise begonnen, da gibt es jetzt dann auch ein Übersichtsblatt, wo einfach festgehalten wer mit wem dieses Individual-Feedback durchgeführt hat und auch so ja ganz wichtig also, so wenig wie möglich Dokumentation, aber so viel wie nötig. (BW SL_13:93)

Einige St.Galler Schulleitungen schlagen außerdem die Trennung von organisatorischen und pädagogischen Themen in den Sitzungen vor, um Zeit für pädagogische Diskussionen zu schaffen. Unterschiedliche Präferenzen scheinen bezüglich der Anwesenheit der Schulleitungen an den Besprechungen der Lehrpersonen auf, einerseits solle die Schulleitung dort auch präsent sein, andererseits sollten die Lehrpersonen auch Zeit für Besprechungen unter sich zur Verfügung haben. Mit einer punktuellen Präsenz wäre dies bspw. machbar. Rechenschaftslegung in Form von Kontrakten zu installieren, wird auch in einem St. Galler Interview angeregt.

Formen des pädagogischen Austauschs und der Zusammenarbeit aus Schulleitungssicht

Schaut man genauer auf die Formen, in denen Zusammenarbeit geschieht, finden sich in Vorarlberg stufenübergreifende Arbeitsgruppen und Tandems, vielfach bestehend aus erfahrenen und neuen Lehrpersonen. Der Zusammenarbeit dient auch der strukturierte Austausch von Materialien. Als weitere Kooperationsformen und -anlässe nennen die Schulleitungen regelmäßige Fallbesprechungen mit externen Berater/innen, das gemeinsame Erarbeiten von Jahresthemen sowie Reflexion beinhaltende Erfahrungsberichte in Konferenzen.

In Baden-Württemberg finden kollegiale Hospitationen besondere Beachtung, sie sind an den Schulen jedoch in unterschiedlichem Maße institutionalisiert, an einigen bereits fest etabliert, an anderen Schulen bisher lediglich andiskutiert oder im Alltag nur sporadisch umgesetzt. Dafür wird primär der Zeitfaktor verantwortlich gemacht.

[…] kollegiale Hospitation haben wir in Ansätzen jetzt in der Struktur der Gemein-schaftsschule. Weil da auch einfach die Möglichkeiten da sind, dass hier Lehrkräfte quasi gemeinsam im unterrichtlichen Bereich arbeiten und das ist letztendlich genau diese Ebene, um sich gegenseitig Feedback geben zu können. In der eher her-kömmlichen Struktur ist kollegiale Hospitation auf wenige Ausnahmen beschränkt, weil einfach die Zeitfenster nicht da sind. (BW SL_12:74)

Als Arten von Arbeits- und Themensitzungen werden für Baden-Württemberg ferner Gremienarbeit, Arbeit in Jahrgangsteams, Klassenkonferenzen, regelmä-ßig stattfindende Stufenbesprechungen, Besprechungen des Schulleitungsteams und moderierter Erfahrungsaustausch und Qualitätsgruppen aufgeschlagen. Auch pädagogische Tage (Variante der schulinternen Fortbildung SCHILF) erfahren bei den Schulleitungen große Beachtung. Sie sollen Anlass für gemeinsames Lernen sein. Positiv erleben die Schulleitungen, wenn dazu Referent/innen eingeladen und die pädagogischen Tage außerhalb der Schule abgehalten werden.

[…] was wir hier immer versuchen, über pädagogische Tage gemeinsame Kennt-nisse zu, zu erzeugen. (BW SL_11:96)

In den St. Galler Interviews wird seitens der Schulleitungen die Bedeutung fester Zeitfenster auch für eine qualitativ hochwertige Arbeit unterstrichen und die Nut-zung von Präsenzzeit als sinnvolle Möglichkeit genannt.

[…] also wir planen zum Beispiel die 68 Stunden Präsenzzeit. Die planen wir ziem-lich klar, da werden die, bis auf die letzte Minute setze ich die ein. Am Anfang haben sie ein bisschen Mühe gehabt damit, halt so Mittwochnachmittage oder Samstag-morgen oder Teamweekend jedes Jahr ist bei uns ganz klar festgesetzt. Ja, das ist die Zeit, über die ich verfügen kann und die ich nicht hergebe. (SG SL_06: 38)

Im Folgenden weisen Tabelle 1 und 2 sowie weiter unten Abbildung 1 nach, wie häufig aus Sicht der Schulleitungen bestimmte kollegiale Zusammenkünfte statt-finden, wie zufrieden sie mit den dafür zur Verfügung stehenden Räumlichkeiten sind und zu welchem Austausch es kommt. Dabei zeigen sich neben einigen leich-ten Länderdifferenzen beachtenswerte Standortunterschiede auch innerhalb eines jeden Bundeslands/Kantons. Festzuhalten ist die größere Zufriedenheit St. Galler Schulleitungen hinsichtlich der räumlichen Bedingungen für Zusammenarbeit im Gegensatz zu ihren Kolleg/innen in Baden-Württemberg, während im Durch-schnitt in allen Ländern der Wissenstransfer ähnlich verbreitet ist, an manchen Schulen ausgeprägt, an anderen weniger.

Tabelle 1 | Wissenstransfer und räumliche Ausstattung aus Sicht der Schulleitungen

1 trifft gar nicht zu | 2 trifft eher nicht zu | 3 teils-teils | 4 trifft eher zu | 5 trifft genau zu

Item Schulleitungsfragebogen	Land	n	MW	p		SD
An unserer Schule haben wir ein System eingerichtet, wodurch dem ganzen Kollegium Unterrichtsmaterialien und Fachbeiträge zur Verfügung stehen (Plattform, digitales Ordnersystem …).	SG	204	3,66	VA	n.s.	1,06
				BW	n.s.	
	VA	112	3,71	SG	n.s.	1,04
				BW	n.s.	
	BW	436	3,62	SG	n.s.	1,04
				VA	n.s.	
Wir haben an unserer Schule ausreichend räumliche Bedingungen (Besprechungszimmer, Konferenzräume etc.), in denen ungestörte/ konzentrierte Zusammenarbeit stattfinden kann.	SG	204	3,63	VA	n.s.	1,19
				BW	***	
	VA	111	3,33	SG	n.s.	1,42
				BW	n.s.	
	BW	438	3,16	SG	***	1,35
				VA	n.s.	

p = Irrtumswahrscheinlichkeit; * = p ≤ .05 | ** = p ≤ .01 | *** = p ≤ .001 | n.s. = nicht signifikant

SG = St. Gallen; VA = Vorarlberg; BW = Baden-Württemberg

n = Stichprobenumfang; MW = Mittelwert; SD = Standardabweichung

Tabelle 2 | Verfügbarkeit von Besprechungsfenstern

1 trifft gar nicht zu | 2 trifft eher nicht zu | 3 teils-teils | 4 trifft eher zu | 5 trifft genau zu

Item Schulleitungsfragebogen	Land	n	MW	p		SD
An unseren Schule haben wir feste Zeitfenster … für die ausführliche Weitergabe von Erfahrungen und neuen Ideen aus Fort- und Weiterbildungsveranstaltungen.	SG	205	3,21	VA	n.s.	1,2
				BW	***	
	VA	111	3,36	SG	n.s	0,94
				BW	***	
	BW	441	3,75	SG	***	1,01
				VA	n.s	
… zum Austausch über pädagogische Fragestellungen z.B. über ein Kind mit Lernproblemen.	SG	204	3,62	VA	*	1,15
				BW	n.s.	
	VA	111	3,93	SG	*	1,01
				BW	n.s.	
	BW	440	3,66	SG	n.s.	1,14
				VA	n.s.	
… zur Auseinandersetzung mit aktuellen Themen der Schulentwicklung.	SG	205	3,77	VA	n.s	0,98
				BW	**	
	VA	111	3,64	SG	n.s	0,94
				BW	**	
	BW	439	4,02	SG	**	0,91
				VA	**	

p = Irrtumswahrscheinlichkeit; * = p ≤ .05 | ** = p ≤ .01 | *** = p ≤ .001 | n.s. = nicht signifikant

SG = St. Gallen; VA = Vorarlberg; BW = Baden-Württemberg

n = Stichprobenumfang; MW = Mittelwert; SD = Standardabweichung

Erwähnenswert ist ferner, dass sich die baden-württembergischen Schulleitungen zufriedener mit den zur Verfügung stehenden Besprechungszeitfenstern des Kollegiums zeigen als ihre Kolleg/innen in den beiden anderen Ländern (vgl. Tab. 2). Hierbei ist die Rückmeldung aus Baden-Württemberg, dass im Vergleich dort feste Zeitfenster für die Schulentwicklungsdiskussion und das voneinander Lernen häufiger vorkommen.

Als am häufigsten eingesetztes Instrument der Personalentwicklung kommt in den Ländern die Schulinterne Lehrerfortbildung (SCHILF) zum Einsatz. Wenn auch nicht in gleichem Maße wie SCHILF, findet in St. Gallen noch die Kollegiale Hospitation breite Anwendung. In den beiden anderen Ländern ist sie kein fest etabliertes Instrument, sondern wird eher im Einzelfall bei Bedarf angewendet. Das Mentoring findet sich in St. Gallen noch an etwa einem Viertel der Schulen regelmäßig im Einsatz, kommt in den anderen Ländern derzeit jedoch nur sporadisch vor. Die Instrumente Coaching/Supervision und Laufbahnplanung sind länderübergreifend bislang nur in geringem Umfang institutionalisiert (vgl. Abb. 1).

Mit Blick auf das Mitarbeitendengespräch (MAG) zeigt sich ein deutlicher Unterschied zwischen St. Gallen auf der einen und Baden-Württemberg und Vorarlberg auf der anderen Seite. Während das MAG in St. Gallen – nur beratend oder auch mit Zielvereinbarungen – von den allermeisten Schulen als fest etabliertes und regelmäßig angewendetes Instrument genutzt wird, ist der Grad der Institutionalisierung in den beiden Bundesländern weitaus geringer. Eine Ursache dafür liegt in den jeweiligen rechtlichen Bestimmungen. In St. Gallen können die Schulleitungen von den Schulbehörden verpflichtet werden, MAGs mit Zielvereinbarung durchzuführen. Demgegenüber sind in Baden-Württemberg MAGs zwar „[…] in der „Dienstordnung für die Landesverwaltung" […] vorgeschrieben; dies gilt aber ausdrücklich nicht im Schulbetrieb" (GEW, 2013, S. 284, im Original mit Hervorhebung). Gleiches gilt für MAGs mit Zielvereinbarungen (vgl. ebd., S. 284f.). Stattdessen sind Beratungsgespräche vorgesehen, bei denen die Schulaufsicht den Schulleitungen einen Gestaltungsspielraum einräumt, was Organisation und Durchführung betrifft. Will die Schulleitung stärker steuernde Elemente, wie z.B. Zielvereinbarungen einführen, müsste der Personalrat beteiligt werden (vgl. ebd.). Inhaltlich liegt dennoch der Fokus der Beratungsgespräche, wie sie derzeit vorgesehen sind, auf personalentwicklerischen Momenten. So sollen die Gespräche zwischen Schulleitung und Lehrperson in regelmäßigen Abständen durchgeführt werden, um Aspekte wie Unterrichtsqualität, die individuelle Fortbildungsplanung sowie die künftige berufliche Entwicklung der Lehrperson anzuschauen (vgl. MKJSBW, 2009). Aufgrund der sprachlichen Unschärfe und mög-

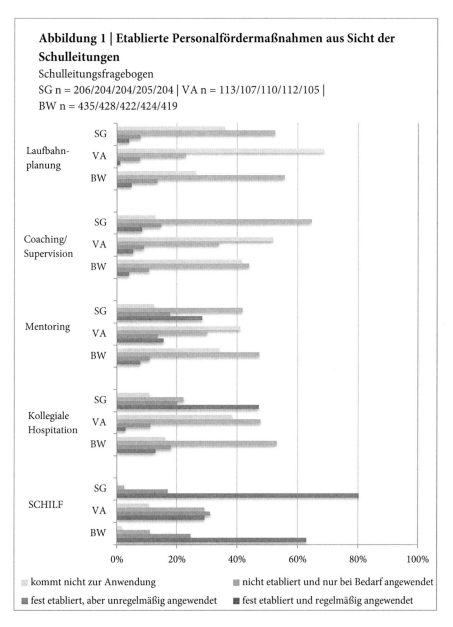

Abbildung 1 | Etablierte Personalfördermaßnahmen aus Sicht der Schulleitungen

Schulleitungsfragebogen
SG n = 206/204/204/205/204 | VA n = 113/107/110/112/105 |
BW n = 435/428/422/424/419

Laufbahn-planung: SG, VA, BW

Coaching/Supervision: SG, VA, BW

Mentoring: SG, VA, BW

Kollegiale Hospitation: SG, VA, BW

SCHILF: SG, VA, BW

0%   20%   40%   60%   80%   100%

▦ kommt nicht zur Anwendung   ▦ nicht etabliert und nur bei Bedarf angewendet
▦ fest etabliert, aber unregelmäßig angewendet   ▦ fest etabliert und regelmäßig angewendet

licher unterschiedlicher Verständnisse beim Ausfüllen des Fragebogens lässt sich also eher eingeschränkt die Bilanz ziehen, dass im Gegensatz zu St. Gallen sowohl in Baden-Württemberg als auch in Vorarlberg das beratende MAG nur an etwas mehr als der Hälfte der Schulen fest etabliert ist, jedoch nicht zwingend regelmäßig zu Anwendung kommt. MAGs konkret mit Zielvereinbarungen stellen in beiden Bundesländern als fest etabliertes Instrument die Ausnahme dar (vgl. Abb. 2).

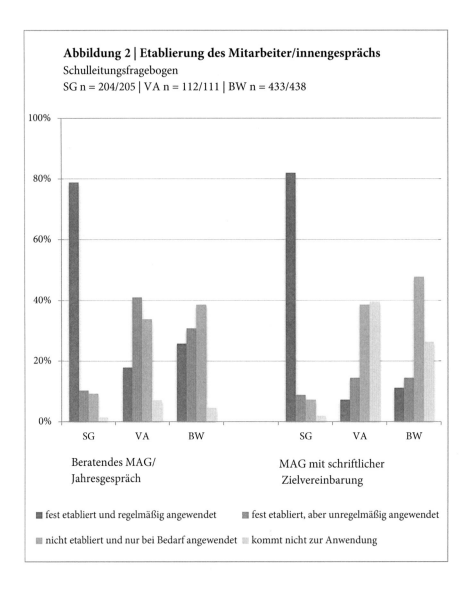

Abbildung 2 | Etablierung des Mitarbeiter/innengesprächs
Schulleitungsfragebogen
SG n = 204/205 | VA n = 112/111 | BW n = 433/438

Die Sicht der Lehrpersonen auf die Weiterbildung und die Förder-maßnahmen im Rahmen der Personalentwicklung

Die Lehrpersonen wurden in den Interviews hinsichtlich ihrer individuellen Weiterbildungsplanung und dort nach fachlichen Gründen, persönlichen Bedürfnissen, Rahmenbedingungen sowie Ausschlusskriterien gefragt. Die Schulleitungen in St. Gallen und Baden-Württemberg schätzen die Bereitschaft ihrer Lehrpersonen zur Kompetenzentwicklung etwas positiver ein als jene in Vorarlberg (vgl. Tab. 3).

Tabelle 3 | Entwicklungsbereitschaft des Kollegiums

1 trifft gar nicht zu | 2 trifft eher nicht zu | 3 teils-teils | 4 trifft eher zu | 5 trifft genau zu

Item Schulleitungsfragebogen	Land	n	MW	p		SD
Die berufliche Kompetenzentwicklung hat bei den Lehrpersonen meiner Schule einen hohen Stellenwert.	SG	204	3,69	VA BW	*** n.s	0,69
	VA	109	3,19	SG BW	*** ***	0,79
	BW	434	3,52	SG VA	n.s ***	0,71

p = Irrtumswahrscheinlichkeit; * = p ≤ .05 | ** = p ≤ .01 | *** = p ≤ .001 | n.s. = nicht signifikant

SG = St. Gallen; VA = Vorarlberg; BW = Baden-Württemberg

n = Stichprobenumfang; MW = Mittelwert; SD = Standardabweichung

Motive für das Weiterbildungsengagement

Die für die Lehrpersonen relevanten Faktoren für ihre Weiterbildungsplanung lassen sich zunächst auf die Formel einer ‚alltäglichen Arbeitsunterstützung‘ herunterbrechen. Fortbildungen sollen einen Mehrwert erzeugen, indem sie sich erleichternd auf den Schulalltag auswirken oder den Unterricht bzw. die Schüler/innen voranbringen, darin sind sich die Lehrpersonen über die Länder hinweg einig.

> Ich suche meine Weiterbildung schon auch aus mit was mit dem Unterricht zu tun hat, was mich weiterbringt. (SG LP_08:95)

Auch die Online-Befragung der Lehrpersonen[2] gibt Hinweise darauf, dass für die befragten Lehrpersonen besuchte Fortbildungen als Inspiration für die Weiterentwicklung des eigenen Unterrichts erlebt werden (vgl. Tab. 4).

Tabelle 4 | Fortbildungen als Inspiration für die eigene Unterrichtsentwicklung

1 trifft gar nicht zu | 2 trifft eher nicht zu | 3 teils-teils | 4 trifft eher zu | 5 trifft genau zu

Item Lehrpersonenfragebogen	Land	n	MW	SD
Die besuchten Fortbildungen regen mich zur Unterrichtsentwicklung an.	SG	182	4,19	0,67
	VA	73	3,93	0,81
	BW	60	3,8	0,84

SG = St. Gallen; VA = Vorarlberg; BW = Baden-Württemberg

n = Stichprobenumfang; MW = Mittelwert; SD = Standardabweichung

Als weiteren Grund für das Weiterbildungsengagement wird die Aufarbeitung persönlicher Defizite genannt, auch weil sie, wie eine Lehrperson in Baden-Württemberg anfügt, mit neuen Anforderungen konfrontiert werden, die nicht Bestandteil ihrer Ausbildung waren. Als Auswahlkriterien werden ferner die Aneignung einer Zusatzqualifikation für neue Aufgaben, der Kompetenzaufbau für die Entwicklung zur Gesamtschule sowie etwas dazulernen zu wollen, was direkt im Berufsalltag genutzt werden kann, genannt.

> […] und dann hat es aber auch Weiterbildungen, da will ich rauskommen und ich will viel und sehr gut Umsetzbares in die Hand bekommen, was ich unmittelbar anwenden kann, was man auch vernetzen kann mit dem Bestehenden oder mit Dingen, die im Team schon vorhanden sind. (SG LP_04:80)

Durchaus erkennen manche Lehrpersonen Weiterbildungen als Möglichkeit der Vernetzung und Akzentsetzung für ihre eigene Laufplanplanung.

> Das geht dann auch stark, oder stärker weg, als von so Kleinkursprogrammen, 3 Tage da, und 2 Tage das. Dann vielleicht eher, eben Coaching Ausbildungen, oder Persönlichkeitsentwicklungssachen, die mit eine Rolle spielen und für die Ausbildung dann eben halt andere Akzente setzen. (SG LP_08:95)

Dass Fortbildungen auch danach ausgewählt werden, ob sie Spaß bereiten, zeigen Interviews aus St. Gallen. Neben dem persönlichen Interesse dienten sie dazu, so ein Argument, etwas für das eigene Wohlbefinden zu tun. Und nicht zuletzt wird eine Weiterbildung auch gewählt, um sich persönlich herauszufordern.

> Aber heute gehe ich dorthin, wo es mir auch Spass macht, für meine persönlichen Bedürfnisse oder das Selbstbewusstsein. Und das hat mir von Anfang an persönlich viel mehr gebracht, wo ich gemerkt habe, ich mache das von Anfang an gerne und ich finde das toll. (SG LP_03:73)

Anzumerken ist, dass die Schulleitungen davon ausgehen, dass ‚ihre' Lehrpersonen ihre Weiterbildung an den Schulentwicklungszielen ausrichten (vgl. Abb. 3)[3], eine Erwartung, die sich nicht in gleichem Maße in den Interviews spiegelt und auch im Lehrpersonenfragebogen nicht von allen, die teilnahmen, erfüllt wird (vgl. Tab. 5). Rechenschaftslegung über das Weiterbildungsengagement ist nur in St. Gallen ausgeprägt, hier ist für die Lehrpersonen auch ein Pflichtpensum für Weiterbildung pro Schuljahr vorgegeben (vgl. Kap. 3). Aus den Reihen der befragten Lehrpersonen in Baden-Württemberg hört man die größte Zustimmung zu einer beratenden Haltung der Schulleitung in Bezug auf die Möglichkeit und Wahl der Fortbildung (vgl. Tab. 5).

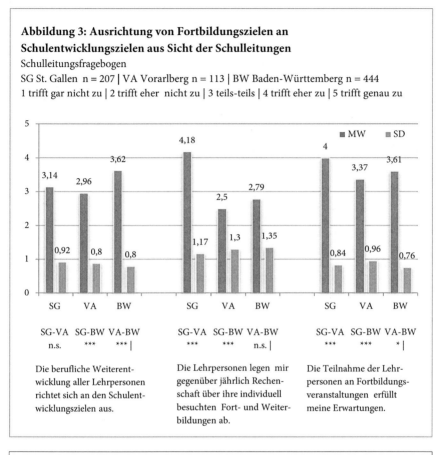

Abbildung 3: Ausrichtung von Fortbildungszielen an Schulentwicklungszielen aus Sicht der Schulleitungen
Schulleitungsfragebogen
SG St. Gallen n = 207 | VA Vorarlberg n = 113 | BW Baden-Württemberg n = 444
1 trifft gar nicht zu | 2 trifft eher nicht zu | 3 teils-teils | 4 trifft eher zu | 5 trifft genau zu

SG-VA SG-BW VA-BW
n.s.   ***   *** |

Die berufliche Weiterentwicklung aller Lehrpersonen richtet sich an den Schulentwicklungszielen aus.

SG-VA SG-BW VA-BW
***   ***   n.s. |

Die Lehrpersonen legen mir gegenüber jährlich Rechenschaft über ihre individuell besuchten Fort- und Weiterbildungen ab.

SG-VA SG-BW VA-BW
***   ***   * |

Die Teilnahme der Lehrpersonen an Fortbildungsveranstaltungen erfüllt meine Erwartungen.

Tabelle 5 | Ausrichtung von Fortbildungen an Schulentwicklungszielen und die Rolle der Schulleitung aus Sicht der Lehrpersonen
1 trifft gar nicht zu | 2 trifft eher nicht zu | 3 teils-teils | 4 trifft eher zu | 5 trifft genau zu

Item Lehrpersonenfragebogen	Land	n	MW	SD
Die von mir besuchten individuellen Fortbildungsveranstaltungen richten sich an den Schulentwicklungszielen aus.	SG	180	3,4	1,06
	VA	74	2,97	1,17
	BW	59	3,47	0,99
Die Schulleitung sollte mit den Lehrpersonen über geeignete Fortbildungsmöglichkeiten sprechen.	SG	183	3,58	0,93
	VA	77	3,32	0,98
	BW	59	4,1	0,82

SG = St. Gallen; VA = Vorarlberg; BW = Baden-Württemberg
n = Stichprobenumfang; MW = Mittelwert; SD = Standardabweichung

Auch die Rahmenbedingungen spielen für die Lehrpersonen eine gewisse Rolle für ihr Weiterbildungsengagement. Darüber hinaus die Qualität des/der Referent/in, Zeitpunkt, Dauer und Ort der Fort- und Weiterbildung sowie transparente organisatorische (Vertretungs-)Regelungen. Favorisiert werden Kurse außerhalb der Unterrichtszeit, wohingegen Kurse am Wochenende nur auf geringe Resonanz stoßen. Nicht zuletzt sei die alltägliche berufliche Eingebundenheit bzw. die ihnen verbleibende Zeit ausschlaggebend für das Fort- und Weiterbildungsengagement. Dem Votum zufolge ist der Einfluss dieses Faktors unter den Lehrpersonen der baden-württembergischen Stichprobe höher (vgl. Tab. 6).

Tabelle 6 | Verpflichtungen als Hinderungsgrund für Fortbildungsteilnahmen				
1 trifft gar nicht zu | 2 trifft eher nicht zu | 3 teils-teils | 4 trifft eher zu | 5 trifft genau zu				
Item Lehrpersonenfragebogen	Land	n	MW	SD
Meine Verpflichtungen nehmen mich so stark in Anspruch, dass ich meinem Fort- und Weiterbildungsinteresse nur bedingt nachgehen kann.	SG	179	2,6	1,14
	VA	73	2,53	1,14
	BW	57	3,09	1,11

SG = St. Gallen; VA = Vorarlberg; BW = Baden-Württemberg

n = Stichprobenumfang; MW = Mittelwert; SD = Standardabweichung

Einschätzung des Nutzens zentraler Personalentwicklungsinstrumente

Fragt man nach der Einschätzung des Nutzens einzelner Instrumente der Personalentwicklung, findet man in der Bilanz auf Seiten der Lehrpersonen, die an der Befragung teilgenommen haben, die Angebote SCHILF, kollegiale Hospitation sowie Coaching und Supervision vorrangig vor Mentoring und Laufbahnplanung als förderlich besetzt (vgl. Abb. 4)[4].

Schaut man auf die Erfahrungen, die Lehrpersonen hinsichtlich der von den Schulleitungen als wichtig herausgestellten Gefäße und Zeitfenster (Sitzungen) berichten, so erweisen sich die zur Verfügung stehende Zeit und die Aufgabenfülle als Faktoren, unter denen der Profit gemeinsamer Beratungsfenster bilanziert wird (vgl. Tab. 7).

Nach der hohen Bedeutung, die Schulleitungen dem MAG zusprechen, und mit der Häufigkeit, in der es vor allem in St. Gallen regelmäßig praktiziert wird, ist das insgesamt etwas positivere Votum der St.Galler Lehrpersonen (vgl. Abb. 5)[5] ein beachtenswertes Signal und verweist auf seine Relevanz als Instrument, das Personalentwicklung anstößt und häufig bis in den Unterrichtsbereich entwicklungsfördernd wirkt.

Abbildung 4: Förderliche Personalentwicklungsmaßnahmen aus Sicht der Lehrpersonen

Lehrpersonenfragebogen

SG St. Gallen n = 188 | VA Vorarlberg n = 77 | BW Baden-Württemberg n = 62

1 trifft gar nicht zu | 2 trifft eher nicht zu | 3 teils-teils | 4 trifft eher zu | 5 trifft genau zu

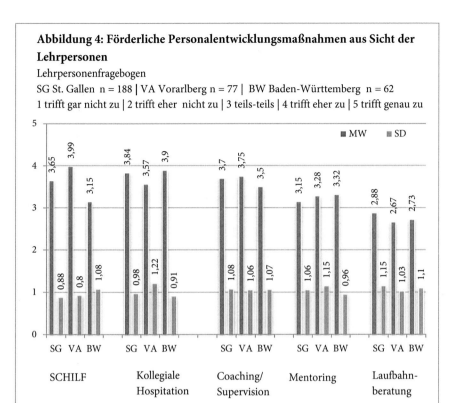

Tabelle 7 | Nutzen regelmäßiger Sitzungen aus Sicht der Lehrpersonen

1 trifft gar nicht zu | 2 trifft eher nicht zu | 3 teils-teils | 4 trifft eher zu | 5 trifft genau zu

Item Lehrpersonenfragebogen	Land	n	MW	SD
Ich profitiere so viel von der regelmäßigen Zusammenarbeit mit anderen Lehrpersonen in Sitzungen und Konferenzen, dass sich der Aufwand dafür lohnt.	SG	182	3,41	0,93
	VA	76	3,64	1,03
	BW	56	3,05	0,9
Ich habe in meinem Beruf so vielen Aufgaben nachzugehen, dass ich eine regelmäßige Zusammenarbeit mit dem Kollegium als zusätzliche Belastung empfinde.	SG	183	2,84	1,1
	VA	75	2,41	1,04
	BW	59	3,14	1,12

SG = St. Gallen; VA = Vorarlberg; BW = Baden-Württemberg

n = Stichprobenumfang; MW = Mittelwert; SD = Standardabweichung

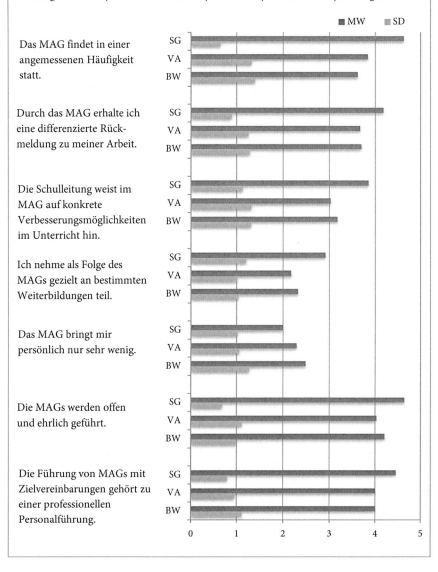

Abbildung 5: Einschätzungen der Lehrpersonen zum Mitarbeitendengespräch

Lehrpersonenfragebogen

SG St. Gallen n = 188 | VA Vorarlberg n = 77 | BW Baden-Württemberg n = 62

1 trifft gar nicht zu | 2 trifft eher nicht zu | 3 teils-teils | 4 trifft eher zu | 5 trifft genau zu

Zusammenfassende Bilanz

Aus Schulleitungssicht sind für eine erfolgreiche Umsetzung von Personalentwicklung zum einen eine gemeinsame Sicht im Kollegium sowie Motivation und Anreize hilfreich. Die Vielfalt im Kollegium wird in mehrerlei Hinsicht geschätzt, zugleich verbunden mit der Erfahrung, dass Lehrpersonen in Kontakt kommen müssen, um voneinander zu profitieren, und es dann gelingen muss, zielführend zu arbeiten. Nicht zuletzt deshalb plädieren viele Schulleitungen für feste und letztlich auch vergleichsweise viele verschiedene Gefäße, in denen die Lehrpersonen in den Austausch kommen, und es wird unterstrichen, dass diese Zeitfenster im Schulablauf gut fixiert sein müssen, damit verlässlich kontinuierliche Arbeit geleistet werden kann. Dort, wo sie selbst nicht teilnehmen, beanspruchen einige Schulleitungen eine Form der Rechenschaftslegung der Lehrpersonen, die zugleich der Transparenz dient. Es wird als sinnvoll erachtet, dass alle Lehrpersonen über die Prozesse informiert sind, folglich Formen der Dokumentation genutzt werden sollten. Eine gewisse Präsenz der Schulleitung innerhalb der Arbeitsgruppen (hin und wieder teilnehmen), die zugleich auch Raum gibt für die Beratungen der Lehrpersonen unter sich, erscheint empfehlenswert.

Schaut man auf die erfragten Instrumente der Personalentwicklung, stehen vor allem das MAG und die schulinterne Lehrerfortbildung (SCHILF/Pädagogischer Tag) an der Tagesordnung. Der aktuell noch unterschiedlich große Umfang in der Nutzung des MAGs ggf. auch mit Zielvereinbarung in den Ländern erklärt sich, wie gezeigt, vor allem vor dem Hintergrund unterschiedlicher rechtlicher Fixierungen. Die weiteren Instrumente kommen deutlich seltener zum Einsatz, allerdings sind dabei kollegiale Hospitation und Coaching/Supervision seitens der Lehrpersonen deutlich positiv bewertet, allein die Anwendung bedürfe ausreichend zeitlicher Ressourcen.

Das Selbstverständnis, das St.Galler Lehrpersonen im Hinblick auf die Akzeptanz und den Nutzen von MAGs signalisieren, erinnert an die von den Befragten immer wieder eingebrachte Empfehlung, Personalentwicklungsinstrumente mit Routine und als ein feststehendes Element im Führungszusammenhang zu verankern (vgl. auch Kap. 4.1). Dabei darf allerdings nicht übersehen werden, dass positiv ausfallende Beurteilungen von Entwicklungen der Lehrpersonen in Folge von MAGs in St. Gallen indirekt auch zur Verbesserung der beruflichen Situation in Form eines Stufen- und somit Lohnanstiegs beitragen können. Für den Umfang von Sitzungen erlauben die Befunde nicht in gleichem Maße Zustimmung der Lehrpersonen zu bilanzieren, hier sind vor allem Arbeitsbelastung und Zeit Aspekte, die mahnen, diese Maßnahmen gut im Hinblick auf ihren Nutzen abzuwägen. Dass bekannte, aber noch wenig bis kaum etablierte Instrumente wie die kollegiale Hospitation und Coaching/Supervision grundsätzlich positive Zustimmung erfahren, schlägt Perspektiven für anerkannte Formen der Professionalisierung neben der traditionellen Fortbildung auf.

Veranstaltungen der Fort- und Weiterbildung werden von den meisten Lehrpersonen weniger strategisch im Dienste der vereinbarten Schulentwicklungsziele verfolgt. Ihre Wahl ergibt sich häufig vielmehr aus dem Zusammenspiel von Bedürfnissen für den konkreten Unterricht (die manchmal, aber nicht immer auf die gemeinsamen Schulentwicklungsziele passen) und dem Anreiz, eine freudvolle und interessante Veranstaltung erleben zu können. Die Schulleitung ist dabei als beratende Person durchaus akzeptiert, Vorgaben sind wenig erwünscht. Ausreichend Zeit neben dem Berufsalltag, die hohe Qualität der Fortbildung und die Möglichkeiten der Vernetzung beeinflussen das Weiterbildungsengagement positiv. Abschließend sei festgehalten, dass das Fort- und Weiterbildungsverhalten ihres Kollegiums insgesamt von vielen Schulleitungen recht positiv bilanziert wird, die Schulleitungen allerdings auch von einer größeren Orientierung an den Schulentwicklungszielen ausgehen, als die befragten Lehrpersonen angeben.

Gelingensbedingungen für die operative Gestaltung der Personalentwicklung

- Vielseitige zielangemessene Gefäße des Austausches zum Nutzen der heterogenen Kompetenzen, zeitlich moderat angelegt
- Anstoß zum Austausch durch Impulse der Schulleitung
- Fest eingeplante Zeitfenster
- Effiziente Sitzungsgestaltung mit Entlastung von Organisatorischem durch smarte Vorabinformationen
- Geschätzte Maßnahmen: vor allem SCHILF, Kollegiale Hospitation, Coaching/Supervision
- Förderliche Rahmenbedingungen für Fortbildungsengagement: Zeit zwischen Unterricht und Privatzeit gut balanciert, Qualität in Angebot und Referent/in, entlastende Organisation in der Schule
- Motivatoren für Fortbildungsengagement: Neuen Anforderungen begegnen können, alltägliche Arbeit verbessern, Spaß haben, Vernetzung und Laufbahn-/Aufgabenentwicklung
- MAG als selbstverständliches Instrument etablieren

Literatur

Carle, U. (1995). Kooperation und Teamarbeit in der modernen Schule. In U. Carle (Hrsg.), Gesunde Schule: Öffnung – Kooperation – Bewegung – Integration. Beiträge zur Tagung „Gesunde Schule", Februar 1995 an der Universität Osnabrück. Verfügbar unter: http://www.pedocs.de/volltexte/2010/1474/pdf/carle_kooperation_teamarbeitD_A.pdf [15.11.2013].

Europäische EURIDICE-Integrationsstelle (2007). Schulautonomie in Europa. Strategien und Maßnahmen. Verfügbarkeit unter: http://eacea.ec.europa.eu/education/eurydice/documents/thematic-reports/090DE.pdf [03.12.13].

Fend, H. (1986). Was ist eine gute Schule? In Westermanns pädagogische Beiträge, 38, 7-8, 8-12.

FS&S (2004). Themenheft „Schulautonomie auf Erfolgskurs?". Heft 6.

GEW (2013). Jahrbuch für Lehrerinnen und Lehrer. Schul- und Dienstrecht in Baden-Württemberg. Stuttgart: Süddeutscher Pädagogischer Verlag.

Huber, S. G. (2009). Schulleitung. In S. Blömecke, T. Bohl, L. Haag, G. Lang-Wojtasik & W. Sacher (Hrsg.), Handbuch Schule. Theorie – Organisation – Entwicklung (S. 502–511). Bad Heilbronn: Klinkhardt.

Hutmacher, W., Schratz, M., Rhyn, H., Strittmatter, A., Rauch, F. & Radnitzky, E. (1998). Schulleitung und Schulaufsicht. Neue Rollen und Aufgaben im Schulwesen einer dynamischen und offenen Gesellschaft. OECD-CERI-Seminar 1997 Innsbruck-Igls. Innsbruck: Studien-Verlag.

Kansteiner-Schänzlin, K., Steger Vogt, E., Appius, S. & Bach-Blattner, T. (2013). Kollegiale Verbindlichkeiten und gemeinsame Innovationsbemühungen im Rahmen schulischer Personalentwicklung – Ergebnisse einer Schulleitungsbefragung in Deutschland und der Schweiz. In M. Keller-Schneider, S. Albisser & J. Wissinger (Hrsg.), Professionalität und Kooperation in Schulen. Bad Heilbrunn: Klinkhardt.

Kansteiner-Schänzlin, K. (2002): Personalführung in der Schule. Bad Heilbronn: Klinkhardt.

Kussau, J. & Brüsemeister, T. (2007). Educational Governance. Zur Analyse der Handlungskoordination im Mehrebenensystem der Schule. In H. Altrichter, T. Brüsemeister & J. Wissinger (Hrsg.), Educational governance (S. 15–54). Wiesbaden: VS Verlag.

Maag Merki, K. & Büeler, X. (2002). Schulautonomie in der Schweiz. Eine Bilanz auf empirischer Basis. In H.-G. Rolff, H.G. Holtappels, K. Klemm, H. Pfeiffer & R. Schulz-Zander (Hrsg.), Jahrbuch der Schulentwicklung, Band 12 (S. 131–161). Weinheim: Juventa.

MKJSBW (2009). Verwaltungsvorschrift zur Änderung der Verwaltungsvorschrift „Beratungs-gespräch und dienstliche Beurteilung der Lehrkräfte an öffentlichen Schulen" in der Fassung vom 10.08.2009. Verfügbar unter: http://www.landesrecht-bw.de/jportal/?quelle=jlink&docid=VVBW-VVBW000006892&psml=bsbawueprod.psml&max=true [13.11.2013].

Rolff, H.-G. (1995). Autonomie als Gestaltungsaufgabe. Organisationspädagogische Perspektiven. In P. Daschner, H.-G. Rolff & T. Stryck (Hrsg.), Schulautonomie – Chancen und Grenzen. Impulse für die Schulentwicklung (S. 31–54). Weinheim: Juventa.

Rürup, M. (2007). Innovationswege im deutschen Bildungssystem. Die Verbreitung der Idee „Schul-autonomie" im Ländervergleich. Wiesbaden: VS Verlag.

Schnoor, H., Lange, C. & Mietens, A. (2006). Qualitätszirkel. Theorie und Praxis der Problemllösung an Schulen. Paderborn: Verlag Ferdinand Schöningh.

Steger Vogt, E. (2013). Personalentwicklung – Führungsaufgabe von Schulleitungen. Eine explorative Studie zu Gestaltungspraxis, Akzeptanz und förderlichen Bedingungen der Personalentwicklung im Bildungsbereich. Münster: Waxmann.

Thiel, F. & Thillmann, K. (2012). Interne Evaluation als Instrument der Selbststeuerung von Schulen. In A. Wacker, U. Meier & J. Wissinger (Hrsg.), Schul- und Unterrichtsreform durch ergebnis-orientierte Steuerung (S. 35–55). Wiesbaden: Springer VS Verlag.

Wissinger, J. (2007). Does school governance matter? Herleitungen und Thesen aus dem Bereich „School Effectiveness and School Improvement". In H. Altrichter, T. Brüsemeister & J. Wissinger (Hrsg.), Educational governance (S. 105–129). Wiesbaden: Springer VS Verlag.

Anmerkungen

1. Im Sprachgebrauch der drei beteiligten Länder unterscheidet sich die Verwendung der Begriffe ‚Fortbildung' und ‚Weiterbildung'. Auch unter den Interviewpartner/innen wurden die Begriffe nicht einstimmig verwendet. Wir unterscheiden sie folglich in dieser Arbeit nicht präzise, sondern nutzen sie in Anlehnung an die Daten.

2. Zwar ergeben sich für die Items des Lehrpersonenfragebogens rechnerisch Signifikanzen. Da die Stichprobe nicht den Anforderungen an Repräsentativität entspricht, verzichten wir auf die Angabe der Signifikanzniveaus in allen Tabellen zum Lehrpersonenfragebogen.

3. Fehlende Werte wurden unter Berücksichtigung des MCAR-Tests nach Little mit dem Expectation Maximization Algorithmus imputiert.

4. Fehlende Werte wurden unter Berücksichtigung des MCAR-Tests nach Little mit dem Expectation Maximization Algorithmus imputiert.

5. Fehlende Werte wurden unter Berücksichtigung des MCAR-Tests nach Little mit dem Expectation Maximization Algorithmus imputiert.

Förderliche schulinterne Bedingungen für Personalentwicklung

Martina Pfeifer

Gesellschaftliche Umbrüche, neue Anforderungen in den Bildungs- und Schulsystemen und die vielfach beschriebenen erweiterten Befugnisse der Einzelschule haben zur Folge, dass Schulen sich ständig weiterentwickeln und auf Veränderungsprozesse reagieren (müssen). Schulentwicklung wird somit zu einem zentralen Anliegen. In den neueren Konzepten der Schulentwicklung kommt neben den Lehrpersonen insbesondere den Schulleiter/innen eine tragende Rolle bei der Umsetzung von Entwicklungsprozessen zu (vgl. Rolff, 2010). Dieses veränderte Verständnis von Schule und Schulentwicklung hat Konsequenzen für die Art der Führung: zu den tradierten und bereits vielfältigen Aufgabenfeldern kommen neue dazu und bringen neben der Rollenkomplexität, z.B. als Unterrichtskolleg/in und Führungsperson, noch eine zusätzliche Aufgabenerweiterung, z.B. als Berater/in, Verwalter/in, Qualitätsentwickler/in u.a., mit sich (vgl. Huber, 2007). Personalentwicklung – als personenfokussierendes Element der Schulentwicklung – nimmt dabei eine zentrale Stellung im Aufgabenfeld der Schulleiter/innen ein.

Ausgehend von der skizzierten Entwicklung geht dieser Beitrag der Frage nach, welche schulinternen Voraussetzungen für Personalentwicklung gegeben sind und welche Erfolgsfaktoren sich für gelingende Personalentwicklung daraus ableiten lassen. Die forschungsleitenden Fragen sind:
– Wie sind die zeitlichen Ressourcen in der Schule für Personalentwicklung verteilt?
– Welche organisatorischen Maßnahmen haben sich bewährt?
– Wie gelingt es innerhalb der zur Verfügung stehenden Ressourcen, Personalentwicklung zu betreiben?

Zunächst werden in einer Bestandsaufnahme zentrale schulinterne Einflussgrößen wie Führungsspanne, Beschäftigungs- und Leitungsumfang sowie zeitliche Ressourcen näher beleuchtet. Diese beeinflussen maßgeblich die Intensität der Personalentwicklungsaktivitäten eines Schulleiters/einer Schulleiterin. Anhand der Erfahrungen und Sichtweisen der befragten Schulleiter/innen der Fallschulen werden produktive Lösungsansätze für Personalentwicklung aufgezeigt. Für diesen Beitrag wurden die Daten der schriftlichen Schulleitungsbefragung aller

Schulen in den Projektländern, sowie die Interviews mit den Schulleiter/innen der untersuchten Fallschulen analysiert.

Ist-Zustand der unterstützenden schulinternen Bedingungen aus Sicht der Schulleitungen

Der Begriff ‚Führungsspanne' bezieht sich im schulischen Kontext auf die von einer Schulleitung zu führenden Klassen bzw. direkt unterstellten Lehrpersonen. Aus der Vorarlberger Stichprobe zeigt sich, dass ein gutes Drittel der Schulleiter/innen Schulen mit 6 bis 10 Klassen (37,2%) führt und fast ein Drittel der Schulleitungen Schulen mit weniger als 5 Klassen (28,3%) leitet. Was die Anzahl der zu führenden Lehrpersonen betrifft, so liegt die Führungsspanne bei knapp der Hälfte bei 15 bis 34 Lehrpersonen (48,7%). Knapp 40 Prozent (40,7%) der befragten Personen führen 1 bis 14 Lehrpersonen und 8,8% leiten ein Kollegium mit 35 und mehr Personen. In St. Gallen werden ein gutes Drittel der Schulen mit 11 bis 15 Klassen an einer Schule geführt (34,5%). Gut die Hälfte der befragten Schulleitungen leitet Kollegien mit 15 bis 34 Lehrpersonen (52,9%). In Baden-Württemberg haben die Schulleiter/innen der Stichprobe eine größere Führungsspanne als in den beiden anderen Ländern inne: über ein Viertel der befragten Personen leiten Schulen mit 16 bis 25 Klassen (28,4%) und sogar rund 7,1% der Schulleitungen 26 und mehr Klassen. Entsprechend sind darunter auch Führungskräfte, die Personalentwicklungsverantwortung für größere Kollegien mit 15 bis 34 Lehrpersonen (40%) und 35 bis 54 Personen (21,0%) haben. Große Kollegien kommen auch in der Baden-Württemberger Stichprobe selten vor, kleine bis 14 Kolleg/innen dagegen durchaus häufig (36,3%).

Tabelle 1 | Anzahl der zu führenden Lehrpersonen

Item Schulleitungsfragebogen	Angaben in %		
Wie viel Lehrkräfte führen Sie?	SG	VA	BW
bis 14 Personen	25,0	40,7	36,3
15 bis 34 Personen	52,9	48,7	40,0
35 bis 54 Personen	20,1	8,8	21,0

In Vorarlberg bewältigen die Schulleiter/innen ihr Arbeitspensum durchgängig in einer Vollzeitanstellung (100%). Explizit für die Schulleitungstätigkeit stehen den befragten Personen durchschnittlich 73,2% ihrer Arbeitszeit zur Verfügung, die restliche Zeit ist für Unterrichtstätigkeit verplant. Was den Unterrichtsumfang betrifft, so zeigt sich für die Vorarlberger Stichprobe folgendes Bild: Über 50% der Leitungspersonen geben an, bis zu 6 (Unterrichts-)Stunden neben der Schulleitungstätigkeit zu unterrichten, demgegenüber stehen 9,0%, die neben der Schulleitungstätigkeit wöchentlich noch mehr als 15 Stunden unterrichten. In St. Gallen, wie bereits Steger Vogt in ihrer Studie 2013 aufzeigen konnte (vgl. Steger Vogt, 2013), sind die teilnehmenden Schulleiter/innen an ihrer Schule durchschnittlich mit einem Arbeitspensum von 89,3% beschäftigt, d.h. in der St.Galler Stichprobe kommt als einzige der Fall häufiger vor, dass eine Schulleitung nicht Vollzeit angestellt ist. Innerhalb der Gesamtarbeitszeit stehen ihnen im Durchschnitt 58,7% für die Schulleiter/innentätigkeit zur Verfügung. Auf die Frage nach der Unterrichtstätigkeit geben 23,2% der befragten Personen an, keine Lehrtätigkeit auszuüben. 76,8% der Schulleitungen unterrichten noch fünf bis sechs (Unterrichts-)Stunden. In Baden-Württemberg sind 82% der teilnehmenden Schulleitungen voll beschäftigt, Teilzeitanstellungen – im Ausmaß ab 50% - kommen nur vereinzelt vor. Sie sind für Schulleiter/innen in Baden-Württemberg z.B. für Elternzeit (vgl. VwV-Teilzeit_Urlaub_usw_280111) vorgesehen. Auffallend ist, dass die Unterrichtstätigkeit der Schulleitungen im Vergleich zu Vorarlberg und St. Gallen im Durchschnitt deutlich höher ist: 41,6% haben bis zu 6 Stunden Unterrichtsverpflichtungen, jedoch fast ein Drittel der befragten Personen (32,6%) gibt an, 7 bis 10 Unterrichtseinheiten zu haben. 22,4% der Schulleiter/innen unterrichten in Baden-Württemberg sogar 11 bis 14 Stunden neben der Leitungstätigkeit.

Tabelle 2 | Anzahl der unterrichteten Lektionen durch die Schulleitung

Item Schulleitungsfragebogen	Angaben in %		
Wieviele Stunden unterrichten Sie pro Woche?	SG	VA	BW
keine Unterrichtstätigkeit	23,3	13,5	0,9
1 bis 6 Unterrichtsstunden	38,9	37,8	40,7
7 bis 14 Unterrichtsstunden	30,5	39,7	55,0
15 und mehr Unterrichtsstunden	7,3	9,0	3,4

Die zeitlichen Ressourcen, welche für Personalentwicklung zur Verfügung stehen, werden je nach angewandtem Personalentwicklungsinstrument unterschiedlich gesehen (vgl. Tabelle 3): Für das Mitarbeiter/innengespräch – so 65,2% der Schulleiter/innen – steht in Vorarlberg ausreichend Zeit zur Verfügung, in St. Gallen sind es 67,3%. Hingegen signalisieren die Schulleiter/innen in Baden-Württemberg Veränderungsbedarf in Bezug auf das Mitarbeiter/innengespräch, fast die Hälfte der Schulleiter/innen (49,2%) findet dafür nicht ausreichend Zeit.

Tabelle 3 | Verteilung der zeitlichen Ressourcen für Personalentwicklung

1 trifft gar nicht zu | 2 trifft eher nicht zu | 3 teils-teils | 4 trifft eher zu | 5 trifft genau zu

Item Schulleitungsfragebogen	Land	n	MW	p		SD
Die zeitlichen Ressourcen an meiner Schule sind ausreichend für … ein jährliches Mitarbeiter/innengespräch mit allen Lehrpersonen.	SG	205	3,76	VA BW	* ***	1,29
	VA	109	3,32	SG BW	* ***	1,28
	BW	431	2,64	SG VA	*** ***	1,32
… Personalführungsaufgaben (z.B. Unterstützung von Berufseinsteiger/innen, Lehrpersonen mit Problemen).	SG	205	3,52	VA BW	n.s. ***	1,03
	VA	108	3,29	SG BW	n.s. n.s.	1,11
	BW	432	3,11	SG VA	*** n.s.	1,24
… Ausarbeitung von Planungsgrundlagen wie Personalentwicklungskonzept, Weiterbildungskonzept.	SG	204	2,74	VA BW	n.s. ***	0,99
	VA	106	2,52	SG BW	n.s. **	1,06
	BW	421	2,17	SG VA	*** **	1,14
…Vernetzung mit anderen Schulleitungen (Intervision, Erfahrungsaustausch, regelmäßige Treffen).	SG	204	3,49	VA BW	n.s. ***	1,07
	VA	110	3,4	SG BW	n.s. ***	1,03
	BW	427	2,91	SG VA	*** ***	1,33
Zur Gestaltung von PE werde ich in Organisations- oder Verwaltungsaufgaben durch ein Sekretariat/ eine Lehrperson entlastet.	SG	201	2,97	VA BW	*** ***	1,39
	VA	109	1,31	SG BW	*** ***	0,73
	BW	426	2,43	SG VA	*** ***	1,25

p = Irrtumswahrscheinlichkeit; * = p ≤ .05 | ** = p ≤ .01 | *** = p ≤ .001 | n.s. = nicht signifikant
SG = St. Gallen; VA = Vorarlberg; BW = Baden-Württemberg
n = Stichprobenumfang; MW = Mittelwert; SD = Standardabweichung

Positiv werden die Möglichkeiten zur Vernetzung der Schulleiter/innen unter-einander gesehen. 47,2% geben an, dafür ausreichend Zeit zur Verfügung zu haben, in St. Gallen sind das 51,5%, in Baden-Württemberg ebenfalls fast die Hälfte aller Befragten (49,8%). Anders ist das Antwortverhalten im Zusammenhang mit der Ausarbeitung von Planungsgrundlagen. Mehr als die Hälfte (56,6%) der Vorarl-berger Schulleiter/innen weist darauf hin, hier nicht genügend zeitliche Ressour-cen zu haben, in St. Gallen sind es vergleichsweise 43,6% der Schulleiter/innen. In Baden-Württemberg geben zwei Drittel der Schulleiter/innen an (67,3%), dass die Ressourcen für die Ausarbeitung von Planungsgrundlagen knapp bemessen seien. Den deutlichsten Veränderungsbedarf formulieren die Schulleiter/innen in Bezug auf Entlastung in Organisations- und Verwaltungsaufgaben: 91,7% sehen sich zur Gestaltung von Personalentwicklungsmaßnahmen nicht angemessen durch ein Sekretariat oder eine Lehrperson entlastet.

Wirksame Umsetzung von Personalentwicklung innerhalb der Rahmen-bedingungen aus Sicht der Schulleitungen

Die Ergebnisse der Ist-Analyse machen bereits deutlich, dass für die Leitungs-tätigkeit – insbesondere für Personalentwicklung – nur ein begrenztes Ausmaß an zeitlichen Ressourcen verfügbar und diese für viele zeitintensive Aufgaben einzu-setzen ist. Nachfolgend wird dargestellt, welche Haltungen und Maßnahmen die Schulleiter/innen als förderlich erachten, Personalentwicklung auch innerhalb der gegebenen Rahmenbedingungen zu betreiben.

Zunächst wird deutlich, dass das Schaffen von förderlichen schulinternen Arbeits-strukturen und Ablaufprozessen für die Lehrpersonen aber auch für die Schullei-ter/innen selbst eng verbunden ist mit den eigenen organisatorischen Fähigkeiten und Kompetenzen. Ein striktes Zeit- und Selbstmanagement ist ihrer Erfahrung nach notwendig. Als wichtigste Werkzeuge sehen die Schulleiter/innen die acht-same Prioritätensetzung und eine strukturierte Tagesplanung mit Pufferzeiten für Unvorhergesehenes. Darüber hinaus ist es nach Ansicht der meisten Schulleiter/innen förderlich, Entlastung im administrativen Bereich zu haben. Dabei merkt eine Führungskraft durchaus selbstkritisch an, dass administrative Überlastung auch ein Vorwand für nicht gelebte Führung sein kann:

> Administration ist ein großer Punkt, bei dem wir nicht rundherum kommen, aber man kann sich auch hinter der Administration verstecken. (VA SL_05:17)

Ebenfalls differenziert äußern sich die Schulleiter/innen, wenn es um die Bestandsaufnahme der eigenen Aufgaben geht: Hier gilt es, neben gutem Selbstmanagement auch sein eigenes Führungsverständnis zu reflektieren und sich gegebenenfalls durch Delegation zu entlasten. Auch gilt es regelmäßig zu prüfen, ob und wie sich das Aufgabenspektrum in der Führung entwickelt und möglicherweise vergrößert hat. Ein hilfreiches Instrument, die verschiedenen Aufgabenfelder sowie die Arbeitszeitverteilung für diese Aufgaben transparent zu machen, ist eine detaillierte Tätigkeitserfassung bzw. Arbeitszeiterfassung. Derartige Aufzeichnungen dienen einerseits zur eigenen Standortbestimmung, machen andererseits eine gezielte (Jahres-)planung möglich und bieten zugleich die Chance, auf den Bedarf abgestimmte Ressourcen beantragen zu können. Durch die Transparenz werden die Verhandlungen mit den zuständigen Behörden oftmals maßgeblich erleichtert:

> Und wir haben jetzt bei uns in der Stadt X Arbeitszeiterfassung gemacht und aufgrund der Arbeitszeiterfassung konnten wir dann auch unsere Arbeitszeit entsprechend erhöhen. (SG SL_05:36)

Neben effizienten Rahmenbedingungen ist nach Angaben der Schulleiter/innen eine professionelle Haltung der Schulleitung entscheidend, ob Führung – und somit auch Personalentwicklung – gelingt. Gelassenheit und Distanz sind zwei Momente, die als unerlässlich gesehen werden. Um sich einen professionellen Abstand zum schulischen Alltag zu erhalten, werden der Austausch mit FührungskollegInnen sowie die Inanspruchnahme von strukturierten Reflexionsmöglichkeiten wie Coaching und Supervision genannt.

Zusammenfassende Bilanz

Zur Frage, wie die Schulleiter/innen für die erfolgreiche Bewältigung ihrer Führungsaufgabe Personalentwicklung unterstützt werden können, liefert die differenzierte Betrachtung von schulinternen Rahmenbedingungen wertvolle Hinweise. Die Ergebnisse zeigen, dass die Führungsspannen an vielen der untersuchten Schulen tendenziell (zu) hoch sind und eine Schulleitung sich mit ihrem Personalentwicklungsbemühen auf viele Personen und Anliegen beziehen muss. Gerade dort, wo sie große Kollegien leiten, besteht die Gefahr, dass die Führungskontakte nicht zu allen Lehrpersonen intensiv gestaltbar sind. Ebenso kann ein hohes Unterrichtspensum derart viele Ressourcen binden, dass Personalentwicklung neben den unzähligen weiteren Führungsaufgaben wie bspw. Elternarbeit, Kooperationen mit schulischen Partnern etc. nur eingeschränkt betrieben werden kann.

Hier gilt es in Zukunft verstärkt, „Schulleitung" als eigene Profession zu sehen und die Führungskräfte mit entsprechenden Kompetenzen und Ressourcen auszustatten. Dazu zählt auch ein angemessen reduzierter Unterrichtsumfang, sodass Zeitfenster für die eigentlichen Aufgaben als Führungskraft entstehen.

Schulinterne Strukturen, die Verantwortung und Aufgaben auf mehrere Personen verteilen, können dazu beitragen, Schulleiter/innen zu entlasten und zeitliche Ressourcen für Personalentwicklung freizuschaufeln. Dazu bedarf es zum einen einer guten Begleitung von Personal für die Verwaltungsaufgaben (z.B. Sekretariate), aber auch Möglichkeiten der Einbindung der Lehrpersonen (z.B. über Deputats-/Pensenausgleich), die so Gelegenheiten haben, an Entscheidungen teilhaben zu können.

Damit Personalentwicklung als Gesamtkonzept – im Gegensatz zu losgelösten Einzelmaßnahmen – umgesetzt werden kann, sind bildungspolitische Konsequenzen notwendig, die die strategischen Bemühungen der Schulleitungen, wie sie die Interviewpartner/innen vorgestellt haben, untermauern. Darüber hinaus sind die Fort- und Weiterbildungsinstitutionen der Bundesländer bzw. des Kantons noch mehr gefordert, die bereits bestehenden Qualifizierungsangebote für Schulleiter/innen gerade im Hinblick auf solche Kompetenzentwicklung weiter auszubauen, die sich als hilfreich für die Bewältigung der Führungsaufgabe innerhalb des Spannungsfeldes von Zeitknappheit und Aufgabenvielfalt erweisen.

Förderliche schulinterne Bedingungen
- Anpassung des Unterrichtsumfangs an das Aufgabenprofil der Schulleitung
- Klar abgegrenztes Aufgabenspektrum in der Führung
- Effiziente und transparente Arbeitsabläufe
- Zeit- und Selbstmanagement
- Orientierung für Ressourcenplanung durch Einsatz von Arbeitszeit- und Tätigkeitserfassung
- Ausreichende Ressourcen v.a. im Bereich Administration
- Qualitätssichernde Maßnahmen durch Reflexionsangebote wie Coaching, Supervision und Intervision

Literatur

Huber, S.G. (2007). Leadership an Schulen – Anforderungen und Professionalisierung aus internationaler Perspektive: In: Schweizer, G., Iberer, U. & Keller, H. (Hrsg.), Lernen am Unterschied. Bildungsprozesse gestalten – Innovationen vorantreiben. Bielefeld: Bertelsmann Verlag, S. 53–69.

Informationen zu Teilzeitarbeit in der Schulleitung: URL: http://www.kultusportal-bw.de/,Lde/772845 (eingesehen am: 06.01.14)

Rolff, H.-G. (Hrsg.) (2010). Führung, Steuerung, Management. Velber. Klett/Kallmeyer Verlag

Steger Vogt, E. (2013). Personalentwicklung – Führungsaufgabe von Schulleitungen. Münster: Waxmann.

Verwaltungsvorschrift zur Teilzeitarbeit in der Schulleitung: URL: http://www.kultusportal-bw.de/site/pbs-bw/get/documents/KULTUS.Dachmandant/KULTUS/kultusportal-bw/pdf/VwV-Teilzeit_Urlaub_usw_280111_STEWI.pdf (eingesehen am: 06.01.14)

Unterstützende Bedingungen durch die Schulbehörde/Schulaufsicht

4.4

Martina Pfeifer

Der Behörde, die für die fachliche und pädagogische Umsetzung der politisch bestimmten Bildungsziele verantwortlich ist, kommt als steuernde Instanz eine wesentliche Aufgabe zu. Gesetze und Erlässe haben einen entscheidenden Einfluss auf den Entwicklungskorridor einer Schule, der „besonders deutlich an der Schulaufsicht wird, die sich in den operativen Bereich einmischt und in diesem Sinne auch als Bestandteil der Schule angesehen werden kann" (Rolff, 2013, S. 21). Systemische Konzepte der Schulentwicklung betrachten die Schule als soziale Organisation und unterscheiden zwischen einem internen und einem externen Systemzusammenhang (vgl. Rolff, 2013). Dabei wird – neben dem innerschulischen – auch dem außerschulischen Umfeld wie Eltern, Kommune oder Gemeinde, Schulträger und Schulaufsicht eine bedeutende Rolle bei der Umsetzung von Schulentwicklung zugesprochen (vgl. Bonsen, Bos & Rolff, 2008). Im Rahmen des internen Systemzusammenhangs rücken mit Blick auf die Anforderung, Schule zu entwickeln, zunehmend Selbstreflexion und Selbstorganisation in den Mittelpunkt: Die Institution Schule wird als eine lernende Organisation verstanden (vgl. Schratz & Steiner-Löffler, 1998; Rolff, 1998; Argyris & Schön, 2008). Es stellt sich die Frage, wie die Schnittstelle zwischen Schule und Behörde gestaltet sein soll, um die Wirksamkeit der Entwicklungsmaßnahmen zu fördern. Ziel des Beitrags ist, Einstellungen der Akteur/innen herauszuarbeiten sowie strukturelle Rahmenbedingungen und Maßnahmen darzustellen, die die Schulleiter/innen in ihrem Handeln unterstützen können.

Folgende Leitfragen bilden den Rahmen:
- Welchen Beitrag leistet die Behörde, damit die Führungsaufgabe der Personalentwicklung im Kollegium akzeptiert und erfolgreich umgesetzt werden kann?
- Welche Unterstützungen seitens der Behörde erhalten bzw. wünschen sich die Schulleitungen?
- Wie werden Verlagerungen in der Personalführungskompetenz zugunsten den Schulleitungen beurteilt?

Die Vertreter/innen der Behörde werden im Beitrag einheitlich ‚Schulaufsicht‘ ‚Behörde‘ bzw. ‚behördliche Vertreter/innen‘ genannt. Gemeint sind damit in Vorarlberg die Schulinspektor/innen, in St. Gallen die Schulratspräsident/innen und in Baden-Württemberg die Schulrät/innen.

Die Aufgaben der Schulaufsicht sind in Vorarlberg durch das Bundes-Schulaufsichtsgesetz, BGBl. Nr. 240/1962, zuletzt geändert durch das Bundesgesetz BGBl. Nr. 321/1975 (§§ 11, 16 und 18), geregelt. Die Bezirksschulräte sind für die allgemeinbildenden Pflichtschulen und der Landesschulrat für die Berufsschulen sowie für die mittleren und höheren Schulen die jeweils zuständige Schulbehörde. Pädagogische Führungsaufgaben und strategische Steuerungsfunktionen sind die Kerngebiete der Schulaufsicht. Dazu gehört einerseits die Erstellung einer regionalen Bildungsplanung, die die Grundlage für ein vielfältiges, aber doch vergleichbares Bildungsangebot darstellt. Im Rahmen dieser regionalen Bildungsplanung wirkt die Schulaufsicht unterstützend in der Personalentwicklung und ist zuständig für eine bedarfsorientierte materielle und personelle Ressourcenverteilung. Weitere Aufgaben sind die Inspektion und Evaluierung der Einzelschulen sowie deren Beratung in fachlichen und pädagogischen Fragen, außerdem Konfliktmanagement und Sicherung der pädagogischen Qualität. Von Bedeutung ist auch die schulübergreifende Koordinationstätigkeit zwischen Schulen sowie zwischen Schulen und außerschulischen Institutionen. Für die Personalentwicklung ist im Besonderen die Entwicklung und das Angebot von Fort- und Weiterbildungsmöglichkeiten für Lehrer/innen und Schulleiter/innen relevant. Weiter besteht eine enge Zusammenarbeit mit den Einrichtungen der Lehreraus- und Lehrerfortbildung.

Die Fach- und Dienstaufsicht ist in Baden-Württemberg zwei administrativen Ebenen zugewiesen. Den Schulämtern kommt dabei als untere Schulaufsichtsbehörde die Fach- und Dienstaufsicht über die Schulen im Primar- und Sekundarbereich I zu (vgl. §§ 33f SchG Baden-Württemberg). Neben ihrer Aufsichtsfunktion zählen zu ihren weiteren Aufgaben „[…] insbesondere die Unterstützung, Beratung und Begleitung der Schulen" (MKJS 2013). Für den Fort-und Weiterbildungsbereich können die Staatlichen Schulämter neben regionalen Initiativen auf ein landesweites Angebot zurückgreifen. In Baden-Württemberg entwickelt das Kultusministerium jährliche Beratungs- und Fort-/Weiterbildungsschwerpunkte, die für alle Ebenen verbindlich sind (vgl. Verantwortlichkeiten und Pflichten Nr. 1 Verwaltungsvorschrift Az.: 21-6750.00/466). Das Gesetz über die Landesakademie für Fortbildung und Personalentwicklung an Schulen regelt die Zuständigkeiten der Landesakademie für die Weiterentwicklung des pädagogischen Schulpersonals. Zu den Zuständigkeitsbereichen gehören u.a. „[…] die Gestaltung und Durchführung von Fortbildungsangeboten im Bereich der Personalentwicklung, insbesondere für pädagogisches Leitungspersonal und Lehrkräfte mit besonderen Aufgaben im schulischen Bereich […]" sowie „[…] im Bereich der Schulentwicklung und Schulberatung" (vgl. § 2 Abs. 1 Nr. 1 & 4 FortAkadErG BW 2010). Die Schulämter gewährleisten Fort- und Weiterbildungsangebote für die von ihnen betreuten Schulen und nutzen dafür die von der Landesakademie entwickelten Konzepte (vgl. Verantwortlichkeiten und Pflichten Nr. 3 Verwaltungsvorschrift Az.: 21-6750.00/466). Ihnen obliegt darüber hinaus die Beratung der Schulen in Fragen der Fortbildungsplanung (vgl. ebd.).

Gemäß Volksschulgesetz des Kantons St. Gallen (vgl. Staatsverwaltung des Kantons St. Gallen, 2008) obliegt die oberste Leitung der Volksschule der kantonalen Regierung (Art. 98). Die Leitung und Beaufsichtigung der Volksschule wird durch den Erziehungsrat sichergestellt, welcher durch die kantonale Regierung gewählt wird und insbesondere für die Überprüfung und Sicherung der Schulqualität, die Anordnung von Maßnahmen, die Bezeichnung empfohlener Lehrmittel und die Vorbereitung von Geschäften der Regierung zuständig ist (Art. 100). Geführt und organisiert wird die Schule durch die Schulbehörde auf kommunaler Ebene, die je nach politischer Lokalstruktur vom Volk, in größeren Gemeinden vom Gemeindeparlament oder von der Gemeindebehörde gewählt wird (nach Art. 111 des Volksschulgesetzes, VSG, vom 01.01.2013, Erlassdatum: 07.08.2012). Die Schulbehörde besteht aus dem Schulratspräsidium und weiteren Mitgliedern. Ihr obliegt die unmittelbare Führung der Schulen nach den Vorschriften des Gemeindegesetzes und der Gesetzgebung über das Schulwesen. Sie erlässt ein Führungs- und Organisationskonzept, umschreibt die Aufgaben der Schule in einem Pflichtenheft und setzt Schulleitungen ein (Art. 114). Dabei bestimmt die Gemeindeordnung oder ein Reglement die Zuständigkeit der Schulleitungen. Die Anstellung, Kündigung und die Form der Lehrauftragserteilung (befristeter, unbefristeter Lehrauftrag) von Lehrpersonen obliegt ebenfalls der Schulbehörde als nicht delegierbare Aufgabe (Art. 114). Weiter ist die Schulbehörde verantwortlich, dass für den Unterricht die notwendigen Räumlichkeiten und Hilfsmittel zur Verfügung stehen. Darüber hinaus entscheidet diese über Einschulung, Promotionen und fördernde Maßnahmen und sorgt für die Qualitätsentwicklung.

Einschätzungen der Schulleitungen zur Schulbehörde/Schulaufsicht als Kontextbedingung

In der Eingangsphase des Projekts wurde in der schriftlichen Befragung der Schulleitungen der Pflichtschulen neben Fragen zur Schulführung und Personalentwicklung deren Einschätzungen zu den Kontextbedingungen der Schule eingeholt. Die folgenden Ausführungen geben einen ersten Einblick, wie in den Projektländern Zusammenarbeit und Unterstützung seitens der Schulbehörde/Schulaufsicht aus Sicht der Schulleiter/innen erlebt werden.

Betrachtet man die Gesamtdarstellung der Antworten, wird deutlich, dass die Unterstützung durch die Behörden von den Schulleiter/innen als hoch eingeschätzt wird. Dies zeigte sich bereits in den Forschungsergebnissen von Steger Vogt, die in ihrer Stichprobe für den Schweizer Kanton St. Gallen ebenfalls positive Ergebnisse erhielt: 87,9% der St.Galler SchulleiterInnen stimmten dieser Aussage weitgehend zu (vgl. Steger Vogt, 2013). Auf die Frage nach der Zusammenarbeit mit den Behörden erleben 81,2% der Vorarlberger Schulleitungen die Gespräche und Kontakte als Bereicherung und Orientierung in der Führungsarbeit. Vergleichend dazu waren es in Baden-Württemberg mit 66,8% weniger Personen, die eine förderliche Unterstützungskultur seitens der Behörden erleben.

Unterstützt fühlen sich die Schulleiter/innen bei der Beilegung innerschulischer Konflikte: Die Behörden können in festgefahrenen Situationen durch die „Perspektive von außen" die Funktion des Vermittlers/der Vermittlerin einnehmen. Damit leisten sie einen wertvollen Beitrag zur Bewältigung des Führungsalltags. Diese Sichtweise teilen 71,4% der Schulleitungen in Vorarlberg, vergleichsweise dazu sind es in Baden-Württemberg 63,3% und in St. Gallen 82,1% der befragten Personen.

Neben begleitender Beratung bereits etablierter Maßnahmen hat die Behörde bei der Auswahl und Einführung neuer Personalentwicklungsprojekte bedeutenden Einfluss. In Vorarlberg geben 70,4% der befragten Personen an, sich bei geplanten Vorhaben und Projekten durch die Behörde unterstützt zu fühlen. Niedriger ist der Wert in Baden-Württemberg, dort ist nur gut die Hälfte (57,9%) der befragten Personen der Meinung, Offenheit und Unterstützung für zukünftige Maßnahmen seitens der Schulbehörde zu erfahren.

Für die Umsetzung von Personalentwicklung an Schulen sind die Kompetenzen und Aufgaben festgelegt und auf Schulbehörde/Schulaufsicht und Schulleitungen verteilt. Etwas mehr als zwei Drittel (68,5%) der Schulleitungen in Vorarlberg geben an, Zuständigkeiten der Personalführung zwischen Behörde und Schulleitung als klar geregelt zu erleben. Die Schulleiter/innen in Baden-Württemberg erleben dies – trotz differenter Bildungsstrukturen – ähnlich: In Baden-Württemberg geben 69,5% der Schulleitungen an, Transparenz in den Zuständigkeiten zu erleben. Im Kanton St. Gallen sind es 81,6% der Schulleitungen, die eine zufriedenstellende Klarheit über die Zuständigkeit in der Personalführung zwischen Schulbehörde und Schulleitung erfahren. Die Behörde wird von den Schulleiter/innen in allen Ländern als wichtige Kooperationspartnerin gesehen. Es gibt ein starkes Bewusstsein unter den Schulleiter/innen, dass nur im Zusammenwirken mit der außerschulischen Ebene Schul- und Personalentwicklungsprozesse professionell gestaltet werden können. In Vorarlberg geben zwei Drittel (88,2%) der Schulleiter/innen an, dass im Konfliktfall Zuständigkeiten auch eingehalten werden, in St. Gallen sind es 94,3%, in Baden-Württemberg 92,0%. Ebenso zeigt sich in den Stichproben aller Länder, dass nur eine Minderheit, über angespannte Situationen mit der Schulbehörde/Schulaufsicht in Fragen rund um Personalentwicklung berichtet. Folgende Tabelle (vgl. Tab. 1) stellt die Erfahrungen der Schulleitungen mit den Schulbehörden in Durchschnittswerten dar:

Tabelle 1 | Unterstützung durch die Schulbehörde/Schulaufsicht

1 trifft gar nicht zu | 2 trifft eher nicht zu | 3 teils-teils | 4 trifft eher zu | 5 trifft genau zu

Item Schulleitungsfragebogen	Land	n	MW	p		SD
Ich erlebe die Schulbehörde in der Zusammenarbeit konstruktiv und wertschätzend gegenüber meiner Tätigkeit.	SG	204	4,41	VA BW	* ***	0,82
	VA	112	4,09	SG BW	* n.s.	0,92
	BW	436	3,71	SG VA	*** n.s.	0,99
Die Schulbehörde unterstützt meine Personalentwicklungsaktivitäten, indem sie meine Anliegen prüft.	SG	202	4,34	VA BW	*** ***	0,81
	VA	108	3,81	SG BW	*** *	1,04
	BW	428	3,51	SG VA	*** *	1,03
Die Schulbehörde verhält sich in Konflikten zw. Kollegium und Schulleitung oder zw. Schulleitung, Eltern & Öffentlichkeit konstruktiv vermittelnd.	SG	196	4,38	VA BW	** ***	0,85
	VA	105	3,97	SG BW	** *	1,01
	BW	419	3,67	SG VA	*** *	0,97
Es besteht eine zufriedenstellende Klarheit über die Zuständigkeiten in der Personalführung zwischen Schulbehörde und Schulleitung.	SG	204	4,08	VA BW	* ***	0,98
	VA	108	3,74	SG BW	* n.s.	0,99
	BW	428	3,69	SG VA	*** n.s.	0,98
Die Zuständigkeiten in Bezug auf Personalführung werden auch im Konfliktfall eingehalten.	SG	194	4,09	VA BW	n.s. ***	0,91
	VA	93	4,12	SG BW	n.s **	0,79
	BW	413	3,78	SG VA	*** **	0,86
Das Verhältnis zwischen Schulbehörde und Schulleitung ist in Fragen um Personalentwicklung angespannt.	SG	204	1,54	VA BW	n.s. ***	0,87
	VA	109	1,72	SG BW	n.s. n.s.	0,88
	BW	424	1,83	SG VA	*** n.s.	0,93

p = Irrtumswahrscheinlichkeit; * = p ≤ .05 | ** = p ≤ .01 | *** = p ≤ .001 | n.s. = nicht signifikant;
SG = St. Gallen; VA = Vorarlberg; BW = Baden-Württemberg
n = Stichprobenumfang; MW = Mittelwert; SD = Standardabweichung

Bedingungen für die wirksame Umsetzung von Personalentwicklung aus Sicht der Schulleiter/innen und Vertreter/innen der Schulbehörde

Personalentwicklung beinhaltet eine Vielzahl an zielgerichteten Instrumenten und Maßnahmen, um die Fähigkeiten und Leistungen der handelnden Akteur/innen einer Schule zu steigern. Die vorangegangenen Ergebnisse zeigen bereits erste Tendenzen zur Beschaffenheit der Zusammenarbeit und lassen ablesen, dass an manchen Schulen die Schnittstellen zwischen Schule und Behörde noch optimiert werden können. Nachfolgend werden in der vertiefenden qualitativen Analyse die Haltungen der Schulleiter/innen und strukturelle Maßnahmen herausgearbeitet, die für eine gelingende Kooperation förderlich sind. Grundlage sind Interviews mit den Personen der Schulbehörden/Schulaufsicht und den Schulleiter/innen der untersuchten Fallschulen. Der Fokus liegt dabei auf der ‚Erprobtheit‘ in der Praxis.

Neue Kultur der Zusammenarbeit

Das Rollenbild der Behörden ist in allen befragten Ländern im Wandel: Neben den Kernaufgaben als begutachtende und verwaltende Instanz gewinnen beratende und begleitende Aufgaben deutlich an Bedeutung: Da Schulleitungen vielfach wenige Austauschpartner/innen auf derselben Hierarchieebene haben, stellen die Behörden wertvolle Unterstützer/innen für die Schulleiter/innen in der Rolle des ‚kritischen Freundes‘ bzw. einer aktiv gestaltenden Unterstützerin von außen dar. Aus den Interviews wird jedoch auch deutlich, dass die Entwicklung in den Ländern unterschiedliche Stände aufweist: In Vorarlberg und Baden-Württemberg wird die Beratung und Begleitung durch die Schulbehörde/Schulaufsicht als ein sich erweiternder Aufgabenbereich gesehen, für den auch konkrete Vorstellungen zum Beispiel für die Schulentwicklungsbemühungen bestehen:

> Mein Wunsch an die Schulaufsicht wäre, dass die Schule einmal eine Woche lang unter die Lupe genommen wird, von mir angefangen in der Direktion. Ich möchte auch einmal angesehen werden. Ich arbeite und arbeite und bemühe mich, halt, ich weiß, ich bekomme schon gemeldet, es passt alles, aber ich will, dass ich da auch einmal eine andere Rückmeldung habe. Das würde ich mir wünschen. […] Das wäre für mich Schulentwicklung pur. (VA SL_05:89)

In Baden-Württemberg wird darauf hingewiesen, dass die Verschlankung der Dienstwege und die Entbürokratisierung der letzten Jahre dazu beigetragen hat, die Behörde vermehrt bei pädagogischen und fachlichen Themenstellungen einzubinden. In Vorarlberg gibt es ebenfalls Bestrebungen, das teilweise komplexe und von den Schulen oft als unübersichtlich wahrgenommene Behördensystem transparenter zu gestalten. In St. Gallen weisen die Behörden darauf hin, bereits bestehende Angebote und Dienstleistungen noch stärker an den Bedürfnissen der Schulen auszurichten. Gegenwärtig liegt der Fokus in der Arbeit der Behörden vielfach auf der strategischen Führung.

Der Schulalltag stellt die Schulleitungen oft vor Herausforderungen und Konfliktsituationen, die teilweise nicht auf innerschulischer Ebene entschieden werden können. Um tragfähige Lösungen zu finden, werden die behördlichen Vertreter/innen in unterschiedlichem Ausmaß um Beratung angefragt. Maßgeblich entscheidend sind ,kurze Wege' und direkte Ansprechmöglichkeiten. Eine wesentliche Voraussetzung für gelingende Kooperation ist das gegenseitige Vertrauen und die Wertschätzung der Arbeit und Position des Anderen. Um diese Beziehung aufzubauen, ist es aus Sicht der Behörden wichtig, im Bedarfsfall erreichbar zu sein und verlässlich zu reagieren.

> Mich dünkt es, wir haben ein gutes Gehör dort. Wenn ich das Schulamt brauche, dann ist man hier. (SG SL_07:95)

Wie Beziehungsarbeit gelingt, ist vielfach von den zur Verfügung stehenden zeitlichen Ressourcen und der Größe des Betreuungsgebiets abhängig: In Vorarlberg ist es insbesondere die starke Zersiedelung, die Schulbesuche zeitaufwändig macht, in Baden–Württemberg ist die Größe des Betreuungsgebietes häufig ein hinderlicher Faktor, um Kontakte in dem Maße zu pflegen, wie es gewünscht ist. In St. Gallen wird die Schulaufsichtsbehörde auf kommunaler Ebene bestellt. Aufgrund dieser räumlichen Nähe scheinen hier diese Hindernisse unbedeutender zu sein – zumindest finden sich keine Angaben dazu in den Auswertungen.

Informationen zur Verfügung stellen und Anlaufstelle für pädagogische und personelle Fragestellungen zu sein, werden aus Sicht der Schulaufsicht als Kernaufgaben der Behörde formuliert. Darüber hinaus stehen die behördlichen Vertreter/innen häufig als professionelle Gesprächspartner/innen zur Verfügung und ermöglichen den Schulleiter/innen, ihre eigene Rolle als Führungskraft zu reflektieren. Der Mehrwert liegt – neben der Möglichkeit des Austauschs – darin, mit herausfordernden Führungssituationen besser umgehen zu können:

> … da hat der Inspektor keine Kontrollfunktion, sondern eine Besuchsfunktion, eine Supervisionsfunktion, sie können sich abladen, sie können das loswerden. (VA SB_02:43)

Ich habe jede Woche ein circa halbstündiges bis stündiges Gespräch mit der Schulratspräsidentin, wo wir miteinander austauschen was gerade Thema ist, was sie von mir braucht, was ich von ihr brauche. (SG SL_07:104)

Neben den direkten Kontakten, die die behördlichen Vertreter/innen mit den Schulleiter/innen pflegen, leisten sie ihrer Aussage nach auch wertvolle Vernetzungsarbeit zwischen den Schulleiter/innen. Zusätzlich zu regelmäßigen Teambesprechungen mit den Schulleiter/innen stellen die Behörden den Rahmen für schulübergreifenden Erfahrungsaustausch zur Verfügung. Dadurch leisten sie einen wichtigen Beitrag zur Steigerung der Schulqualität an den einzelnen Schulen. Bewährt haben sich ihres Erachtens dabei für alle Schulleiter/innen verpflichtende Termine, die jedoch im außerschulischen Rahmen stattfinden:

Das ist erstens einmal ein gutes Vertrauensverhältnis und man muss sich auch näher kennenlernen. Wir machen auch diese Leiterausflüge und ich habe schon einen Jahreskreis: […] Das ist meine Führung. Ich muss schauen, dass es der Truppe gut geht. (VA SB_02:39)

Den Verantwortlichen der Schulbehörde/Schulaufsicht ist bewusst, dass ein großer Gestaltungsspielraum der Schulleiter/innen motivierend wirkt. Die Schulleiter/innen ihrerseits deuten diese ‚Freiheit' einerseits als Zeichen für die funktionierende Kooperation und andererseits als Feedback für ihre Arbeit:

Ja, wenn die Schulbehörde mit dem Stand nicht zufrieden wäre, dann müsste ich sicher reagieren oder agieren. Dann würde ich es sicher spüren, dann wäre die Freiheit schnell weg. Aber ich schätze das eben, […] dass ich die Freiheit habe. (VA SL_01:97)

Ebenfalls als Zeichen der Wertschätzung sehen die Schulleiter/innen die Präsenz der Behörde bei Schulveranstaltungen. Das kann auch die Akzeptanz der behördlichen Vertreter/innen beim Kollegium stärken.

Spezielle Weiterbildung und Entwicklungsmöglichkeiten für Führungskräfte
Um Menschen professionell führen zu können, braucht es neben persönlichen Kompetenzen auch explizites Führungswissen. Da die Schulleiter/innen in der Regel ursprünglich aus dem Lehrberuf stammen, liegt der bisherige Aus- und Fortbildungsschwerpunkt meist auf fachdidaktischer und pädagogischer Qualifizierung und weniger auf dem Erwerb von Führungs- und Managementkompetenzen.

Daher bedarf es nach Einschätzung der Behörden einer gezielten Steuerung der Aus- und Weiterbildung für Schulleiter/innen. Auf die Frage nach verpflichtender Weiterbildung äußern sich die Behörden in allen Projektländern jedoch eher zurückhaltend: Durch Gespräche mit den Schulleiter/innen sowie die eigene Inanspruchnahme von Personalentwicklungsinstrumenten als behördliche Vertreter/innen auf der nächsthöheren Führungsinstanz der Schulleiter/innen versuchen sie Vorbild zu sein und so Akzeptanz für Entwicklungsprozesse zu schaffen. Ergänzend dazu sollen durch Besuche an den Schulen mögliche Vorbehalte gegenüber Fort- und Weiterbildungen der Schulleitung selbst ausgeräumt und Widerstände abgebaut werden. Die Vertreter/innen der Schulbehörden/Schulaufsicht betonen die Wichtigkeit des persönlichen Kontakts zu den Schulleitungen:

> Indem ich Gespräche mit den Schulleitern führe und ihnen signalisiere, dass mir das wichtig ist und ich das wünsche bzw. gefordert ist. Werkzeuge, entsprechende Seminare, mitgeben. (VA SB_01:31)

Dabei gilt es aus Sicht der Behörden, entsprechende Bildungsformate zu schaffen, die einerseits den unterschiedlichen Entwicklungs- und Wissensständen der Schulleiter/innen gerecht werden und andererseits die verschiedenen strukturellen Gegebenheiten des Arbeitsfeldes und damit verbundenen Anforderungen berücksichtigen.

> Manchmal fragt man sich, wenn jemand einen Schulmanagement-Kurs macht für eine zweiklassige Schule, muss man die Konferenzführung mitmachen? Da sagen manche „Wozu brauche ich das?" Hingegen der, der 16 Klassen hat, braucht das selbstverständlich. (VA SB_02:17)

Einen besonderen Stellenwert hat das Mitarbeiter/innengespräch für Schulleiter/innen in allen Ländern, allerdings in unterschiedlicher Gewichtung: In St. Gallen, wo es ein bereits etabliertes Instrument ist, werden vielfach Entwicklungsimpulse und Fortbildungsmaßnahmen von den Schulleiter/innen daraus abgeleitet und initiiert. In Vorarlberg und Baden-Württemberg werden neben den sonst üblichen Gesprächen gezielte Mitarbeiter/innengespräche nur vereinzelt mit den Schulleiter/innen durchgeführt, was vor dem Hintergrund zu bewerten ist, dass dieses Instrument bislang nicht institutionalisiert ist. Die Personen der Behörden, die in den drei Ländern interviewt wurden, sehen darin allerdings durchaus einen angemessenen Rahmen, um eine kontinuierliche Standortbestimmung für die Schulleiter/innen in ihrer Führungsarbeit vorzunehmen und gezielte Entwicklungsmaßnahmen zu planen.

Seitens der Schulleiter/innen gibt es ebenfalls konkrete Vorstellungen, wie sie von der Behörde unterstützt werden können: Neben einem auf ihre Bedürfnisse zugeschnittenen Weiterbildungsangebot wünschen sie sich externe Beratung, Coaching und Supervision für sich und die Lehrpersonen – und die dafür notwendigen finanziellen und zeitlichen Ressourcen. Das gilt – trotz unterschiedlicher Bildungsstrukturen – für alle Länder:

> Was sie vielleicht könnten, was ich mir jetzt noch wünschen würde, wenn sie einen Teil der Supervision übernähmen. Wir haben zwar die Möglichkeit in so Gruppensupervision zu gehen. Aber ich merke, mir bringt es viel mehr, wenn ich alleine gehe. (SG SL_07:130)

Klare Zuständigkeiten und geregelte Kompetenzen

Einstellungen, Versetzungen und Entlassungen liegen im Verantwortungsbereich der Schulbehörde/Schulaufsicht. Die Möglichkeiten der Schulleiter/innen liegen in der Personalbeurteilung sowie der Gestaltung schulinterner Rahmenbedingungen und der Unterstützung der Fort- und Weiterbildung der Lehrpersonen. Grundlage dafür sind die gesetzlichen Rahmenbedingungen des jeweiligen Landes (vgl. Kap. 2).

An dieser Schnittstelle kommt den behördlichen Vertreter/innen in Vorarlberg und Baden-Württemberg eine gewichtige Aufgabe als ‚Übersetzer/innen‘ zwischen der nächst höheren Schulbehörde/Schulaufsicht und der Einzelschule zu. In St. Gallen wird die Beaufsichtigung der Volksschule auf kantonaler Ebene durch den Erziehungsrat, der über vielfältige gesetzgebende Kompetenzen verfügt, sichergestellt. Geführt, organisiert und mehrheitlich finanziert wird die Schule jedoch auf kommunaler Ebene, je nach kommunaler Schul- bzw. Gemeindestruktur durch eine Schulbehörde oder durch die Gemeindeexekutive. Die Schulbehörde betont, dass die konsequente Einhaltung von Zuständigkeits- und Kompetenzbereichen wesentlich dazu beiträgt, die Schulleiter/innen in ihrer Rolle als Führungskraft sowie die Akzeptanz im Kollegium zu stärken. Entscheidungen sind nachvollziehbar und transparent zu gestalten.

> Indem man hinter Entscheidungen der Schulleitung steht, die nachvollziehbar sind. Und nicht irgendwie verwackelt. Man muss auch die Grenzen der Reviere einhalten. Der Direktor ist in seinem Revier zuständig, ich bin in meinem zuständig. (VA SB_02:32)

Die Einhaltung der Zuständigkeiten ist auch im Bereich der Elternarbeit unerlässlich, um die Schulleiter/innen in ihrer Position zu stärken. Insbesondere in St.

Gallen wird dies durch die starke kommunale Einbindung und die vielfach ländlichen Strukturen im Wirkungskreis der Behörde als besonders wichtig erachtet. Als hilfreich erwiesen haben sich nach den Ausführungen der St. Galler Schulleiter/innen klar definierte Funktionendiagramme und verbindliche Zuständigkeitsbeschreibungen:

> Und dann haben die Schulräte die Anweisung und die haben sie sich selber gegeben, sie müssen den Eltern sagen: „Hast du mit dem Lehrer schon geredet?" Und wenn die sagen: „Nein", dann müssen sie sagen: „Gut, dann gehst du jetzt mit dem Lehrer reden, weil das ist der erste Schritt. (SG SL_06:176)

Eine zukünftige Verlagerung von Befugnissen zur Schulleitung – bspw. Sanktionen für Lehrpersonen, die Anweisungen unterlaufen – wird durchaus kontrovers diskutiert: Bedingt durch die verschiedenen strukturellen Rahmenbedingungen sind hier unterschiedliche Einstellungen zu erkennen. In Vorarlberg und Baden-Württemberg wird von der Mehrzahl der behördlichen Vertreter/innen übereinstimmend die Notwendigkeit angesprochen, den Schulleiter/innen mehr Kompetenz in Personalfragen zuzusprechen. In Vorarlberg beispielsweise sprechen die Schulleiter/innen von herausfordernden Situationen im Führungsalltag, bei denen sie einen klaren Umsetzungsauftrag ‚von außen' erhalten, jedoch nur eine eingeschränkte Entscheidungskompetenz gegenüber ihren Mitarbeiter/innen haben.

> Ich muss dann den ganzen Laden leiten, für den ganzen Laden den Kopf hinhalten und muss schauen, dass alles weitergeht und muss alles machen, habe aber keine Handhabe in diesem Sinne. Das ist ja das Kuriose. Und das macht nicht nur mir als Leiterin, sondern allen Leitern zu schaffen, die ich kenne. (VA SL_05:35)

In St. Gallen, wo die Schulleiter/innen bereits mehr Entscheidungsautonomie haben, konzentrieren sich die Aussagen von Behörden sowie Schulleiter/innen insbesondere auf die Themen Einstellung und Entlassung. Dabei ist anzumerken, dass diese Aufgaben von Gemeinde zu Gemeinde unterschiedlich übernommen werden, da die Kommunen dies unabhängig voneinander regeln können.

Deutlich mehr Mitspracherecht sollten die Schulleiter/innen bei der Zusammenstellung ihres Teams erhalten, sind sich die interviewten Personen einig. In einem funktionierenden Team orten die Behörden einen zentralen Hebel zur wirkungsvollen Umsetzung von Personalentwicklung. In Vorarlberg haben bislang die Schulleiter/innen wenig bis keine Mitsprachemöglichkeit in der Auswahl ihrer Mitarbeiter/innen. Allerdings werden in der Praxis einerseits Wunschkandidat/

innen von den Schulleiter/innen direkt angesprochen und andererseits bei der Behörde Zuweisungen an die gewünschte Schule angestrebt. Die Personen der Schulaufsicht sprechen sich dafür aus, diese im Alltag gelebte Praxis auch formal zu institutionalisieren. In Baden-Württemberg wird durch die Möglichkeit der „schulscharfen Ausschreibung" – was bedeutet, dass gemäß dem Leitbild und der pädagogischen Ausrichtung gezielt Lehrpersonen rekrutiert werden – angestrebt, dass die Schulleiter/innen bei Einstellungen, zumindest teilweise, Einfluss nehmen können. Durch Transparenz und mehr Mitsprachemöglichkeit in der Auswahl des Lehrkörpers wird auch die Motivation der Schulleiter/innen gesteigert. Es gibt somit in diesen beiden Ländern ein indirektes Mitspracherecht. In St. Gallen ist durch den Beisitz im Schulrat für die Schulleiter/innen sichergestellt, dass sie Personaleinstellungen mitbeeinflussen können. Vielfach unterbreitet die Schulleitung der Behörde bereits konkrete Vorschläge zur formalen Zeichnung.

Alle Behörden sprechen sich für mehr Mitspracherecht der leitenden Personen in Schulen aus – insbesondere bei der Zusammenstellung ihres Teams. Kernbefugnisse des Personalmanagements – wie Einstellung, Entlassung und Entlohnung – sollen jedoch weiterhin im Aufgaben- und Entscheidungsbereich der Behörde bleiben. In Hinblick auf zukünftige Entwicklungen und die eigene Rolle reflektieren die behördlichen Vertreter/innen, dass bei mehr Autonomie auch verstärkt Zielvereinbarungsarbeit im Sinne der Mitsteuerung seitens der Behörde notwendig sein wird.

Bereitstellung zusätzlicher Ressourcen

Einer der häufigsten Hinderungsgründe, warum Personalaktivitäten von den Schulleitungen hinten angestellt werden, sind mangelnde Zeitressourcen. In der gezielten Steuerung der anstehenden Projekte sowie der Bereitstellung genügend personeller und zeitlicher Ressourcen erkennen die Behörden eine ausschlaggebende Bedingung, um Entwicklungsvorhaben an der Einzelschule aktiv voranzubringen:

> Wenn ich dauernd suppliere als Schulleiter, die Lehrpersonen schon alle weit drüber sind und Mehrdienstleistungen haben und dann kommt noch mehr von oben herunter, dann ist mir natürlich jede Arbeit zu viel. (VA SB_02:41)

Neben ausreichend Ressourcen im Lehrkörper werden auch genügend Ressourcen im Bereich Administration als zukünftige Voraussetzung gesehen, um einerseits als Schulleitung die Führungsrolle aktiv wahrnehmen zu können und andererseits Entwicklungsprozesse umzusetzen. In St. Gallen wird neben der Bereitstellung von genügend administrativen Ressourcen auch darüber diskutiert, die Rahmenbedingungen der Schulleiter/innen zu verbessern. Die Agenden der Führung sollen stärker im Tätigkeitsprofil berücksichtigt sein und eine vollkommene Freistellung aller Schulleitungen von Unterrichtsleistungen ist angedacht. Die Möglichkeit, über ein schuleigenes Budget – das über die Finanzierung von Sachmittteln hinausgeht – zu verfügen, trägt weiter dazu bei, die Schulleitungen in ihrer Rolle zu stärken und Entwicklungsprozesse voranzutreiben.

Zusammenfassende Bilanz

Die Ergebnisse machen deutlich, dass die Begleitung von Schulleiter/innen durch die Behörde auch in Zukunft eine bedeutende Aufgabe bleiben wird. Die Leitung einer Schule wird von den schulischen Akteur/innen und behördlichen Vertreter/innen zunehmend als eigenständiger Beruf mit eigenem Anforderungsprofil gesehen. Um die Leitungsaufgabe angemessen ausgestalten zu können, bedarf es allerdings – und das wird in den Ergebnissen der Untersuchung deutlich – bildungspolitischer Konsequenzen auch im Hinblick auf die Bereitstellung von Ressourcen und strukturellen Absicherungen. Besondere Relevanz hat die Unterstützung der Schulleiter/innen im administrativen Bereich: Durch gezielte Entlastung können zeitliche Ressourcen für Entwicklungsthemen verfügbar werden.

Unterstützende Rahmenbedingungen und begleitende Entwicklungsmaßnahmen für Schulleiter/innen – wie sie bspw. in den Programmen „Schulqualität Allgemeinbildung" (SQA) in Vorarlberg oder „Systematische Lohnwirksame Qualifikation" (SLQ) in St. Gallen verankert sind – sowie ein der Schule zugeordnetes und eigenständig verfügbares Budget tragen dazu bei, Personalentwicklung als zentrales Moment der Schulentwicklung zu forcieren.

Um die zunehmend komplexer werdende Führungsrolle erfolgreich zu bewältigen, sind neben Aus- und Fortbildungen im Bereich Führung und Management auch spezifische Kenntnisse im Bereich Personalentwicklung notwendig. Weiter können Mitarbeiter/innengespräche auch auf Schulleitungsebene und Reflexionsangebote im Rahmen von Coaching und Supervision wertvolle Unterstützung für die Arbeitszufriedenheit der Akteur/innen sein und letztendlich zur Steigerung der Schulqualität beitragen.

Die Entwicklung in Richtung Schulautonomie schafft einen größeren Handlungsspielraum für die Einzelschule. Das bedeutet für die nächsthöhere, strategisch führende Ebene, vermehrt auf die Einhaltung der vorgegebenen Bildungsziele der

Bundesländer bzw. des Kantons zu achten. Um die Schulen mit ihren jeweiligen Besonderheiten und pädagogischen Schwerpunkten entsprechend zu begleiten, bedarf es flexibler Strukturen der Rechenschaftslegung einerseits und vertrauensvoller Beziehungen zwischen Schule und Behörde andererseits. Die Etablierung von transparenten und inspirierenden Kooperationsformen zwischen Behörde und Schule stellen für die gelingende Personalentwicklung einen wichtigen Beitrag dar.

Unterstützende Bedingungen durch die Schulbehörde/Schulaufsicht
- Vertrauen und Wertschätzung als zentrale Haltung in der Kultur der Zusammenarbeit
- Verlässlichkeit und schnelles Reagieren der Behörde im Bedarfsfall
- Reflexionspartner im Führungsalltag für die Schulleiter/innen
- Vernetzung der Schulleitungen durch geeignete Austauschformate
- Präsenz bei Schulveranstaltungen
- Klare Verteilung und Einhaltung der Zuständigkeiten und Kompetenzen gegenüber Kollegium, Eltern etc.
- Professionalisierung der Schulleiter/innen durch angemessene Aus- und Weiterbildungen
- Qualitätssichernde Maßnahmen wie Coaching und Supervision für Schulleiter/innen und Kollegium
- Vorbildwirkung und authentische Inanspruchnahme von Personalentwicklungsinstrumenten durch Behördenpersonen
- Institutionalisierung eines Mitarbeiter/innengesprächs für Schulleiter/innen
- Beratung und Evaluierung als auszubauender Bereich
- Ausreichende Ressourcen v.a. im Bereich Administration
- erweiterte Mitsprachemöglichkeiten in der Zusammenstellung der Teams für die Schulleiter/in

---

Literatur

Argyris, C., Schön, D. A. (2008). Die lernende Organisation. Grundlagen, Methode, Praxis. Stuttgart: Klett-Cotta.

Bonsen, M., Bos, W. & Rolff, H.-G. (2008). Zur Fusion von Schuleffektivitäts- und Schulentwicklungsforschung. In W. Bos, H.G. Holtappels, H. Pfeiffer, H.-G. Rolff & R. Schulz-Zander (Hrsg.), Jahrbuch der Schulentwicklung – Band 15. Daten, Beispiele und Perspektiven (S. 11–39). Weinheim und München: Juventa.

Gesetz über die Landesakademie für Fortbildung und Personalentwicklung an Schulen vom 30. Oktober 2003 GBl. S. 793, 965 in der Fassung vom 9. November 2010 (FortAkadErG BW 2003). Verfügbar unter: http://www.landesrecht-bw.de/jportal/portal/t/p2b/page/bsbawueprod.psml/screen/JWPDF-Screen/filename/jlr-FortAkadErGBWpP2.pdf [18.04.2012].

Leitlinien zur Fortbildung und Personalentwicklung an Schulen in Baden-Württemberg. Verwaltungsvorschrift vom 24. Mai 2006 Az.: 21-6750.00/466 in der Fassung vom 11. November 2009 (Verwaltungsvorschrift Az.: 21-6750.00/466). Verfügbar unter: http://www.landesrecht-bw.de/jportal/?quelle=jlink&docid=VVBW-VVBW000006953&psml=bsbawueprod.psml&max=true [02.05.2012].

Rolff, H.-G. (1998). Entwicklung von Einzelschulen – Viel Praxis, wenig Theorie und kaum Forschung – Ein Versuch, Schulentwicklung zu systematisieren. In H.-G. Rolff, H.G. Holtappels, K. Klemm & H. Pfeiffer (Hrsg.), Jahrbuch der Schulentwicklung – Band 10. (S 295–326). Weinheim und München: Juventa.

Rolff, H.-G. (2013). Schulentwicklung kompakt. Modelle, Instrumente, Perspektiven. Weinheim und Basel: Beltz Verlag.

Schratz, M. & Steiner-Löffler, U. (1998). Die lernende Schule. Weinheim: Beltz Verlag.

Steger Vogt, E. (2013). Personalentwicklung als Führungsaufgabe von Schulleitungen. Münster: Waxmann.

Volksschulgesetz des Kanton St. Gallen, aktuelle Fassung in Vollzug seit: 01.01.2013, Erlassdatum: 07.08.2012, Verfügbar unter: http://www.gesetzessammlung.sg.ch/frontend/versions/1126 [06.01.2013].

Förderliches Führungsverständnis und Führungsverhalten der Schulleitung

4.5

Elisabeth Steger Vogt & Sabrina Kabitz

Gemäß der internationalen Schulleitungsforschung werden in Bezug auf die Personalführung als Merkmale wirksamen Schulleitungshandelns u.a. die Förderung der Lehrerinnen- und Lehrerprofessionalisierung genannt (vgl. Huber, 2009; Bonsen, 2010). Dazu gehört bspw. die Einflussnahme auf die Professionalisierung der Lehrpersonen, die Betonung der Unterrichtsqualität und die Einmischung in Unterrichtsfragen, die Förderung der berufsbegleitenden Weiterbildung sowie eine Erwartung an die Weiterentwicklung der Lehrpersonen, die ihnen gegenüber deutlich kommuniziert wird. In Bezug auf die Sicherstellung der Schulqualität werden außerdem Handlungsdimensionen der Personalführung angeführt, u.a. eine zielbezogene Führung und die Innovationsförderung (vgl. Steger Vogt, 2013). Im Rahmen der vorliegenden Untersuchung interessierte es daher, förderliche Bedingungen des Führungsverständnisses und -verhaltens der Schulleitung zur Steuerung der Professionalisierung der Lehrpersonen und deren Innovationstätigkeit aus Sicht von Lehrpersonen und Schulleitungen der Fallschulen aus St. Gallen, Baden-Württemberg und Vorarlberg zu ermitteln. Grundlegende Rahmenbedingung hierzu bildet der Gestaltungsfreiraum der Schulleitungen in ihrer Führungstätigkeit (siehe Voraussetzungen der drei Länder im Überblick Kap. 2).

> „Führung – verstanden als zielorientierte Einflussnahme – wird in Organisationen durch Strukturen (Führungssubstitute) und Personen (Vorgesetzte) ausgeübt. Personale Führung lässt sich als unmittelbare, absichtliche und zielbezogene Einflussnahme von bestimmten Personen (Vorgesetzte) auf andere (Untergebene) mit Hilfe der Kommunikationsmittel bestimmen. Psychologisch betrachtet ist Führung ein Gruppenphänomen, bei dem durch wechselseitige Kommunikation Ziele erreicht werden sollen." (Rosenstiel, 2001, S. 321)

Gelingensfaktoren zur Unterstützung von Innovationsbemühungen

Die Vielfalt in den Kollegien der Schulen ist groß. Waren vor wenigen Jahrzehnten die Lehrpersonen in den Schulhäusern fast ausschließlich formal gleich qualifiziert, hat die Ausdifferenzierung des Berufsfelds Schule mit unterschiedlichen Ausbildungsprofilen und Spezialisierungen (z.B. Lehrpersonen für therapeutische

Maßnahmen, Schulsozialarbeit, Betreuungspersonal, Informatikverantwortliche) zu einer „Heterogenisierung" des Schulpersonals geführt, dies als Reaktion auf die zunehmende Vielfalt in den Schulklassen, auf die gewachsene Heterogenität der Ansprüche an die Schule und auf neue Erwartungen an die Qualität der Bildungsarbeit (vgl. Strittmatter & Ender, 2010). Damit die Heterogenität zum Vorteil aller Beteiligten genutzt werden kann, geht es darum, die individuelle und kollektive Verschiedenheit nicht nur zu tolerieren, sondern im Sinne von Wertschätzung besonders hervorzuheben. Damit soll Chancengleichheit gesichert und durch die Entwicklung notwendiger Bedingungen die Leistungsfähigkeit und -bereitschaft entfaltet sowie diese zugunsten der jeweiligen Arbeitsprozesse eingesetzt und damit die Unterschiedlichkeit aktiv genutzt werden (vgl. Becker, 2009). Als wichtige Personalführungsaufgabe im Umgang mit der personellen Vielfalt gilt daher die sinnvolle Einbindung der unterschiedlichen Kompetenzen für die schulische Arbeit. Dennoch werden, so hat sich im Untersuchungsteil zur St.Galler Stichprobe gezeigt, in der Schulpraxis fortschrittliche Lehrpersonen nur sehr zurückhaltend mit zusätzlichen Ressourcen unterstützt und hervorragende Leistungen einzelner Lehrpersonen sehr unterschiedlich öffentlich gewürdigt (vgl. Steger Vogt, 2013).

Daher interessierte es, im Interview mit den Lehrpersonen der Fallschulen aller drei Länder zu erfahren, welches Führungsverhalten zur Unterstützung der Innovationstätigkeit der Lehrpersonen auf eine hohe Akzeptanz stößt:
- Welche Form der Würdigung einer besonderen Leistung erleben Sie als positiv?
- Unter welchen Bedingungen können Sie akzeptieren, wenn innovative Ideen oder eine besondere Leistung einzelner Lehrpersonen mit besonderen Ressourcen unterstützt werden? Wo sind die Grenzen?

Würdigung besonderer Leistungen aus Sicht der Lehrpersonen
Die Gelingensfaktoren eines akzeptierten Führungsverhaltens der Schulleitungen bei den Lehrpersonen im Umgang mit besonderen Leistungen werden vor allem die Wertschätzung über mündliche Anerkennung, aber auch kleine Gesten der Aufmerksamkeit genannt. Eine für alle sichtbare Würdigung durch die Schulleitungen wurde jedoch bei den Lehrpersonen unterschiedlich diskutiert. Der Rahmen einer öffentlichen Würdigung als Dank wird von den Lehrpersonen einerseits akzeptiert und für sinnvoll empfunden, andererseits auch abgelehnt, mit der Begründung, dass weniger sichtbare Leistungen dadurch eine geringere Wertschätzung erfahren würden. Die *direkte Rückmeldung der Schulleitung* wird von allen Lehrpersonen besonders anerkannt.

Die Würdigung wird oft [...] mündlich in einer Pause [...] öffentlich denen gedankt, die wieder etwas organisiert haben oder etwa Spezielles geleistet haben gerade unmittelbar nachher, [...] das finde ich das ist die direkteste und eine schöne Würdigung. (SG LP_04:59)

Ebenso geschätzt wird die Würdigung von besonderen Leistungen durch das Kollegium.

Oder auch Anerkennung, wenn man etwas erzählt im Team. Dass einem zugehört wird, wirklich interessiert und nicht einfach nur „ah okay, ja toll hast du das gemacht". Sondern wirklich angenommen wird, wenn man [...] erzählt, wenn man etwas Tolles gemacht hat mit den Schülern oder etwas super Gutes erreicht hat. Wenn es dann auch Leute im Team hat, welche Anteil nehmen und sich mit freuen. (SG LP_02:131)

Schließlich lebe und profitiere ein Kollegium von unterschiedlichen Menschen und Kompetenzen. So wird aufgrund der Schwierigkeit der Erfassung besonderer Leistungen auch der Wunsch geäußert, keine individuelle Würdigung zu praktizieren, sondern Prämien kollektiv an das Kollegium zu vergeben.

Die Ressourcenvergabe als weitere Form der Würdigung besonderer Leistungen wird in allen Schulen intensiv und kontrovers diskutiert, insbesondere die Vergabe von Leistungsprämien. Hier führen Befürwortende der Leistungsprämie an, dass sie diese als Form des Dankes schätzen und als sinnvolles Mittel ansehen. Die Mehrheit der Lehrpersonen äußert sich jedoch ablehnend, da sie befürchten, dass Leistungsprämien Neid und falsche Anreize schaffen und zu Wettbewerb und einer Klimaverschlechterung im Kollegium führen könnten. Die mangelnde Transparenz bei der Vergabe sei zudem nicht förderlich für das Teamklima.

Und es gibt ja auch diese Leistungsprämie, die man verteilen kann und das finde ich auch sehr gut, sofern man was bekommt. (SG LP_03:55)

Zusätzliche projektbezogene finanzielle und zeitliche Ressourcen, die den jeweilig am Projekt Engagierten gemeinsam zugute kommen, stoßen hingegen auf breite Akzeptanz bei den Lehrpersonen.

Gelingensfaktoren zur Förderung der Innovation aus Sicht der Schulleitungen
Fragt man die Schulleitungen danach, welche Formen der Förderung von innovativen Ideen und Initiativen der Lehrpersonen sich bewährt haben, werden insbesondere die folgenden Handlungsweisen als wirksam beschrieben: Im Rahmen des

Führungshandelns der Schulleitung wird es von den Lehrpersonen allein schon geschätzt, wenn die Schulleitung Innovationen der Lehrpersonen wahrnimmt. Auch werden in diesem Zusammenhang ein zeitnahes Prüfen einer Idee hinsichtlich der Strategie zum Schulkonzept und der zur Verfügung stehenden Ressourcen als dienlich genannt. Weiter befördert die ideelle Unterstützung in Form von Rückhalt und Ermutigung der Schulleitung den Innovationsprozess.

> Wenn ich sagen kann, mach es, ich finde es gut, [...], du hast meine Unterstützung. (SG SL_ 02:66)

Thematisiert wird weiter die Unterstützung im Innovationsvorhaben durch die Schulleitung in Form von Beratung und eine gewisse Grundhaltung, dafür zu sorgen, dass Ressourcen gerecht verteilt werden. Auf der Ebene des *Kollegiums* stößt eine innovationsunterstützende Ressourcenverteilung auf Akzeptanz, wenn jede Lehrperson die Möglichkeit hat, bei einem ähnlichen Projekt Ressourcen zu erhalten, die Ergebnisse der Innovation dem ganzen Kollegium zugute kommt oder wenn die Eigenleistung der geförderten Lehrperson sichtbar ist. Im Bereich des *Schulmanagements* sind Formen der Belohnung wie Wertschätzung, die Vergabe einer Leistungsprämie oder eines Geschenks wirkungsvoll und stoßen aus Sicht der Schulleitungen auf breite Akzeptanz. Dort, wo vielfach kein Budget für Innovationen vorhanden oder eine Vergabe von Leistungsprämien nicht möglich ist, wird verstärkt auf die Wertschätzung in Form von Lob und Dank gesetzt. Die Schulleitungen sehen ebenso wie die Lehrpersonen die Wertschätzung als effektvollste und oft auch zufriedenstellendste Belohnungsform.

Auch zeitliche und finanzielle Leistungen sowie organisatorische Unterstützung halten die Schulleitungen für Fördermaßnahmen von Innovationen. Sofern möglich, werden über ein entsprechendes Budget finanzielle Mittel zur Verfügung gestellt, um Anreize für Innovationen zu schaffen. Wenn keine finanziellen Leistungen möglich sind, wird angabegemäß wenigstens eine zeitliche Ressource gewährt. So werden zeitliche Ressourcen im Rahmen der obligatorischen Präsenzzeit geschaffen. Organisatorische Unterstützung wird u.a. in Form von externen Ressourcenbeschaffungen (z.B. bei Behörden oder Sponsoren), der Übernahme der Prozessmoderation oder geeigneter Rahmenbedingungen erbracht. Die Fragebogenuntersuchung bei den Schulleitungen zeigt auf, dass an den Schulen in allen drei Ländern innovative Lehrpersonen jedoch nur teilweise mehr Ressourcen erhalten (Mittelwerte MW = 2.78 – 3.38, vgl. Tab. 1). In Baden-Württemberg werden diesbezüglich mehr Unterschiede im Umgang mit Heterogenität gemacht als in St. Gallen oder Vorarlberg.

Tabelle 1| Förderung von innovativen Lehrpersonen durch die Schulleitung
1 trifft gar nicht zu |2 trifft eher nicht zu |3 teils-teils | 4 trifft eher zu | 5 trifft genau zu

Item Schulleitungsfragebogen	Land	n	M	p		SD
Innovative Lehrpersonen erhalten an meiner Schule mehr Ressourcen/ Unterstützung als andere.	SG	202	2,78	VA	n.s.	1,10
				BW	***	
	VA	109	3,00	SG	n.s.	1,13
				BW	**	
	BW	436	3,38	SG	**	1,08
				VA	***	

p = Irrtumswahrscheinlichkeit; * = p ≤ .05 | ** = p ≤ .01 | *** = p ≤ .001 | n.s. = nicht signifikant;
SG = St. Gallen; VA = Vorarlberg; BW = Baden-Württemberg;
n = Stichprobenumfang; MW = Mittelwert; SD = Standardabweichung

Insgesamt sehen es die Schulleitungen in den Interviews als wichtig an, den Lehrpersonen Raum für Innovationsvorschläge zu geben, sodass diese ihre Ideen entwickeln können. Hier stimmt ihre Vorstellung mit der der Lehrpersonen überein. Hilfreiche Eigenschaften der Schulleitung sind eine gewisse Hellhörigkeit, die Fähigkeit, alle Ideen ernst zu nehmen und schon die Initiative aktiv zu würdigen. In Vorarlberg wird auch versucht, die Innovation über den gezielten Personaleinsatz zu steuern. Hier kommt die Idee zur Sprache, bewusst Lehrpersonen in Teams einzubinden, deren besondere Fähigkeiten dort zum Tragen kommen können.

Gelingensfaktoren zur Steuerung der Professionalisierung

Zur Steuerung der Professionalisierung von Lehrpersonen wurde in den Fragebogenuntersuchungen sichtbar, dass die Ansichten zwischen Schulleitung und Lehrpersonen in der Frage, inwieweit die Schulleitung Einfluss auf die Wahl der individuellen Weiterbildung nehmen soll, deutlich auseinandergehen[1]. Während die Schulleitungen sich eher für die Professionalisierung der Lehrpersonen verantwortlich fühlen (MW = 3.51 – 3.87, vgl. Tab. 2), äußern sich die Lehrpersonen diesbezüglich eher ablehnend (MW = 2.53 – 2.93, vgl. Tab. 3).

Die beteiligten Lehrpersonen betonen nachdrücklich, dass sie die individuelle Weiterbildung frei vom Einfluss der Schulleitung wählen möchten (MW = 3.84 – 4.12). Die Fragebogenerhebung der Kollegien zeigt denn auch auf, dass die Schulleitungen kaum gezielte Empfehlungen für bestimmte Weiterbildungsveranstaltungen abgeben, dies obwohl die Schulleitungen der Ansicht sind, dass die Lehrpersonen es gar nicht bis höchstens teilweise als Eingriff in ihre persönliche Freiheit ansehen, wenn die Schulleitung bei der Auswahl der individuellen Weiterbildung mitbestimmt und die Lehrpersonen ein beratendes Moment für ihre Fortbildungsplanung durchaus schätzen (siehe Kap. 4.1).

Tabelle 2 | Mitverantwortung für Professionalisierung der Lehrpersonen

1 trifft gar nicht zu | 2 trifft eher nicht zu | 3 teils-teils | 4 trifft eher zu | 5 trifft genau zu

Item Schulleitungsfragebogen	Land	n	M	p		SD
Ich bin als Schulleitung wesentlich mitverantwortlich für die Professionalisierung der einzelnen Lehrpersonen.	SG	205	3,79	VA BW	* n.s.	0,85
	VA	110	3,52	SG BW	* ***	0,80
	BW	438	3,88	SG VA	n.s. ***	0,72

p = Irrtumswahrscheinlichkeit; * = p ≤ .05 | ** = p ≤ .01 | *** = p ≤ .001 | n.s. = nicht signifikant

SG = St. Gallen; VA = Vorarlberg; BW = Baden-Württemberg

n = Stichprobenumfang; MW = Mittelwert; SD = Standardabweichung

Tabelle 3 | Steuerung der Weiterbildung der Lehrpersonen durch Schulleitung

1 trifft gar nicht zu |2 trifft eher nicht zu | 3 teils-teils | 4 trifft eher zu | 5 trifft genau zu

Item Lehrpersonenfragebogen	Land	n	M	SD
Ich halte es für wichtig, dass ich meine Fortbildungsaktivitäten frei vom Einfluss der Schulleitung wählen kann.	SG	185	4,04	0,86
	VA	77	4,12	0,91
	BW	58	3,84	0,89
Die Schulleitung ist mitverantwortlich für meine weitere Professionalisierung.	SG	180	2,70	0,97
	VA	75	2,53	0,90
	BW	59	2,93	0,84
Ich nehme als Folge des Mitarbeitendengesprächs gezielt an bestimmten Weiterbildungen teil.	SG	173	2,91	1,20
	VA	46	2,17	1,00
	BW	51	2,31	1,03

SG = St. Gallen; VA = Vorarlberg; BW = Baden-Württemberg

n = Stichprobenumfang; MW = Mittelwert; SD = Standardabweichung

Zur Ermittlung eines förderlichen Führungsverständnisses und -verhaltens der Schulleitungen in Bezug auf die Steuerung der individuellen Weiterbildung wurden die Schulleitungen im Interview gefragt, wie sie konkret mit der Haltung von Lehrpersonen umgehen, die eine Einflussnahme der Schulleitung auf ihre Fortbildung nicht angemessen finden, und wie es ihnen trotzdem gelingt, auf die Weiterbildungsaktivitäten der Lehrpersonen Einfluss zu nehmen.

Übergreifend wird eine Beratung durch die Schulleitung bei der individuellen Weiterbildung in allen Ländern gerne angenommen. In Vorarlberg werden beispielsweise in persönlichen Gesprächen die Fortbildungswünsche thematisiert und je nach Bedarf der Schule angepasst. Inhaltlich handelt es sich dabei sowohl um eine stärkenorientierte als auch förderorientierte Beratung. In Baden-Württemberg und St. Gallen machen zudem die Schulleitungen gezielt auf Angebote aufmerksam, ohne jedoch Vorgaben zu machen. Grundsätzlich überlässt die Schulleitung die Wahl der individuellen Weiterbildung den Lehrpersonen, sofern es nicht zu einer einseitigen Wahl, einer Vernachlässigung des Schulbedarfs kommt oder konkrete Ereignisse (z.B. durch Beobachtung, Elternrückmeldungen) einen besonderen Bedarf aufzeigen (z.B. Aneignung von Fach-, Methoden- oder Sozialkompetenz). Dann erfolgt in der Regel durchaus eine Intervention bei der Wahl der individuellen Weiterbildung durch die Schulleitung.

Die erfolgreichste Einflussnahme auf die Wahl der Weiterbildung erfolgt über das Mitarbeitendengespräch (MAG), welches einen geschützten Raum bietet, um das individuelle Kompetenz- und Leistungsprofil anzusprechen. Ziel des MAG ist es u.a., Potenziale der Lehrperson zur personalen als auch schulischen Entwicklung zu identifizieren. Die Mitarbeitendengespräche werden teilweise in Teams geführt, um diese für gemeinsame Wege und Fortbildungsmöglichkeiten zu motivieren.

Des Weiteren werden als förderliche Faktoren der Steuerung der Professionalisierung eine klare Rollenübernahme der Schulleitung als Führungsperson sowie eine maßvolle Steuerung und Ausbalancierung verschiedener Ansprüche genannt. Der Einsatz von Zielvereinbarungen wird in diesem Zusammenhang ebenfalls als Gelingensfaktor der Weiterbildungsplanung eingebracht.

Zusammenfassende Bilanz

Aus Sicht der Lehrpersonen wird länderübergreifend deutlich, dass die Würdigung besonderer Leistungen grundsätzlich auf Akzeptanz stößt. Besonders geschätzt werden neben der Wahrnehmung der Leistung direkte anerkennende Rückmeldungen der Schulleitungen, verbunden mit einem persönlichen Dank. Auch direkte Unterstützungsleistungen durch die Schulleitung in Form zeitlicher oder finanzieller Ressourcen sowie organisatorische Unterstützungsleistungen werden gut geheißen. Kritik wird vereinzelt im Rahmen der öffentlichen Würdigung angebracht, da dies aktiv das Konkurrenzverhalten fördere und damit zu einem belastenden Klima führen könnte. Zusätzliche projektbezogene finanzielle und zeitliche Ressourcen oder Geschenke als Formen der Würdigung stoßen ebenfalls auf breite Akzeptanz. Die als intransparent wahrgenommene Verteilung von Leistungsprämien wird von den Lehrpersonen überwiegend abgelehnt, da Neid, Konkurrenzverhalten und Klimaverschlechterung befürchtet werden. Die Abwehr gegenüber formell belohnendem Verhalten (z.B. Leistungsprämie, öffentliche Würdigung von besonderen Leistungen) weist auf eine Egalitätskultur hin, worin alle Lehrprsonen gleich zu behandeln sind, Unterschiede verschwiegen und Profilierungsversuche negativ beurteilt werden (vgl. Steger Vogt, 2013). Die aktive Pflege einer vertrauensvollen und fehleroffenen Schulkultur, verbunden mit der Reduktion von Konkurrenz und Versagensängsten im Kollegium, könnte ein Mittel zur Etablierung einer Offenheit im Umgang mit Unterschieden sein. Weitere mögliche Maßnahmen könnten Instrumente wie beispielsweise das Teamteaching sein, welches über die direkte Zusammenarbeit gegenseitige Einblicke in die tägliche Arbeit und damit eine Öffnung der Unterrichtstätigkeit schafft (vgl. Brohm, 2012). Zudem braucht es den Mut der Schulleitung, dieser Egalitätskultur mit einer klaren visions- und zielorientierten Haltung entgegenzutreten sowie individuelle wie kollektive Innovationsbemühungen der Zielerreichung öffentlich zu würdigen. Da die Innovationsförderung als bedeutsames Mittel zur Erreichung von Schulqualität gesehen wird (vgl. Bonsen et al., 2002), können eine gezielte und offensive Innovationsförderung ebenso wirksam sein wie eine innerkollegiale individuelle Nutzung des Potenzials der Lehrpersonen.

Die Wahl der individuellen Weiterbildung obliegt in allen Ländern mehrheitlich den Lehrpersonen. Die Akzeptanz der Einflussnahme auf die Weiterbildungswahl durch die Schulleitung ist bei vielen Lehrpersonen nicht gegeben. Hier sind keine länderspezifischen Unterschiede zu erkennen. Zurückgeführt werden könnte dies entweder auf das Vetrauen der Schulleitungen in die Entwicklungsorientierung ihrer Lehrpersonen oder auf eine traditionell gelebte Autonomie der Lehrpersonen. Die Nichteinmischung in die Weiterbildungswahl kann als sinnvolles Führungsverhalten bei Lehrpersonen mit hoher Selbstverantwortung gesehen oder auch als Passivität auslegt werden, mitbestimmend einzuwirken. Bleibt die Wahl der Weiterbildung ein Privatentscheid der Lehrperson, kann jedoch nicht sichergestellt werden, dass deren berufliche Entwicklung mit den Zielen der Schule übereinstimmen.

Aufgrund der Aussagen der Schulleitungen in der vorliegenden Untersuchung kann die individuelle Weiterbildung erfolgreich und akzeptiert gesteuert werden, wenn deren Behandlung wie auch Verantwortung institutionalisierter Bestandteil des Mitarbeitendengeprächs ist. Für gewöhnlich erfolgt die Steuerung über die Beratung zur Weiterbildung durch die Schulleitung oder über das Gewähren finanzieller Unterstützungsleistungen. Damit bietet das Instrument des Mitarbeitenden- bzw. des Zielvereinbarungsgesprächs die Möglichkeit, die individuelle Weiterbildung kurz- wie langfristig zu planen und zu überprüfen. Eine institutionalisierte Verankerung der Weiterbildungsplanung und -überprüfung im Mitarbeitendengespräch, verbunden mit einer konsequenten und jährlichen Durchführung, scheint ein gangbarer und akzeptierter Weg im Umgang mit dem Autonomieanspruch der Lehrpersonen und dem Anspruch der Schule auf eine zielorientierte Entwicklung zu sein.

Eine kommunizierte Visions- und Zielorientierung der Schulleitung, sei es im Umgang mit der Förderung von Innovation oder der beruflichen Entwicklung von Lehrpersonen, könnte der Schulleitung die Grundlage und Rechenschaft für deren Führungsanspruch und Steuerungshandeln geben. Damit ist das Führungskonzept des Leadership (vgl. Dubs, 2006) angesprochen, welches die Aufgaben der Schulleitung neben dem Management der Schule (transaktionale Leadership) in der Fokussierung der Werte, Motive und Emotionen der Lehrpersonen auf die Erreichung der gemeinsamen Ziele der Schule fokussiert (transformationale Leadership) und durch die Förderung der Identifikation und des Leistungspotenzials der Lehrpersonen die Innovationen und Qualitätsverbesserung sicherstellt (vgl. ebd.). Für das Gelingen von Personalentwicklung ist die transformationale Leadership von Bedeutung, da die dauerhafte Ausrichtung und eine gemeinsame Zielorientierung des Kollegiums, verbunden mit hohen Erwartungen an sie, die dort konzeptuell verortet sind, wichtige Bedingungsgrößen für eine systematische Personalentwicklung darstellen (vgl. Steger Vogt, 2013).

Gelingensfaktoren zur Unterstützung von Innovationen

- Wertschätzung durch die Schulleitung (z.B. durch Lob und Dank, Stärken berücksichtigen beim Einsatz der Lehrpersonen, Leistungsprämie, sofern die Vergabe transparent erfolgt)
- Die direkte anerkennende Rückmeldung der Schulleitung (z.B. durch den Dialog zwischen Lehrperson und Schulleitung, Bewusstsein der Schulleitung, dass der Erfolg von den Leistungen der Lehrpersonen abhängt)
- Auf Ebene der Schulleitung ist bereits die Wahrnehmung von Innovationen besonders förderlich (z.B. zeitnahes Prüfen der Idee hinsichtlich der Schulstrategie und der zur Verfügung stehenden Ressourcen)
- Innovationsförderung stößt auf Akzeptanz, wenn Ideen und Anliegen der Lehrpersonen ernst genommen werden und an den Bedürfnissen (sowohl der Lehrpersonen als auch der Schule) ausgerichtet werden, Initiative aktiv gewürdigt und Raum für Entwicklung geschaffen wird
- Würdigung von besonderen Leistungen durch das Kollegium, d.h. Lehrpersonen äußern sich anerkennend bei besonderen Leistungen von Kolleginnen und Kollegen, kollektive Leistungswürdigung des Kollegiums als motivierendes Element der Innovationsförderung (z.B. Prämien kollektiv an das Kollegium vergeben)
- Zeitliche und finanzielle Leistungen sowie organisatorische Unterstützung als Fördermaßnahmen von Innovationen (z.B. Übernahme der Prozessmoderation oder für die Schaffung geeigneter Rahmenbedingungen, gezielter Personaleinsatz)

Gelingensfaktoren zur Steuerung der Professionalisierung

- Eine Beratung bei der individuellen Weiterbildung durch die Schulleitung wird gerne angenommen (z.B. auf Angebote aufmerksam machen, Stärken- und Schwächenbetrachtung)
- Institutionalisierung von Personalentwicklungsinstrumenten und -maßnahmen (z.B. durch Zielvereinbarungen, dem Mitarbeitendengespräch, bei dem ein geschützter Raum geboten wird, um individuelle Themen anzusprechen)
- Professionalisierung der Schulleitungen mit entsprechenden Zuständigkeiten und Verfahrensregelungen
- Klare Rollenübernahme der Schulleitung als Führungsperson
- Maßvolle Steuerung und Ausbalancierung verschiedener Ansprüche

Literatur

Becker, M. (2009). Personalentwicklung. Bildung, Förderung und Organisationsentwicklung in Theorie und Praxis. Stuttgart: Schäffer-Poeschel.

Bonsen, M. (2010). Schulleitungshandeln. In H. Altrichter & K. Maag Merki (Hrsg.), Handbuch Neue Steuerung im Schulsystem (S. 277–294). Wiesbaden: VS.

Bonsen, M., Gathen, J., Iglhaut, C. & Pfeiffer, H. (2002). Die Wirksamkeit von Schulleitung: Empirische Annäherungen an ein Gesamtmodell schulischen Leistungshandelns. Weinheim: Juventa.

Brohm, M. (2012). Das Egalitäts-Autonomie-Syndrom. Verfügbar unter: http://www.forum.lu/pdf/artikel/7374_316_Brohm.pdf [16.09.2013].

Dubs, R. (2006). Führung. In H. Buchen & H.-G. Rolff, Professionswissen Schulleitung (S. 102–173), Weinheim: Beltz.

Huber, S. G. (2009). Schulleitung. In S. Blömeke, T. Bohl, L. Haag, G. Lang-Wojtasik & W. Sacher (Hrsg.), Handbuch Schule (S. 502–511). Bad Heilbrunn: Klinkhardt.

Rosenstiel, L.V. (2001). Führung. In H. Schuler (Hrsg.), Lehrbuch der Personalpsychologie (S. 317–348). Göttingen: Hogrefe.

Steger Vogt, E. (2013). Personalentwicklung als Führungsaufgabe von Schulleitungen. Münster: Waxmann.

Strittmatter, A. & Ender, B. (2010). Personalführung an Schulen. Gewährleisten. Unterstützen. Entwickeln. Bern: Schulverlag.

Anmerkung

1. Beim folgenden Vergleich ist allerdings zu berücksichtigen, dass die Stichprobenziehung der Lehrpersonenbefragung nicht den Anspruch an Repräsentativität erfüllt und daher das Votum der Lehrpersonen trotz statistischer Signifikanzwerte beispielhaft zu lesen ist.

Die Führungsakzeptanz der Personalentwicklung durch die Lehrpersonen

Elisabeth Steger Vogt & Sabrina Kabitz

Personalentwicklung stellt eine anspruchsvolle Personalführungsaufgabe für Schulleitungen dar, u.a. weil sie ein gutes Zusammenspiel der Dimensionen Strategie, Struktur, Kultur, Rahmenbedingungen der Schule, Schulbehörde und personelle Bedingungsfaktoren von Schulleitungen (Führungseinstellung und -verhalten) und Lehrpersonen (Akzeptanz und Entwicklungsbereitschaft) erfordert (vgl. Steger Vogt, 2013). Da die Personalführung erst im Zusammenspiel von Führungskraft und Geführten gelingt (vgl. Kansteiner-Schänzlin, 2002; Lieber, 2007), spielt die Frage nach der grundsätzlichen Akzeptanz der Führung durch die Schulleitung eine wichtige Rolle, wie auch die Frage nach Gelingensbedingungen personalentwicklerischer Bemühungen. In diversen Studien wurde festgehalten, dass Lehrpersonen mehrheitlich die unterstützende Funktion der Schulleitung schätzen. Speziell die Aufgabenübernahme in den administrativen und organisatorischen Bereichen wird als Entlastung wahrgenommen. Hingegen zeigt sich wenig Akzeptanz dort, wo Schulleitungen Einfluss auf den Unterricht nehmen, eine beurteilende Funktion ausüben oder eigenständig entscheiden (vgl. u.a. Hess & Roos, 2006; Oelkers, 2009; Prekuhl et al., 2005; Steger Vogt, 2013).

> Ein Zulassen der Führung bedeutet, dass die Lehrpersonen die Entwicklungen zur professionellen Personalführung akzeptieren und die übertragenen Verantwortlichkeiten an die Schulleitungen sowie ihr Führungshandeln erlauben (vgl. Strittmatter & Ender, 2010, S. 36).

Zur Führungsakzeptanz in der Personalentwicklung wurden die Schulleitungen im Interview wie folgt befragt:
- Wie fühlen Sie sich in Ihrer Führungs- und Personalentwicklungsarbeit akzeptiert?
- Wie gelingt es Ihnen, bei Ihren Lehrpersonen Akzeptanz zur Zusammenarbeit und zum pädagogischen Austausch zu schaffen?

Die Mitglieder der Schulbehörde/Schulaufsicht wurden zu ihrer Außenperspektive und ihrem unterstützenden Beitrag in Bezug auf Personalentwicklung befragt:
- Was trägt aus Ihrer Sicht zur Akzeptanz der Personalentwicklung als Führungsaufgabe bei?

– Welchen Beitrag leistet die Schulbehörde/Schulaufsicht, damit die Führungsaufgabe der Personalentwicklung im Kollegium akzeptiert ist?

Um die Gelingensfaktoren des Mitarbeitendengesprächs sowie dessen Wirkungen
für den Unterricht herauszuarbeiten, wurden die Lehrpersonen gefragt:
– Was macht es aus, dass Sie das MAG positiv erleben?
– Inwiefern bewirkt das MAG bzw. das Beurteilungsgespräch Veränderungen
im Unterricht?

Auf Fragen, inwiefern sich die Schulleitungen in Baden-Württemberg (BW), Vorarlberg (VA) und St. Gallen (SG) in ihrer Führungsrolle akzeptiert fühlen, äußern
sich die Schulleitungen eher positiv (vgl. Abb. 1). Die Ergebnisse der Befragungen
bestätigen, dass die Funktion der Schulleitung grundsätzlich länderübergreifend
kaum in Frage gestellt wird. So schätzen die Schulleitungen aller Länder ihre
eigene Führungskompetenz in Bezug auf die Aufgabe der Personalentwicklung

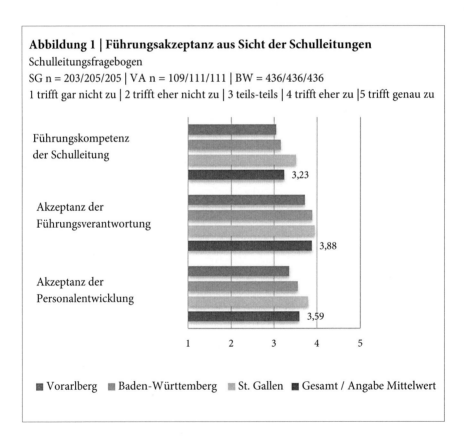

Abbildung 1 | Führungsakzeptanz aus Sicht der Schulleitungen
Schulleitungsfragebogen
SG n = 203/205/205 | VA n = 109/111/111 | BW = 436/436/436
1 trifft gar nicht zu | 2 trifft eher nicht zu | 3 teils-teils | 4 trifft eher zu |5 trifft genau zu

durchschnittlich zwar als teilweise ausreichend ein (Skala Führungskompetenz: M = 3.23, SD = 0.75), jedoch fühlen sie sich generell in ihrer Führungsaufgabe durch die Lehrpersonen gut akzeptiert (Skala Akzeptanz Führungsverantwortung: M = 3.88, SD = 0.55). Ebenfalls stößt aus ihrer Sicht die Personalentwicklung auf eine mittlere bis gute Akzeptanz (Skala Akzeptanz Personalentwicklung: M = 3.59, SD = 0.53). Als Trend zeigt sich, dass die Führungsakzeptanz in St. Gallen am höchsten eingeschätzt, während diese in Vorarlberg am zurückhaltendsten beurteilt wird.

Um eine möglichst breite Auswahl an Gelingensfaktoren zur Genese einer solchen Führungsakzeptanz aufzuzeigen, wurden nachfolgend Beiträge mit diversen Interviewpartnerinnen/-partnern bzw. -gruppen (Schulbehörden, Lehrpersonen und Schulleitungen) gewählt.

Beitrag der Schulbehörde in Bezug auf die Führungsakzeptanz der Personalentwicklung

Die kantonal und länderspezifisch unterschiedliche Zuteilung von Personalführungsaufgaben und Verantwortlichkeiten führt gemäß unserer Untersuchung in der Praxis zu einer Vielfalt von Ausprägungen der Personalentwicklung. So kann beispielsweise eine Schulbehörde die Schulleitung in der Führungsaufgabe der Personalentwicklung direkt oder indirekt unterstützen. Als direkt unterstützende Faktoren gelten ein regelmäßiger Kontakt und eine offene Kommunikation zwischen den beiden Führungsebenen. Hingegen werden Schulleitungen indirekt in ihrer Personalführungsfunktion durch die Vergabe ausreichender Verantwortlichkeiten unterstützt.

Da bedeutende Unterschiede in Haltung sowie Unterstützungspraxis der Schulleitung existieren, die Auswirkungen auf Weiterlernaktivitäten der Lehrpersonen haben (vgl. Hildebrandt, 2008; Steger Vogt, 2013), interessierte es im Interview mit der Schulbehörde/Schulaufsicht der drei Länder zu erfahren, wie hoch sie die Führungsakzeptanz der Schulleitungen in ihren jeweiligen Schulen einschätzen und was sie dazu beitragen, dass das Führungshandeln der Schulleitungen von den Lehrkräften akzeptiert wird.

In Baden-Württemberg nehmen die Schulleitungen die *Akzeptanz der Lehrpersonen* innerhalb eines Kollegiums unterschiedlich wahr, von großer Offenheit über Desinteresse bis hin zu offenem Widerstand. Die Wahrscheinlichkeit, auf Widerstand zu stoßen, erhöht sich dabei, so ihre Erfahrung, wenn die Lehrpersonen annehmen, dass gegen ihre Interessen entschieden wird. In Vorarlberg schätzen die Schulleitungen den Stellenwert der Personalentwicklung bei Lehrpersonen allgemein geringer ein, wobei die Akzeptanz bei jüngeren Lehrpersonen deutlich höher beurteilt wird als bei älteren Lehrpersonen. Der niedrige Stellenwert wird mit den Aufgaben und Vorgaben des Ministeriums und der fehlenden Kultur für Personalentwicklung begründet. Auch sähen sich die Lehrpersonen als Expert/innen, die mehr Ressourcenbereitstellung benötigen als Personalführung. Nur in St. Gallen bewerten die Schulleitungen die Akzeptanz der Lehrpersonen gegenüber der Steuerung ihrer Entwicklung durch die Schulleitung tendenziell positiv. Dies wird insbesondere auf den Faktor „Zeit" zurückgeführt, der dazu beigetragen hat, dass sich Schulleitungen nach rund 10 Jahren generell etabliert haben (Hinweis: Im Kanton St. Gallen wurden vielerorts Schulleitungen erstmals um das Jahr 2000 eingesetzt, siehe Kap. 2).

Aus Sicht der Mitglieder der Schulbehörde/Schulaufsicht erhöhen die kollegiale Weiterentwicklung und ein transparenter Umgang mit Problemen sowie die Beteiligung der Lehrpersonen an der Lösung der Probleme die Akzeptanz. Die Kommunikation innerhalb des Kollegiums und besonders zwischen Schulleitung und Lehrpersonen sei von großer Bedeutung. So solle die Schulleitung transparent agieren und die Lehrpersonen eng begleiten, Stärken und Potenziale erkennen und Gespräche darüber führen anstatt zu verpflichten. Die Schulleitung müsse sich für die Ergebnisse von Weiterbildungen interessieren und Ziele und Nutzen der Weiterentwicklung deutlich machen. Die Wertschätzung wird als wichtige Voraussetzung für eine gelingende Personalentwicklung genannt. Speziell ältere Lehrpersonen seien häufiger von dem Instrument der Personalentwicklung zu überzeugen, zeigt sich in der Einschätzung der Schulbehörden. Um die Akzeptanz von Personalentwicklung sicherzustellen, sind daher nachvollziehbare Regelungen und Vereinbarungen sowie konkrete Vorstellungen der Schulleitung über das Spektrum der Aufgaben der Personalentwicklung notwendig. Zur Frage der Faktoren, die zur Akzeptanz der Führungsaufgabe der Personalentwicklung beitragen, werden am häufigsten jene genannt, die im Führungsverhalten und der Führungskompetenz der Schulleitung liegen, wie bspw. ein partizipativer, zielgerichteter Führungsstil, die Rollenübernahme als Führungskraft, die Autorität der Schulleitung, ihre Schulnähe und ihren Umgang mit Anliegen der Lehrpersonen (siehe auch Kap. 4.5).

Ihrerseits sehen die Schulaufsichts-/Schulbehördenpersonen durchaus Möglichkeiten, zur Akzeptanz von Führung und Personalentwicklung beizutragen. So wird in Vorarlberg die Schulleitung insbesondere durch ständigen Austausch mit der Behörde unterstützt. Die Schulbehörde sieht sich auch als Informationsquelle für die Schulleitung und lebt in erster Linie vor, wie Personalinstrumente eingesetzt werden können. Durch die räumliche Distanz der Schulstandorte und die unterschiedlichen Schulgrößen ist die Koordination nicht immer einfach, aber die gute Zusammenarbeit braucht gleichwohl den Dialog auf Augenhöhe, gegenseitiges Vertrauen, Sicherheit und viel Kontakt zueinander. Die Zuständigkeiten in Österreich sind zwar komplex, aber gesetzlich geregelt, doch in der Praxis ist die Klarheit über die Zuständigkeiten bei den Schulleitungen weniger ausgeprägt, was dazu führt, dass Instrumente hinsichtlich Personalentwicklung in geringem Umfang angewendet werden, so die Erfahrungen der Aufsichtspersonen.

In Baden-Württemberg hingegen verfügt die Schulaufsicht aussagengemäß über geringen Einfluss, da die Schule operativ weitgehend eigenständig arbeitet. Die Einflussmöglichkeiten beschränken sich auf ein bedarfsorientiertes Weiterbildungsangebot und Vorortbesuche, zu denen nicht immer Aufsichts- oder Beratungsaufgaben führen. Die Schulaufsicht informiert und begleitet ansonsten die Schulleitungen in Form eines regelmäßigen Kontaktes, z.B. mit Blick auf Einsatzmöglichkeiten von Steuerungsinstrumenten bei Entwicklungsstillstand oder Zielvereinbarungsgesprächen. Aufgabenfelder für Lehrpersonen in der Schulverwaltung sollte die Schulaufsicht so vermitteln, dass diese die pädagogische Dimension der Aufgaben sehen und infolge dessen bei mehr Lehrpersonen eine Motivation entsteht, eine Funktionsstelle zu übernehmen.

In St. Gallen sehen die Schulratspräsidien eine Stärkung der Akzeptanz der Personalentwicklung über die Professionalisierung der Schulleitung mit ausreichenden und geklärten Verantwortlichkeiten und Regelungen der Verfahren. Weiter führen sie an, dass eine gewisse Großzügigkeit im Umgang mit dem Pensum der Schulleitung oder der Bewilligung von Anliegen der Lehrpersonen sowie das Einholen des Feedbacks bei Lehrpersonen und die Gleichbehandlung aller Lehrpersonen die Führungsakzeptanz unterstütze. Als wichtigen Beitrag sehen die Schulratspräsidien ihre Unterstützung der Schulleitung in Form von Beratung, dem Stützen von Entscheidungen der Schulleitung sowie indem ein enger Kontakt zur Schulleitung sichergestellt ist und die Schulleitung ebenfalls jederzeit beim Präsidium Unterstützung anfordern kann. Als hilfreiche Haltung des Schulratspräsidiums werden Offenheit, eine klare Linie und Wertschätzung angeführt.

Akzeptanz und Erfolgsfaktoren des Mitarbeitendengesprächs aus Sicht der Lehrpersonen

Im Rahmen der Fokusgruppeninterviews wurden die Lehrpersonen der Fallschulen gefragt, welche Formen des Führungshandelns sich erfolgreich auf ihre Akzeptanz der Personalentwicklung der Schulleitung auswirken. Nachfolgend aufgezeigte Einzelitems zeigen grundsätzlich kein wesentlich unterschiedliches Antwortverhalten zwischen Baden-Württemberg, Vorarlberg und St. Gallen (vgl. Abb. 2). So sind sich die teilnehmenden Lehrpersonen einig, dass eine Schule ohne Schulleitung nicht so gut funktionieren würde (M = 1.8; SD = 0.92) und das Führen von Mitarbeitendengesprächen mit Zielvereinbarungen zu einer professionellen Personalführung gehört (M = 4.26; SD = 0.92). Auch entspricht das Führungsverhalten der Schulleitung mehrheitlich in etwa den Vorstellungen der Lehrpersonen (M = 3.87; SD = 1.00). Dennoch wird die Schulleitung über alle Länder hinweg nur teilweise als Vorgesetzte/r angesehen (M = 3.23; SD = 1.20). Länderspezifisch unterschiedlich äußern sich die Lehrpersonen zur Frage, ob die Schulleitung die Erreichung der Entwicklungsziele kontrollieren und bewerten sollte. Während sich die an der Untersuchung beteiligten Lehrpersonen in Vorarlberg hierzu tendenziell ablehnend äußern (M = 2.83; SD = 1.13), antworten die Lehrpersonen aus Baden-Württemberg verhalten (M = 3.15, SD = 1.03), die Lehrpersonen aus St. Gallen ein wenig zustimmender (M = 3.26; SD = 1.09).

In den Interviews wurden die Lehrpersonen auch zu den Gelingensbedingungen des Mitarbeitendengesprächs (MAG) sowie dessen Wirkung in Bezug auf die Weiterentwicklung des Unterrichts hin gefragt. Die größte Häufigkeit der Nennungen zu Erfolgsfaktoren des MAGs fällt insgesamt in die Kategorie der *Gesprächsinhalte*. Die Lehrpersonen der verschiedenen Schulen in St. Gallen benennen hier die vier Erfolgsfaktoren Wertschätzung, Anregung zu Reflexion, Zielvereinbarung und Positives Erwähnen. In Baden-Württemberg wollen sich die Lehrpersonen im MAG zu Zufriedenheit, persönliches Befinden, Unstimmigkeiten sowie Eindrücken und Empfindungen zum vergangenen Jahr äußern. Auch Sachzwänge, denen die Schulleitungen unterliegen, und strukturelle Dinge sollen transparent gemacht werden, um Entscheidungen besser nachvollziehen zu können, so Anregungen aus den Gesprächen. In Vorarlberg steht inhaltlich ebenfalls die Wertschätzung (Lob als wichtiger Motivationsfaktor) der Lehrperson und das Feedback zum Unterricht im Mittelpunkt.

> „Da erwarte ich mir, das hast du gut gemacht, oder schau, dass du das da auf die Reihe kriegst. Oder wo fühlst du dich überfordert, wo brauchst du Hilfe." (VA LP_04:136)

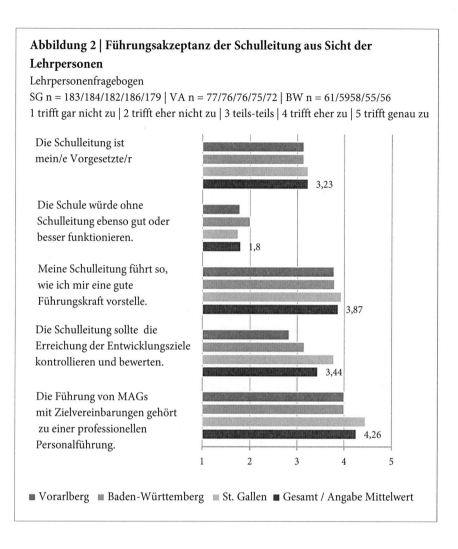

Abbildung 2 | Führungsakzeptanz der Schulleitung aus Sicht der Lehrpersonen

Lehrpersonenfragebogen

SG n = 183/184/182/186/179 | VA n = 77/76/76/75/72 | BW n = 61/5958/55/56

1 trifft gar nicht zu | 2 trifft eher nicht zu | 3 teils-teils | 4 trifft eher zu | 5 trifft genau zu

Die Schulleitung ist mein/e Vorgesetzte/r — 3,23

Die Schule würde ohne Schulleitung ebenso gut oder besser funktionieren. — 1,8

Meine Schulleitung führt so, wie ich mir eine gute Führungskraft vorstelle. — 3,87

Die Schulleitung sollte die Erreichung der Entwicklungsziele kontrollieren und bewerten. — 3,44

Die Führung von MAGs mit Zielvereinbarungen gehört zu einer professionellen Personalführung. — 4,26

■ Vorarlberg ■ Baden-Württemberg ■ St. Gallen ■ Gesamt / Angabe Mittelwert

Auch die *Gesprächsführung* hat Einfluss auf die Akzeptanz des MAGs. In St. Gallen, Vorarlberg und Baden–Württemberg wird das echte, persönliche Gespräch, welches Raum gibt für Diskussionen und ein aufmerksames Eingehen auf die Lehrpersonen als häufigster Erfolgsfaktor der Gesprächsführung genannt. Den Lehrpersonen ist zudem wichtig, dass sie mit ihren Anliegen ernst genommen und in die Zielentwicklung einbezogen werden.

Also ich finde diese Mitarbeitergespräche, die sind wirklich Gespräche und nicht nur Auflistungen, wo man sagt, was man macht, wo ich auch meine Sichtweise darlegen kann und auch Sachen richtigstellen kann. Ich habe auch eine Chance. (SG LP_07:107)

Im Bereich der *Schulleitung* führen die Lehrpersonen in St. Gallen und Baden-Württemberg eine gute Fachkompetenz sowie eine generelle Gesprächsbereitschaft und einen stark ausgeprägten Gerechtigkeitssinn als positive Eigenschaften an. Als Rahmenbedingungen des MAGs nennen die Lehrpersonen ausreichend Zeit, eine ruhige Atmosphäre sowie die Vorbereitung auf das Gespräch.

> [...] es hat auch was von Wertschätzung, wenn ich mit jemandem mal ein Gespräch führe und nicht immer nur zwischendurch [...]. Ist ja immer nur zwischen Tür und Angel oder in der kleinen Pause oder so. [...] (BW LP_04:181)

Auf die Frage, welche Veränderungen das MAG bewirkt, führen die Lehrpersonen länderübergreifend an, dass die vereinbarten Ziele direkt umgesetzt werden. Zudem wirke das MAG förderlich auf Selbstvertrauen und Motivation. In Vorarlberg wird ergänzend darauf hingewiesen, dass das MAG den Lehrpersonen Orientierung und Sicherheit biete.

Der Wunsch nach einem regelmäßig durchgeführten MAG (mindestens einmal pro Jahr) wird in Baden-Württemberg besonders hervorgehoben, damit auch zurückhaltendere Lehrpersonen eine Plattform erhielten, um ihrerseits wichtige Inhalte anzusprechen.

Akzeptanzfaktoren des pädagogischen Austausches und der Zusammenarbeit. Interview Schulleitungen

Die Zusammenarbeit und der pädagogische Austausch werden in der Fragebogenuntersuchung der Lehrerkollegien länderübergreifend sehr unterschiedlich bewertet (vgl. Tab. 1)[1]. Während insbesondere die teilnehmenden Lehrpersonen aus Vorarlberg eher zustimmend, jedoch mit großer Streubreite angeben, von der regelmäßigen Zusammenarbeit zu profitieren, sodass sich der Aufwand dafür lohnt (M = 3.64; SD = 1.02), stimmen dem die Lehrpersonen aus St. Gallen zurückhaltender (M = 3.41; SD = 0.92), die Lehrpersonen aus Baden-Württemberg nur noch teilweise zu (M = 3.05; SD = 0.9). Entsprechend empfinden die Lehrpersonen aus Baden-Württemberg die regelmäßige Zusammenarbeit teilweise als Belastung (M = 3.14; SD = 1.12), während die Lehrpersonen aus St. Gallen (M = 2.84; SD = 1.1) und Vorarlberg (M = 2.41; SD = 1.04) dies tendenziell eher verneinen. Auffallend sind in dieser Frage die großen Standardabweichungen über alle Länder hinweg.

Tabelle 1 | Einschätzung zu regelmäßiger Zusammenarbeit im Kollegium

1 trifft gar nicht zu | 2 trifft eher nicht zu | 3 teils-teils | 4 trifft eher zu | 5 trifft genau zu

Item Lehrpersonenfragebogen	Land	n	MW	SD
Ich profitiere so viel von der regelmäßigen Zusammenarbeit mit anderen Lehrpersonen in Sitzungen und Konferenzen, dass sich der Aufwand dafür lohnt.	SG	182	3,41	0,92
	VA	76	3,64	1,02
	BW	56	3,05	0,90
Ich habe in meinem Beruf so vielen Aufgaben nachzugehen, dass ich eine regelmäßige Zusammenarbeit mit dem Kollegium als zusätzliche Belastung empfinde.	SG	183	2,84	1,10
	VA	75	2,41	1,04
	BW	59	3,14	1,12

SG = St. Gallen; VA = Vorarlberg; BW = Baden-Württemberg

n = Stichprobenumfang; MW = Mittelwert; SD = Standardabweichung

Auf die Frage, wie die Schulleitungen die Zusammenarbeit der Lehrpersonen im Kollegium beurteilen und was sie zum Gelingen beisteuern, berichten die Schulleitungen aus St. Gallen und Baden-Württemberg, dass die Akzeptanz der Zusammenarbeit bei den *Lehrpersonen* häufig erst mit der Erfahrung des Nutzens komme, insbesondere dann, wenn Zusammenarbeitsgefäße vorgegeben werden. Kollegiale Hospitationen würden häufiger von Seiten der Lehrpersonen gewünscht und stießen selbst bei Lehrpersonen, die anfangs Bedenken hinsichtlich eines Mehraufwandes hatten, auf Zustimmung. Als Nutzen des Austauschs wurden u.a. die Erleichterung des Alltagsgeschäfts und die Zeitersparnis durch die Systematisierung von Wissen genannt.

Die Lehrpersonen geben länderübergreifend an, dass die Akzeptanz zur Zusammenarbeit hoch sei, wenn eine Kultur des Austausches, der Offenheit und der gegenseitigen Akzeptanz, auch gegenüber unterschiedlichen Meinungen und Kritik, bestünde. Nach Auskunft der Lehrpersonen spornt selbst positiver Gruppenzwang zur Mitarbeit an.

Jeder Kollege, jede Kollegin muss wissen und ich denke bei uns weiß auch, [...] dass er mit, [...] mit jeder Kritik, jedem Vorschlag an die Öffentlichkeit hier im Kollegium treten kann und, und treten muss und eben auch solche pädagogischen Probleme thematisieren kann und muss. (BW SL_06:150)

Für die *Schulleitung* haben dieser Austausch und die Zusammenarbeit einen sehr hohen Stellenwert, weil sie diese als unerlässlich für Verbesserungen des Unterrichts und wesentlichen Baustein der Teamentwicklung sehen. Des Weiteren können *Organisationsfaktoren* einen Beitrag zur Akzeptanz leisten, indem zum Beispiel der Rahmen der Zusammenarbeit institutionalisiert ist. Außerdem haben Vorschläge aus Vorbereitungsgruppen bzw. Steuergruppen eine hohe Akzeptanz im Kollegium. Auch die Planung in größeren Zyklen seitens der Schulleitung und das schrittweise Einbinden der Lehrpersonen erhöht deren Akzeptanz der Zusammenarbeit.

> [...] Das sage ich ganz klar, also das ist eine Strategie aufstellen, einen Master-Plan aufstellen. Das sind Master-Pläne, die ich mache. Mind-Maps. [...] ich bin als Leiter zielorientiert unterwegs und das hat so angefangen, ich war auf einer Fortbildung, das hat mir getaugt und das ist für mich Zukunft von einer Schule. (VA SL_04:98)

Zusammenfassende Bilanz

Gemäß der vorliegenden Untersuchung fühlen sich die Schulleitungen in ihren Führungsaufgaben durch die Schulbehörde mehrheitlich unterstützt. Aus dem St.Galler Untersuchungsteil klingen die Rückmeldungen diesbezüglich am positivsten.

Über alle drei Länder hinweg scheint eine enge Zusammenarbeit der Schulleitung mit der ihr vorgesetzten Stelle ein bedeutender Unterstützungs- und Akzeptanzfaktor der Schulleitung in der Ausübung ihrer Personalentwicklungsaufgabe zu sein. In der Schweiz kann diese durch die örtliche Nähe und die kommunale Organisationsstruktur unkomplizierter sichergestellt werden. Ist die vorgesetzte Stelle jedoch zentral und regional angesiedelt wie in Baden-Württemberg und Vorarlberg, erhalten intensive Kontaktformen zwischen der Schulleitung und ihrer vorgesetzten Stelle und deren regelmäßige Nutzung an Bedeutung, da gemäß vorliegender Untersuchung eine gute Verankerung der Schulleitung im Gesamtsystem und ein naher Draht zur vorgesetzten Stelle akzeptanzförderlich auf eine effektive Steuerung der Personalentwicklung wirkt. Neben den strukturellen Gelingensbedingungen halten die Behörden zudem eine offene, klare und wertschätzende Grundhaltung ihrerseits gegenüber den Schul(leitung)en für erfolgreich, insbesondere beim Unterstützen von Entscheiden.

Länderübergreifend konnten keine wesentlichen Unterschiede in der Sicht der Lehrpersonen ausgemacht werden, welche Formen des Führungshandelns sich erfolgreich auf die Akzeptanz der Personalentwicklung auswirken. Die hohe Bedeutung der pädagogischen Fachkompetenz der Schulleitung, welche die Lehrpersonen der Akzeptanz des Mitarbeitendengesprächs beimessen, weist allerdings darauf hin, dass Lehrpersonen die Glaubwürdigkeit der Beurteilung ihrer Tätigkeit als Voraussetzung zur Steuerung der Personalentwicklung von der vermuteten Fachkompetenz ihrer Führungskraft abhängig machen. Auch sehen die Lehrpersonen einen Zusammenhang zwischen einer tragfähigen Beziehung von Schulleitung und Lehrpersonen sowie ihrer Gesprächsführungskompetenz und der Akzeptanz kritischer Rückmeldungen. Sollen über das Mitarbeitendengespräch zudem Veränderungen im Unterricht bewirkt werden, scheint die Zielvereinbarung aufgrund ihrer Verbindlichkeit hierfür ein wirksames Instrument zu sein (siehe auch Kap. 4.5). Im Rahmen der quantitativen Erhebung der Lehrpersonen wurde festgestellt, dass die befragten Lehrpersonen aus Baden-Württemberg die regelmäßige Zusammenarbeit teilweise als Belastung empfinden, während die befragten Lehrpersonen aus St. Gallen und Vorarlberg dies weniger erleben.

Die Aussagen der Schulleitungen machen deutlich, dass ihre klare und einfordernde Haltung und die Kommunikation ihrer Erwartungen in Bezug auf die Zusammenarbeit eine akzeptanzförderliche Wirkung erzeugt. Die Akzeptanz institutionalisierter Zusammenarbeit kann zudem gemäß der Aussagen der Schulleitungen offensichtlich wachsen, wenn diese gelebt und umgesetzt sowie im Berufsalltag integriert ist. Wird der Kollegiumskultur Aufmerksamkeit geschenkt, kann diese die Einführung einer institutionalisierten Zusammenarbeit unterstützen. Gemäß Fussangel et al. (2010) zeichnen sich erfolgreiche Lerngemeinschaften dadurch aus, dass sie langfristig angelegt sind und eine regelmäßige Zusammenarbeit stattfindet, in der gemeinsam die Unterrichtsarbeit diskutiert wird. Dadurch entwickelt sich eine kollegiale und kooperative Arbeitsweise der Lehrpersonen, welche sich ihrerseits wiederum förderlich auf das Kollegiumsklima auswirkt (vgl. ebd.).

Gelingensfaktoren zur Führungsakzeptanz der Personalentwicklung aus den Interviews mit den Schulratspräsidien

Aus Sicht der Schulleitungen
- Eine klare Rollenübernahme der Schulleitung mit einem partizipativen und zielorientierten Führungsstil.
- Fachkompetenz der Schulleitung, um insbesondere pädagogisch zu führen.
- Eine offene Kommunikation mit den Lehrpersonen.
- Ein transparenter Umgang mit Problemen und der Beteiligung der Lehrpersonen an der Lösung der Probleme.

Aus Sicht der Schulbehörden
- Unterstützungsleistung der Schulbehörde in Form der Ausstattung ausreichender Führungsverantwortung der Schulleitung bzw. der Einhaltung gesetzlicher Vorgaben zur Aufgabenverantwortung.
- Ein enger Kontakt zur Schulleitung und eine offene, klare und wertschätzende Grundhaltung zueinander.
- Ein konsequentes Umsetzen und Stützen von Entscheiden.

Akzeptanz und Erfolgsfaktoren des Mitarbeitendengesprächs aus den Interviews mit den Lehrpersonen

- Akzeptierte *Gesprächsinhalte* sind: Aussagen zur Wertschätzung, die Reflexion gegenüber der geleisteten Arbeit, Feedback, Beratung und Unterstützung im Bereich Unterricht, das Ansprechen der persönlichen Entwicklung, das Setzen und Überprüfen von Zielen.
- Die *Gesprächsführung* sollte echt und persönlich erfolgen, so dass die Lehrpersonen das Gefühl erhalten, mit ihren Anliegen ernst genommen zu werden.
- Die *Schulleitung* sollte über eine gute Fachkompetenz verfügen und generell Gesprächsbereitschaft signalisieren.
- Die wichtigste *Rahmenbedingung* ist, ausreichende Zeit für das MAG zur Verfügung zu haben.
- Das gelungene MAG wirkt sich förderlich auf das Selbstvertrauen und die Motivation aus.
- Es erreicht über Zielvereinbarungen konkrete *Veränderungen* im Unterricht und gibt den Lehrpersonen Orientierung und Sicherheit.

> **Akzeptanzfaktoren des pädagogischen Austauschs und der Zusammenarbeit aus den Interviews mit den Schulleitungen**
>
> - Erfahrung des Nutzens der Zusammenarbeit und des pädagogischen Austauschs
> - Vorgabe des Rahmens bzw. der Zusammenarbeitsgefäße
> - Ausreichend Zeit und längerfristige Zusammenarbeit
> - Die schrittweise Einführung neuer Zusammenarbeitsgefäße
> - Vorbereitung durch eine Steuer- bzw. Vorbereitungsgruppe
> - Nutzung der Präsenzzeit für die Zusammenarbeit
> - Kollegiumskultur des Austausches, der Offenheit und gegenseitigen Akzeptanz
> - Schulleitung versteht Zusammenarbeit als Teil des Kerngeschäfts der Schule und kommuniziert dies entsprechend

Literatur

Fussangel, K., Rürup, M. & Gräsel, C. (2010). Lehrerfortbildung als Unterstützungssystem. In H. Altrichter & K. Maag Merki (Eds.), Handbuch Neue Steuerung im Schulsystem (S. 327-354). Wiesbaden: VS Verlag für Sozialwissenschaften.

Hess, K. & Roos, M. (2006). Schlussbericht. Wissenschaftliche Schlussevaluation des Projektes „Schulen mit Profil", Kanton Luzern. [25.08.2010]. http://edudoc.ch/record/26883/files/schlussbericht_smp.pdf

Hildebrandt, E. (2008). Lehrerfortbildung im Beruf. Eine Studie zur Personalentwicklung durch Schulleitung. Weinheim: Juventa.

Kansteiner-Schänzlin, K. (2002). Personalführung in der Schule. Übereinstimmungen und Unterschiede im Führungsverhalten von Schulleiterinnen und Schulleitern. Bad Heilbrunn.

Lieber, B. (2007). Personalführung ... leicht verständlich. Stuttgart.

Oelkers, J. (2009). Führung und Management von Schulen. http://paed-services.uzh.ch/user_downloads/1012/Waldau.pdf [25.08.2010].

Pekruhl, U., Schreier, E., Semling, C. & Zölch, M. (2005). Leistungslohn an Schulen – Eine empirische Untersuchung an den kantonalen Schulen des Kantons Solothurn. Olten: Fachhochschule Solothurn Nordwestschweiz.

Steger-Vogt, E. (2013). Personalentwicklung – Führungsaufgabe von Schulleitungen. Münster: Waxmann.

Strittmatter, A. & Ender, B. (2010). Personalführung an Schulen. Gewährleisten. Unterstützen. Entwickeln. Bern: Schulverlag.

Anmerkung

1. Bei folgendem Vergleich ist allerdings zu berücksichtigen, dass die Stichprobenziehung der Lehrpersonenbefragung nicht den Anspruch an Repräsentativität erfüllt und daher das Votum der Lehrpersonen trotz statistischer Signifikanz beispielhaft zu lesen ist.

Die Entwicklungsbereitschaft von Teams 4.7

Simone Kots

Gelingensbedingungen für die Entwicklungsbereitschaft von Teams sowie Faktoren, die zu einem positiven Klima an Schulen beitragen, liefern wertvolle Hinweise für die Weiterentwicklung von Schulen. Schulentwicklungsprozesse sind nur im Zusammenwirken aller am Schulleben Beteiligten umzusetzen. Demokratisierung und Transparenz von Entscheidungsprozessen, Kommunikation, Kooperation, Partizipation und Teamorientierung stehen dabei im Fokus der pädagogischen Arbeit (vgl. Bonsen u.a., 2002; zit. bei Lödermann u.a., 2011, S. 256).

Die Organisationskultur hat für eine Lernende Organisation zentrale Bedeutung (vgl. Senge, 2008). Die gemeinsamen Werte, Normen und Überzeugungen stellen den Orientierungsrahmen dar, innerhalb dessen die einzelnen Pädagogen und Pädagoginnen handeln. Die gelebten Werte und Normen verbinden den Einzelnen mit der Organisation sowie mit den anderen Mitgliedern. Die Organisationskultur bildet einen gemeinsam ausgehandelten Rahmen, der den Pädagogen und Pädagoginnen Orientierung gibt, aber auch genügend Gestaltungsspielraum zulässt. Demzufolge basiert die Organisationskultur auf gemeinsam getragenen Werten wie Offenheit, Wertschätzung und Toleranz gegenüber anderen und anderer Meinung, auf Teamarbeit und gegenseitigem Vertrauen, das Lernen erst möglich macht (vgl. ebd.). Teams entwickeln sich allerdings nur, wenn sich jeder Einzelne und schlussendlich die gesamte Organisation im Sinne einer Lernenden Organisation (vgl. Senge, 2008) weiterentwickeln. In Skandinavien wurde ein Modell zum Lernen im Sinne von „staff development" entwickelt (vgl. Dalin und Rolff, 1990). Aus den Erfahrungen dort ließ sich feststellen, dass das wirksamste Mittel für das Lernen von Lehrpersonen die Interaktion zwischen Kollegen und Kolleginnen in einem offenen, von Vertrauen geprägten Klima ist. Ziel der Kollegiumsentwicklung ist es, in intermediären, also zwischen Individuum und Kollegium vermittelnden Gruppen anhaltende Prozesse der Teambildung zu gestalten und eine Feedbackkultur aufzubauen, um ein alltägliches Setting des Lernens entstehen zu lassen (vgl. Buhren u.a., 2009), um schlussendlich Schulentwicklung erfolgreich zu gestalten.

Die Mitglieder des Systems entwickeln ihre Organisation überwiegend selbstständig von innen heraus. Der Schulleitung kommt dabei eine bedeutende Rolle zu, da sie der Schlüssel für Schulentwicklungsprozesse ist (vgl. Dedering, 2007, S. 28). Daher wurden im vorliegenden Projekt sowohl Schulleitungen als auch

Lehrpersonen nach den Gelingensbedingungen für die Entwicklungsbereitschaft von Teams gefragt und ihre Erfahrungen festgehalten. Aus der Analyse der Aussagen können hilfreiche Schlüsse für Schulleitungshandeln gezogen werden.

In den Fragebogenerhebungen, die den Interviews vorangingen, betonten in allen drei Ländern sowohl die Schulleitungen als auch die Lehrpersonen der Fallschulen das positive Klima in ihrem Kollegium. Ihrer eigenen Einschätzung nach verfügen die Schulleitungen über eine hohe Kompetenz an klimafördernder und teamorientierter Führung. Die Entwicklungsbereitschaft der Lehrpersonen ist an den untersuchten Good-Practice-Schulen sehr hoch. Auf Basis dieser Ergebnisse interessierten in den Fokusgruppengesprächen mit den Lehrpersonen sowie im Interview mit der Schulleitung vor allem Erfolgsfaktoren für ein positives Teamklima sowie Indikatoren für die Entwicklungsbereitschaft des Kollegiums. Folgende Leitfragen standen im Zentrum:

– Wie erklären Sie sich das gute Teamklima in Ihrem Kollegium? Welche Gründe gibt es dafür?
– Woher kommt es, dass eine so hohe Entwicklungsbereitschaft in Ihrem Team besteht?
– Gibt es (spezielle) Situationen, Gegebenheiten oder Personen, welche Sie zur beruflichen Weiterentwicklung anstoßen?

Umgang, Kommunikation und Beziehungsgestaltung

Die Teamzusammensetzung ist auch bei den Lehrpersonen im vorliegenden Projekt ein zentrales Thema. Da im Schulbereich die Teammitglieder jedoch bereits feststehen bzw. jeweils mit einem bestehenden Kollegium zusammengearbeitet wird, ist es zielführender zu beleuchten, welche Haltungen Lehrpersonen idealerweise aufweisen, um ein positives Teamklima zu begünstigen.

Offenheit der Lehrpersonen sowie die Akzeptanz der Verschiedenheit sind Bestandteile einer Haltung, die bei allen befragten Schulleitungen als Erwartung zu hören war. Dabei sehen Schulleitungen eine heterogene Teamzusammensetzung als Chance, da sowohl Ideenreichtum als auch der kritische Blick gewährleistet werden. In diesem Zusammenhang wird von den Lehrpersonen genannt, dass unterschiedliche Meinungen genauso Platz haben müssen wie die vielschichtigen Persönlichkeiten im Kollegium. In diesem Zusammenhang wünschen sich Lehrpersonen, dass Probleme offen und frühzeitig angesprochen und kommuniziert werden, wie die folgende Aussage einer Lehrperson bestätigt:

Ich denke, dass es auch daran liegt, dass wir miteinander reden können und zwar offen reden können. (SG LP_7:12)

Die Aussagen der Lehrpersonen werden durch die Aussagen der Schulleitungen bekräftigt. Diese sehen unterschiedliche Persönlichkeiten im Kollegium als große Bereicherung. Zudem sehen die Schulleiter und Schulleiterinnen es als ihre Aufgabe, die Teammitglieder miteinander zu vernetzen und unterschiedliche Kompetenzen einzelner Lehrpersonen für die gesamte Schule zu nützen.

Gegenseitiges Interesse, das heißt ein achtsames Miteinander sowie Empathie dem anderen gegenüber, verbunden mit gegenseitiger Wertschätzung, wird ebenfalls in großer Häufigkeit als bedeutsam eingebracht. Eine Lehrperson beschreibt dies in sehr treffender Weise:

Es ist so ein achtsames Miteinander, wo ganz spürige Kollegen da sind, die merken: Da läuft etwas nicht rund. Kann ich ihr irgendwie helfen? Oder dem Kollegen geht es nicht gut. Da könnte ich irgendetwas machen und ihn unterstützen. (VA LP_05:14)

Eine ähnliche pädagogische Sichtweise und Ausrichtung wurde in den jeweiligen Ländern nur vereinzelt als Gelingensbedingung für ein positives Teamklima genannt. Dass Lernen jedoch nicht bloß auf reine Wissensvermittlung zu beziehen ist, sondern auf die Entwicklung der Persönlichkeit, auf Werte, Haltungen, soziale Kompetenzen und eine ähnliche pädagogische Ausrichtung, die vom ganzen Team getragen werden muss und sich an Schulen zu verankern beginnt, unterstreicht folgende Aussage einer Lehrperson:

Es braucht auch gleiche Wertevorstellungen, das heißt Haltungen oder halt auch Vorstellungen, wie soll die Schule sein oder wie soll das Team sein, wie soll der Unterricht vielleicht sogar sein. Wenn man in einem Grüppchen einen Konsens hat, dann ist vieles einfacher zu kommunizieren und es direkt anzupacken. (SG LP_6:16)

Von der Schulleitung wünschen sich die Lehrpersonen in diesem Zusammenhang Unterstützung insbesondere auch, indem sie gute Rahmenbedingungen in Form von Zeitgefäßen für Zusammenarbeit, ausreichend Lehr- und Lernmittel sowie gute räumliche Bedingungen schaffen.

Die Anwesenheit der Lehrpersonen an der Schule, über den Unterricht hinaus, stellt einen weiteren wesentlichen Faktor dar. Die Zusammenarbeit auch außerhalb des Unterrichts und die gegenseitige Hilfsbereitschaft sind für die Lehrpersonen in allen befragten Ländern von großer Bedeutung. Sie wird neben der bereits erwähnten Wichtigkeit für Teamzusammenarbeit durch folgende Aussagen unterstrichen:

> [...] dass nicht jeder in seiner Klasse für sich arbeitet, sondern dass man sich austauscht, dass man sich unterstützt, dass man von anderen Hilfe bekommt, aber auch anderen Hilfe bieten kann. Das finde ich das Schöne an einem Lehrkörper. (VA LP_06:49)

> [...] hohe Präsenz der Lehrkräfte, welche am Morgen nicht erst fünf Minuten vorher kommen und am Mittag gleich verschwinden. (SG LP_1:12)

Schulleitungen sehen in ihrem täglichen Handeln neben der reinen Informationsweitergabe Kommunikation als ganz wesentlichen Bestandteil der Beziehungspflege zwischen und innerhalb des Kollegiums. Diese Erfahrungen teilen auch die Lehrpersonen, indem sie die Beziehungspflege als zentralen Aspekt nennen.

> Es sind grundsätzlich einfach so Aktivitäten, die man z.B. einmal unter dem Jahr gemeinsam macht. Ob das jetzt ein Lehrerausflug ist oder Preisjassen. Das sind schon so Sachen, die zusammenschweißen, an die man sich dann gemeinsam erinnert und gemeinsam Spaß hat. Das sind schon Sachen, die ganz wichtig sind für das Klima. (VA LP_5:44)

Gemeinsame außerschulische Aktivitäten werden vom Kollegium als sehr positiv für das Wohlbefinden jedes Einzelnen erlebt, wie die nachfolgende Tabelle 1 bestätigt.

Tabelle 1 | Klima im Kollegium

1 trifft gar nicht zu | 2 trifft eher nicht zu | 3 teils-teils | 4 trifft eher zu | 5 trifft genau zu

Item Schulleitungsfragebogen	Land	n	MW	SD
Es finden an unserer Schule mehrmals im Schuljahr Gemeinschaftsanlässe statt, z.B. gemeinsame Essen, Ausflug, an denen das Kollegium in der Regel geschlossen teilnimmt.	SG	206	4,36	0,82
	VA	112	4,22	0,98
	BW	434	4,38	0,76

SG = St. Gallen; VA = Vorarlberg; BW = Baden-Württemberg
n = Stichprobenumfang; MW = Mittelwert; SD = Standardabweichung

Eine positive Grundstimmung, die geprägt ist von einem respektvollen, humorvollen und offenen Umgang, wird von den Schulleitungen als häufigster Erfolgsfaktor für ein positives Klima auf Kollegiumsebene eingebracht. Ergänzt wird von den Lehrpersonen in diesem Zusammenhang der gegenseitige Respekt vor den Grenzen anderer, der sich für viele Lehrpersonen in einem achtsamen und respektvollen Umgangston miteinander äußert.

Eine wesentliche Voraussetzung für ein positives Teamklima und ein weiterer wichtiger Gelingensfaktor stellt die Akzeptanz unterschiedlicher Meinungen im Kollegium dar. Viele Schulleitungen über die Projektländer hinweg nehmen wahr, dass die Lehrkräfte ihres Kollegiums differierende Positionen gut stehen lassen und die persönlichen Kontakte davon unbeeinflusst lassen können (signifikante Länderdifferenzen bestehen nicht). Nachfolgende Tabelle 2 stellt die Sichtweisen der Schulleitungen in Durchschnittswerten dar.

Tabelle 2 | Klima im Kollegium

1 trifft gar nicht zu | 2 trifft eher nicht zu | 3 teils-teils | 4 trifft eher zu | 5 trifft genau zu

Item Schulleitungsfragebogen	Land	n	MW	p		SD
Meinungsverschiedenheiten in Sitzungen/Konferenzen belasten die persönliche Beziehung zwischen den Lehrpersonen nicht wesentlich.	SG	206	3,77	VA	n.s.	0,87
				BW	n.s.	
	VA	112	3,58	SG	n.s.	1,02
				BW	n.s.	
	BW	435	3,82	SG	n.s.	0,89
				VA	n.s.	
Wenn Themen diskutiert werden, welche die Weiterentwicklung unserer Schule betreffen, beteiligen sich die meisten Lehrpersonen daran.	SG	206	3,83	VA	n.s.	0,9
				BW	**	
	VA	112	3,82	SG	n.s.	0,96
				BW	n.s.	
	BW	435	4,05	SG	**	0,79
				VA	n.s.	

p = Irrtumswahrscheinlichkeit; * = p ≤ .05 | ** = p ≤ .01 | *** = p ≤ .001 | n.s. = nicht signifikant

SG = St. Gallen; VA = Vorarlberg; BW = Baden-Württemberg

n = Stichprobenumfang; MW = Mittelwert; SD = Standardabweichung

Zudem wird von den Lehrpersonen sehr häufig die Offenheit der Schulleitung als weiterer Erfolgsfaktor genannt. Dies erfordert von den Schulleitungen nicht nur Arbeit auf der Inhaltsebene, sondern wird stark geprägt auch von der Gestaltung der Beziehungsebene. Die Unterstützung von Lehrpersonen in schwierigen Situationen durch die Schulleitung wird von den interviewten Lehrpersonen sehr oft als förderlich in Bezug auf eine positive Beziehungsebene erlebt, ebenso die offene Kommunikation, durch die Vertrauen aufgebaut wird. Der Wunsch nach „reflektiver Offenheit" (Senge, 2008) kommt darin auch zum Ausdruck. Kollegien bescheinigen Schulleitungen, die positiv auf das Teamklima einwirken, die Fähigkeit, Meinungen und Haltungen des Kollegiums wahrzunehmen, das eigene Denken zu reflektieren und im Sinne des Systemdenkens zu erweitern.

> Jeder Beteiligte muss das Gefühl haben, ich habe darüber reden können, ich habe meine Standpunkte darlegen können, [...] dass man das Gefühl hat, der Horizont ist größer geworden. (VA LP_13:20)

In diesem Zusammenhang empfehlen die Lehrpersonen auch die transparente Kommunikation in Bezug auf Informationsweitergabe an das gesamte Kollegium.

Gleicher Stellenwert der Lehrpersonen ohne Statusunterschiede und persönliche Beziehungen werden als weitere wesentliche Faktoren für ein positives Teamklima angeführt. Im Speziellen wird hier von den Lehrpersonen der Wunsch geäußert, dass sich die Schulleitung allen Lehrpersonen des Kollegiums gegenüber unparteiisch verhalten soll. Dazu wird von den Lehrpersonen ergänzt, dass auch alle im Kollegium ihren Beitrag leisten müssten, um ein positives Teamklima zu fördern, was folgende Aussage unterstreicht:

> [...] mit dem Wissen, dass der andere auch etwas zu bieten hat und dass das auch wichtig ist, was er einbringt. (SG LP_5:8)

Die häufigen Nennungen zu diesem Themenfeld lassen darauf schließen, dass an entwicklungsbereiten Schulen bereits ein tieferes Bewusstsein über das Zusammenspiel im System besteht und die Erwartung mitgetragen wird, dass alle Lehrpersonen Verantwortung für die Schule als Ganzes übernehmen und ihren Beitrag dazu leisten müssten.

Institutionalisierte Zusammenarbeit

Ein weiteres wichtiges zentrales Element für ein positives Kollegiumsklima stellt für die Lehrpersonen die gegenseitige Unterstützung bei der Erfüllung der dienstlichen Aufgaben dar. Dabei wurde der gegenseitige Austausch von Materialien am häufigsten genannt. In Zusammenhang mit der Auseinandersetzung über Unterricht wird von den Lehrpersonen die Arbeit in (Klassen)teams als ein weiterer bedeutender Zugewinn erfahren. Diese Formen der Lern- und Arbeitskooperationen sind geprägt von einem hohen Maß an Verbindlichkeit. In den Interviews verweisen die Lehrpersonen immer wieder darauf, wie wichtig die Verankerung von Teams an Schulen ist. Darin kann, so sehen es viele, die Qualität von Unterricht weiterentwickelt werden. Eine Reflexion im Team über das eigene Tun erhöhe die Professionalität der Lehrperson und blinde Flecken könnten erkannt werden. Ein professioneller Dialog in klar festgelegten und definierten Zeitgefäßen ist durchaus gewünscht. Dabei kam auch in allen entwicklungsbereiten Schulen zur Sprache, dass es gilt, weg vom Einzelkämpfer hin zum Teamplayer zu kommen, wie folgende Aussage deutlich macht:

> Dass nicht jeder in seiner Klasse für sich arbeitet, sondern sich austauscht, sich unterstützt, von anderen Hilfe bekommt, aber auch anderen Hilfe bieten kann. Das finde ich das Schöne an einem Lehrkörper. (VA LP_06:49)

Mit Blick auf die Zusammenarbeit wird die räumliche Zusammenkunft im Kollegium als Erfolgsfaktor für ein positives Schulklima genannt. Die Lehrpersonen stellen fest, dass Arbeitsplätze an der Schule die Zusammenarbeit fördern und sich auch bei großen Teams positiv auf das Klima auswirken, selbst wenn auch nicht immer alle Lehrpersonen anwesend sind. Innerhalb größerer Kollegien erweisen sich dann kleinere Teams als effektiver.

Hohe Lernbereitschaft als zentraler Faktor einer Lernenden Organisation

Das persönliche Bedürfnis nach Weiterentwicklung wird von den Lehrpersonen in allen Ländern in Kombination mit einem positiven beruflichen Selbstverständnis als gewinnbringend genannt, wie die folgende Aussage der Lehrperson deutlich zum Ausdruck bringt.

> Für mich ist schon wichtig, dass ich in einem Team arbeite, in dem man bereit ist sich zu entwickeln und bereit ist zu lernen. Also ich möchte nur in einer Lernenden Organisation arbeiten. Egal was für ein Job das wäre, unabhängig jetzt vom Lehrer-Sein. (VA LP_11:49)

An vielen Schulen erleben auch die Schulleitungen ihre Lehrpersonen interessiert an beruflicher Kompetenzentwicklung, wie dies im Schulleitungsfragebogen deutlich wird, der besonders hohe Signifikanzwerte aufweist. Fast ebenso viele Schulleitungen erfahren auch Akzeptanz, wenn sich Personalentwicklungsimpulse auf die Unterrichtsentwicklung ausrichten (vgl. Tab. 3).

Dieses Bedürfnis nach Weiterentwicklung entsteht nach den Aussagen der Lehrpersonen aufgrund eines inneren Antriebs, die eigene Arbeit verbessern zu wollen, des Ansporns durch das Kollegium sowie einer positiven Haltung gegenüber persönlicher Entwicklung. In den Interviews weisen sie des Weiteren mehrfach darauf hin, dass sie durch veränderte gesellschaftliche und familiäre Situationen sowie Alltagsprobleme in der Klasse mit ihrem Handlungsrepertoire an Grenzen stoßen. Die häufigsten Nennungen in Bezug auf die Entwicklungsbereitschaft beziehen sich auf das Kollegium. Klare Richtlinien und transparente Ziele, die gemeinsam mit dem Kollegium entwickelt werden, stellen eine wichtige Orientierung und Verbindlichkeit dar und sind unerlässliche Bestandteile eines Schulentwicklungsprozesses. In einem engagierten Team stecken sich die Lehrpersonen gegenseitig an.

> Klare Ziele, das würde ich sagen, sind ganz wichtig. Dann kann man auch Leute begeistern. (VA LP_05:58)

Beachtenswert ist zugleich, dass sich Entwicklungen kontinuierlich und in nicht zu schnellem Tempo vollziehen können. Zu schnell aufeinanderfolgende Projekte werden als frustrierend erlebt und reduzieren die Entwicklungsbereitschaft.

Tabelle 3 | Akzeptanz der Lehrpersonen gegenüber der Personalentwicklung als Führungsaufgabe

1 trifft gar nicht zu | 2 trifft eher nicht zu | 3 teils-teils | 4 trifft eher zu | 5 trifft genau zu

Item Schulleitungsfragebogen	Land	n	MW	p		SD
Die berufliche Kompetenzentwicklung hat bei den Lehrpersonen meiner Schule einen hohen Stellenwert.	SG	204	3,7	VA BW	*** *	0,69
	VA	109	3,2	SG BW	*** ***	0,8
	BW	434	3,53	SG VA	* ***	0,72
Wenn Personalentwicklungsimpulse deutlich auf die Veränderung von Unterricht ausgerichtet sind, werden sie von meinem Kollegium gerne verfolgt.	SG	200	3,47	VA BW	** n.s.	0,84
	VA	108	3,12	SG BW	** *	0,84
	BW	434	3,35	SG VA	n.s. *	0,89

p = Irrtumswahrscheinlichkeit; * = p ≤ .05 | ** = p ≤ .01 | *** = p ≤ .001 | n.s. = nicht signifikant; SG = St. Gallen; VA = Vorarlberg; BW = Baden-Württemberg;

n = Stichprobenumfang; MW = Mittelwert; SD = Standardabweichung

Impulsgeber Schulleitung

Die Erfahrungen, was die Entwicklungsbereitschaft eines Teams unterstützt, sind bei den Schulleitungen ähnlich wie bei den Lehrpersonen. Am häufigsten sehen Schulleitungen es als ihre Aufgabe, Entwicklungsanstöße ins Kollegium einzubringen, diese transparent und klar zu kommunizieren sowie Maßnahmen und Möglichkeiten für die Umsetzung von Zielen aufzuzeigen. Durch die immer stärkere Veränderung des Führungsverständnisses, weg von der Hierarchie hin zur Übertragung von mehr Verantwortung auf das Kollegium, sehen Schulleitungen im Einbeziehen des Kollegiums in Schulentwicklungsvorhaben und in dem Aufnehmen von Entwicklungsanstößen aus dem Kollegium zentrale Gelingensbedingungen für eine hohe Entwicklungsbereitschaft. Dies wird aus dem folgenden Zitat deutlich:

> […] wenn die Sache top down entschieden wird, dann ist sie eine andere, als wenn sie von unten kommen kann und eigentlich, sagen wir mal, so ein beseelter Wunsch des Kollegiums ist. (BW SL_04:38)

Die Erfahrungen und Einschätzungen der Schulleitungen beschreiben noch einen weiteren zentralen Aspekt. In sehr hohem Maße nennen sie die Würdigung der Entwicklungsbereitschaft von Lehrpersonen. Insbesondere werden entgegengebrachte Wertschätzung und Anerkennung von Leistungen in diesem Bereich thematisiert. Diesen Wunsch nach Wertschätzung und Anerkennung bekräftigen die Lehrpersonen in den Interviews. Sie sind sich auch gewahr, dass bei den Lehrpersonen der Wunsch besteht, bei etwas mitgewirkt zu haben. Das Gefühl von Verbundenheit und einen Sinn im eigenen Tun zu finden, sei ein wichtiger Aspekt, um Entwicklungsbereitschaft im Team zu fördern. Die folgende Aussage einer Schulleitung beschreibt sehr treffend diesen Wunsch:

> Wenn man das Bewusstsein gestärkt hat, dass es auch einen Sinn verfolgt, dann ist die Bereitschaft in unserem Kollegium sehr hoch. (BW SL_03_A:32)

Zusammenfassende Bilanz

Die Übernahme der Leitungsfunktion der Schulleitung im Sinne einer ‚Lernenden Organisation' wird von allen Lehrpersonen am häufigsten als zentrale Gelingensbedingung genannt. Dabei wünschen sich Lehrpersonen vor allem eine Zielorientierung im Sinne einer gemeinsamen Vision, gemeinsame Wertevorstellungen sowie einen Sinn in ihrer Arbeit zu finden. Das persönliche Bedürfnis nach Weiterentwicklung im Sinne von Lernen und eines positiven beruflichen Selbstverständnisses wird als wesentlich gesehen. Damit kommt ihre Haltung der Erfahrung entgegen, dass Schulentwicklung auf einem Schulleitbild aufbaut, welches das Lernen der Organisationsmitglieder in den Mittelpunkt rückt (vgl. Buhren und Rolff, 2009). Lernen in Organisationen ist ein „tendenziell nicht endender Weg, der sich durch den ständigen Wandel auszeichnet und nicht als statischer Zielzustand" (Pedler u.a., 1994, S. 53) zu sehen ist. Auch diese Vorstellung findet sich im Blick der Lehrpersonen wieder und sie erkennen äußere Umstände, die ihnen auch das Weiterlernen nahelegen. Zudem erleben Lehrpersonen das Einbringen von Entwicklungsanstößen seitens der Schulleitung unter Einbezug von Ideen und Entwicklungen aus dem Kollegium als sehr unterstützend und bereichernd.

Um ihre Entwicklungsbereitschaft zu fördern, empfinden Lehrpersonen die Arbeit in Teams sowie ein Klima, das von Offenheit, gegenseitiger Wertschätzung, Respekt und Vertrauen geprägt ist, als notwendige Voraussetzung. Dabei wird neben Materialaustausch auch die institutionalisierte Zusammenarbeit der Lehrpersonen als sehr hilfreich in der Verbesserung ihrer eigenen Arbeitssituation erlebt. Eine Reflexion durch das Miteinander erhöht professionelles Handeln. Die Lehrpersonen der Good-Practice-Schulen bestätigen, was auch seitens der Fachdebatte eingebracht wird, dass ein stetiger professioneller Dialog in klar definierten Zeitgefäßen erforderlich ist (vgl. Buhren und Rolff, 2009). Von Schulleitungen wünschen sich Lehrpersonen in diesem Zusammenhang das Bereitstellen guter Rahmenbedingungen.

Die positiven Erfahrungen der Schulleitungen dieser Studie decken sich mit Erkenntnissen der Fachdebatte. So nennt Senge (2008; siehe auch Buhren & Rolff, 2009; Rolff, 2013) das Bestreben, die eigene Denk- und Kommunikationsfähigkeit weiterzuentwickeln als eine der wichtigsten Kompetenzen von Führungspersonen. Überdies nennt er die Fähigkeit, anderen zuzuhören und ihre Ideen ernst zu nehmen, als eine weitere wichtige Schlüsselkompetenz. Mast ergänzt die Aussage von Senge, indem sie darauf verweist, dass vorhandene Emotionen, Bedürfnisse und Ziele des einzelnen Mitarbeiters in das eigene Kommunikationsverhalten eingebunden werden müssen (vgl. Mast, 2010, S. 242).

Kommunikation nicht nur im Sinne von Informationsweitergabe, sondern auch im Sinne von zwischenmenschlicher Kommunikation, die auf einer Wertediskussion aufbaut, wird als Gelingensbedingung für die Entwicklungsbereitschaft von Teams von den Lehrpersonen genannt und von den Schulleitungen als notwendige Kompetenz erachtet. Lehrpersonen sehen darin Schulleitungen auch als zentrale Multiplikatoren, ein wichtiger Hinweis, wenn man zugleich bedenkt, dass Führungskräfte 70 bis 90 Prozent ihrer Zeit mit Kommunikation verbringen, dies am häufigsten mit ihren Mitarbeitern/Mitarbeiterinnen (vgl. von Rosenstiel, 2003).

Gelingensbedingungen für die Unterstützung der Entwicklungsbereitschaft von Teams

- Offene Kommunikation als zentrale Haltung in der Kultur der Zusammenarbeit
- Respektvoller, humorvoller und offener Umgang zwischen allen Beteiligten
- Akzeptanz unterschiedlicher Meinungen
- Offenheit der Schulleitung und Einbezug des Kollegiums
- Gleicher Stellenwert aller Lehrpersonen
- Übertragung von Verantwortung an alle Organisationsmitglieder
- Schaffung von Zeitgefäßen für die Zusammenarbeit in Teams
- Persönliches Bedürfnis nach Weiterentwicklung der Lehrpersonen unterstützen
- Mit dem Kollegium gemeinsam entwickelte klare Richtlinien und transparente Ziele verfolgen
- Kontinuierliches, aber nicht zu schnelles Entwicklungstempo
- Entwicklungsanstöße ins Kollegium einbringen
- Miteinbezug des Kollegiums in Schulentwicklungsvorhaben
- Entwicklungsanstöße aus dem Kollegium aktiv aufnehmen
- Würdigung der Entwicklungsbereitschaft
- Sinn in eigenem Tun finden lassen

Literatur

Buhren, C.G. & Rolff, H.-G. (2009). Personalmanagement für die Schule. Ein Handbuch für Schulleitung und Kollegium. Weinheim und Basel: Beltz Verlag.

Dalin, P. & Rolff, H.-G. (1990). Institutionelles Schulentwicklungsprogramm. Soest.

Dedering, K. (2007). Schulische Qualitätsentwicklung durch Netzwerke. Das internationale Netzwerk innovativer Schulsysteme (INIS) der Bertelsmann Stiftung als Beispiel. Wiesbaden: VS Verlag für Sozialwissenschaften.

Lödermann, A-M. & Macha, H. (2011). Entwicklung der Führungsqualität durch Kollegiale Beratung. In M. Göhlich, S. Weber, Ch. Schiersmann & A. Schröer (Hrsg.), Organisation und Führung. Beiträge der Kommission Organisationspädagogik (S. 255–264). Wiesbaden: VS Verlag für Sozialwissenschaften.

Mast, C. (2010). Unternehmenskommunikation. Stuttgart: Lucius & Lucius Verlagsgesellschaft mbH.

Pedler, M., Burgoyne, J., Boydell, T. & Popp, M. (1994). Das lernende Unternehmen. Potentiale freilegen. Wettbewerbsvorteile sichern. Frankfurt am Main und New York: Campus Verlag.

Rolff, H.-G. (2013). Schulentwicklung kompakt. Modelle, Instrumente, Perspektiven. Weinheim und Basel: Beltz Verlag.

Senge Peter, M. (2008). Die fünfte Disziplin. Kunst und Praxis der lernenden Organisation. Stuttgart: Schäffer-Poeschel Verlag.

von Rosenstiel, L. (2003). Grundlagen der Führung. In L. von Rosenstiehl, E. Regnet & M. Domsch (Hrsg.), Führung von Mitarbeitern. Handbuch für erfolgreiches Personalmanagement (S. 3–25). Stuttgart: Schäffer-Poeschel, 5. überarb. Auflage.

Perspektiven zum Gelingen von Personalentwicklung als Führungsaufgabe von Schulleitungen

5

Katja Kansteiner, Elisabeth Steger Vogt & Martina Pfeifer

Personalentwicklung ist ein Konzept mit Maßnahmen zur systematischen Förderung der beruflichen Handlungskompetenz der Lehrpersonen, welches, idealtypisch gesehen, systematisch geplant, realisiert und evaluiert ist und dessen Ziele und Inhalte schulstrategisch begründet sind (vgl. Schuler, 1989; Holtbrügge, 2007; Becker, 2009; Steger Vogt, 2013). Personalentwicklung ist sowohl an der einzelnen Lehrperson als auch an der Schule als Organisation orientiert und zielt auf die Entwicklung der Schulkultur ab, um die Lernfähigkeit der Lehrpersonen zu erhalten und eine Lernkultur aufzubauen (vgl. Neuberger, 1994; Drumm, 2008; Mentzel, 2008). Folglich ist Personalentwicklung zusammen mit der Organisations- und Unterrichtsentwicklung eng verknüpft zu einer Trias der Schulentwicklung (vgl. Bastian & Combe, 1998).

Unter der Warte der Personalentwicklung finden sich drei zentrale Maßnahmengruppen – Förder-, Bildungs- und Organisationsentwicklungsmaßnahmen –, die jede für sich eine individuelle sowie eine kollektive Dimension des Lernens im Kollegium umfassen (vgl. Becker, 2009; Kansteiner, Steger Vogt, Appius & Bach-Blattner, 2013). Unter Fördermaßnahmen fallen Aktivitäten, die auf die berufliche Entwicklung des/der Einzelnen – sowohl auf die individuellen Aufgaben der Lehrperson als auch auf deren Funktion in der Schule – gerichtet sind und sich an individuellen sowie an gemeinschaftlichen Zielen orientieren. Solche auf den/die Einzelne/n bezogene Maßnahmen sind bspw. das Mitarbeitendengespräch (mit Zielvereinbarung), das Coaching oder Mentoringsysteme. Als partner- bzw. gruppenbezogene Maßnahme ist die Kollegiale Hospitation einzustufen. Bildungsmaßnahmen zielen auf die Vermittlung der Qualifikationen ab, die zur Wahrnehmung der jeweiligen Aufgabe erforderlich sind, wie z.B. Ausbildung, Fortbildung oder spezialisierende, zusätzlich qualifizierende Weiterbildung. Hierbei dominiert die individuelle Dimension. Den Organisationsentwicklungsmaßnahmen sind u.a. Teamentwicklung, die Förderung professioneller Lerngemeinschaften, schulinterne Fortbildung (SCHILF) oder der Aufbau von Wissenstransfersystemen zuzuordnen. In deren Zieldimension ist zwar letztlich die Einzelperson zum Lernen aufgefordert, zunächst wird jedoch die Gruppe als lernendes System adressiert (vgl. Mentzel, 2008; Steger Vogt, 2013).

Die Personalentwicklung in der Schule steht in einem Wirkzusammenhang mit den übergeordneten Ebenen des Bildungssystems und den kommunalen Einflüssen (vgl. Thom & Ritz, 2006). In allen drei deutschsprachigen Ländern (Deutschland, Schweiz und Österreich) werden jeweils Erwartungen an die Personalentwicklung von den der Schule übergeordneten Ebenen formuliert, allerdings jeweils in spezifischer Ausprägung der Schulaufsichtsebenen. Außerdem liegt in jedem Land der Auftrag an die Lehrpersonen vor, sich fortzubilden, um eine qualifizierte Bewältigung der Erziehungs- und Bildungsaufgabe zu gewährleisten. Leicht unterschiedlich ist allerdings, welche Wege und welches Ausmaß an Fortbildung vorgeschrieben sind, wie dazu angeregt und wie darüber Rechenschaft abgelegt werden muss. Neben konkreten Vorgaben differieren die kommunalen Einflussmöglichkeiten im Kanton St. Gallen (CH) deutlich zu den beiden Bundesländern Vorarlberg (A) und Baden-Württemberg (D). So kommt zwar in allen drei Schulsystemen der Schulleitung die Aufgabe zu, Erwartungen an das Entwicklungsengagement der Lehrpersonen zu kommunizieren und Entwicklungsvorhaben zu befördern bzw. sicherzustellen, dass Entwicklungsfortschritte erzielt werden. Konkrete Personalentwicklungsmaßnahmen (z.B. Mitarbeitendengespräch mit schriftlicher Zielvereinbarung, Rechenschaftslegung über Fortbildungsbesuche) sind allerdings im Ländervergleich im Kanton St. Gallen am ausgeprägtesten etabliert. Dies ist auch vor dem Hintergrund zu sehen, dass dort seit dem Jahr 2004 eine gesetzliche Bestimmung die Schulführung durch Schulleitungen vorschreibt und die Übertragung von Personalführungsaufgaben an die Schulleitungen nachkommend erfolgte. Doch auch in den beiden Bundesländern, welche schon über eine längere Schulleitungstradition verfügen, ist über die Dienstbeurteilung ein Verfahren vorgegeben, über das das qualitätsvolle Arbeiten der Lehrpersonen sichergestellt werden soll, wenngleich dies in einem weniger engen Turnus vollzogen wird. Inwieweit der Zeitpunkt der Etablierung von Schulleitungen oder das Steuerungssystem zur wirksamen Ausgestaltung der Personalentwicklung eine Rolle spielen, bleibt im Rahmen dieser Untersuchung offen.

Vor dem Hintergrund der drei durchaus different gesteuerten Schulsysteme ist es besonders interessant, dass die bisherige Forschung die Personalentwicklung nicht nur in einem der Länder als noch wenig etabliert ausweist und feststellt, dass sie insgesamt an den Schulen wenig systematisch betrieben und in Einzelmaßnahmen vollzogen wird (vgl. Meetz, 2007; Semling & Zölch, 2008; Zellweger, 2008; Arnold, 2010; Steger Vogt, 2013). Zudem wird Personalentwicklung von Schule zu Schule selbst innerhalb desselben länder- bzw. kantonsweiten Schulsystems unterschiedlich umgesetzt. Die Unterschiede begründen sich somit offenkundig nicht nur in der Verschiedenheit der Rahmenbedingungen, wie den strukturellen Vorgaben, der Entscheidungsverantwortung, der Unterstützung bei Management- und Verwaltungsaufgaben sowie der zeitlichen und finanziellen Ressourcen (vgl. Maag Merki & Büeler, 2002; Böckelmann & Mäder, 2007), sondern auch in spezifischen Konstellationen einzelner Schulen (vgl. Steger Vogt, 2013).

In der vorliegenden Untersuchung wurde der Frage nachgegangen, wie vor dem Hintergrund der Bedingungen des Bildungssystems Personalentwicklung als eine zentrale Aufgabe von Schulleitungen in der Verantwortung für die qualitätsvolle Arbeit der Einzelschule gelingen kann. Dabei sollte eruiert werden, welche Faktoren grundsätzlich von den Beteiligten als hilfreich für gemeinsames Lernen und Zusammenwirken im Dienste von Schulentwicklung gesehen werden. Die Bilanz folgt somit den Erfahrungswerten der Personen, die direkt mit dieser Personalentwicklungsaufgabe im Zusammenhang stehen: Schulleiter/-innen, Lehrpersonen und Personen der direkt übergeordneten Schulaufsichtsebene. Forschungsmethodisch kamen quantitative und qualitative Ansätze in gegenseitiger Ergänzung zur Anwendung. Die Triangulation der Daten ergab folgendes umfassende Bild:

1. Den Beteiligten ist der Gestaltungsraum erweiterter Verantwortlichkeiten in Bezug auf die Personalentwicklung an der Einzelschule unterschiedlich stark bewusst. So sehen nicht alle Lehrpersonen die Schulleitung in der Mitverantwortung für ihre Professionalisierung. Ebenso äußern sich auch die Schulleitungen diesbezüglich etwas zurückhaltend. Damit kann von einem grundlegenden Klärungsbedarf gegenüber der Einstellung zur Personalentwicklung und den Verantwortlichkeiten ausgegangen werden. Die Kommunikation hierüber und über die Erwartungen in Bezug auf die berufliche Entwicklung der Lehrpersonen steht noch am Anfang der Bemühungen um eine systematisierte Personalentwicklung an der Schule. Dennoch können Anstrengungen zur Umsetzung von Personalentwicklung wahrgenommen werden. So bewegen sich viele Überlegungen der Beteiligten, was zum Gelingen vor Ort beiträgt innerhalb der ihnen zugestandenen und vertrauten Möglichkeiten, und zeugen von einer durchaus pragmatisch-realistischen Denk- und Vorgehensweise. Zentrales Thema ist dabei die Ressourcenfrage. Vor allem (fehlende) Zeit für die mit der eigenen Entwicklung oder der Steuerung von Entwicklung verbundenen Aktivitäten kommt häufig zur Sprache. Ebenfalls innerhalb jeder der Akteursgruppen angesprochen wird die Frage der Zuweisung von Personen oder die Ausstattung, die den Entwicklungsspielraum der Schule mit ausmachen. Gleichzeitig geben die beteiligten Personen an, dass sie innerhalb der sie umgebenden Bedingungen Wege gefunden haben, Personalentwicklung möglich zu machen.

2. Zwei parallele Dimension der Personalführung – die strukturell-systemische Mitarbeitendenführung und die personal-interaktive Mitarbeitendenführung (vgl. Lieber, 2007; Wunderer, 2009; Kansteiner, 2012) zeigen sich in der Untersuchung als markante Gelingensbedingungen. Die strategische Verankerung von Maßnahmen wird sowohl für den Zugewinn an Transparenz und Verbindlichkeit als auch für die Sicherstellung der konkreten Durchführung von Personalentwicklungsaktivitäten als hilfreich eingestuft. Maßnahmen der Personalentwicklung zu etablieren, Zeitgefäße dafür bereitzustellen und sie für alle selbstverständlich werden zu lassen, gilt als bedeutsam für das Gelingen von Personalentwicklung.

Dabei spielen auch regelmäßige Zeitfenster eine Rolle, in denen der pädagogische Austausch unter den Kolleg/innen stattfinden kann. Über die drei Länder hinweg werden verschiedene Zusammenarbeitsformen innerhalb des Kollegiums vorgeschlagen, bei denen wichtig erscheint, dass sie dauerhaft und regelmäßig festgelegt sind. Dabei wird die regelmäßige Zusammenarbeit aus Sicht der Lehrpersonen teilweise als hilfreich, jedoch auch als belastend empfunden. Interessant ist in diesem Zusammenhang ein Ergebnis aus dem St.Galler Studienteil, dass Lehrpersonen, die sich häufiger zur kollegialen Beratung treffen, signifikant deutlicher angeben, dass sich der Aufwand dafür lohnt, als Lehrpersonen, die kaum oder gar keinen institutionalisierten kollegialen Austausch pflegen (vgl. Steger Vogt, 2013). Auch gemäß Fussangel et al. (2010) zeichnen sich erfolgreiche Lerngemeinschaften dadurch aus, dass sie langfristig angelegt sind und eine regelmäßige Zusammenarbeit stattfindet, in der gemeinsam die Unterrichtsarbeit diskutiert wird. Einhergehend wird von den Befragten der vorliegenden Studie empfohlen, dass diese Sitzungen von effektiver Moderation begleitet und in Form von Protokollen so dokumentiert werden, dass sowohl der Rechenschaftslegung gegenüber der Schulleitung als auch der Information der Kolleg/innen gedient ist.

Neben den kollektiven Zusammenarbeitsgefäßen stellt aus der Sicht der Befragten das Mitarbeitendengespräch ein einflussreiches Instrument dar. Ein Mitarbeitendengespräch zwischen Leitungsperson und Mitarbeiter/in im geschützten Raum, unter Beachtung beider Anliegen und Perspektiven und in entspannter Atmosphäre, gibt einerseits die Möglichkeit eines persönlichen Feedbacks über positive und ggf. auch kritische Aspekte. Andererseits stellt es häufig den Ausgangspunkt weiterer Entwicklungsbemühungen der Lehrpersonen dar. So leiten sich vielfach Impulse für Weiterbildungen daraus ab. Für die Schulleitung besteht die Möglichkeit, das Engagement des Mitarbeiters/der Mitarbeiterin gezielt zu würdigen. Seitens der Lehrpersonen erfährt solche Wertschätzung eine hohe Anerkennung, motiviert und dient letztlich dem guten Klima. Der an manchen Schulen jährlich gesetzte Turnus für Mitarbeitendengespräche wird positiv konnotiert, allerdings mit einem deutlichen Hinweis der Schulleitungen großer Kollegien, dass ein solches zeitliches Ausmaß eine Entlastung in anderen Bereichen notwendig mache. Als bedeutsamer Faktor der Wirksamkeit des Mitarbeitendengesprächs kann festgehalten werden, dass über die im Gespräch getroffene Zielvereinbarung Verbindlichkeit geschaffen werden kann, welche in vielen Fällen direkten Einfluss auf das Unterrichtsgeschehen hat.

3. Die vorliegende Untersuchung macht einen spezifischen Umgang mit der Erwartung an Lenkung und der Gewährung von Entscheidungsräumen bei allen Akteur/innen deutlich: Es werden Lenkungsunsicherheiten, die sich durch die Steuerungslogik des Schulsystems ergeben, als Spielräume genutzt. Gleichzeitig wird erwartet, dass die Akteur/innen ausreichend Information über die Nutzung der Spielräume geben. Damit bewegen sich die Akteur/innen der Studie im Rahmen der aktuellen Schulentwicklungsdynamik, bei der einerseits Wahl- und Gestaltungsfreiheit im gesetzten Rahmen zugestanden wird, diese aber zugleich mit deutlicher Feedbackschleife und der Anforderung an Rechenschaftslegung über Evaluationen einhergeht (vgl. Kussau & Brüsemeister, 2007; Altrichter & Heinrich, 2007). Exemplarisch findet sich dies z.B. in der Form des Mitarbeitendengesprächs mit schriftlicher Zielvereinbarung oder der Information gegenüber der Schulleitung über die besuchten Weiterbildungen, wie sich im Schweizer Untersuchungsteil zeigte. Auch in den Vorschlägen der Schulleitungen z.B. über Protokolle aus ihren Zusammenarbeitsgruppen, findet sich diese Kombination von erweiterter Verantwortlichkeit und Rechenschaftslegung wieder.

4. Neben dem Vier-Augen-Gespräch und den Formen der kollegialen pädagogischen Zusammenarbeit spielt für den Entwicklungsprozess der Lehrpersonen über alle Länder hinweg vor allem die schulinterne Lehrerfortbildung (SCHILF) eine Rolle. Sie findet an den meisten Schulen regelmäßig statt. Die Lehrpersonen legen dabei Wert darauf, dass sie bei der inhaltlichen Planung der SCHILF-Veranstaltungen tragend mitentscheiden können. Hier liegt es folglich in der geschickten Führung einer Schulleitung, die Interessen der Lehrpersonen mit den Zielen der Schule in Übereinstimmung zu bringen, soll der Personalentwicklung eine strategische Ausrichtung zugrunde liegen (vgl. Schuler, 1989; Steger Vogt, 2013).

Weitere, ebenfalls als positiv bewertete Instrumente, wie die Kollegiale Hospitation oder Coaching/Supervision, sind deutlich seltener in den Schulen zu finden. Während die Kollegiale Hospitation neben den zeitlichen keine zusätzlichen finanziellen Ressourcen beansprucht, werden beim Instrument der Supervision bzw. dem Coaching unter externer Leitung zusätzlich deutlich finanzielle Ressourcen tangiert. Den Befunden nach stehen schon die zeitlichen Ressourcen vielfach nicht zur Verfügung und die Durchführungsmöglichkeit wird als sehr eingeschränkt erfahren. Das begrenzt die Entwicklungsaktivitäten häufig auf die Kursangebote der individuellen Lehrer/innenweiterbildung, die in allen drei Ländern hauptsächlich über einen Katalog der übergeordneten Ebene(n) (Kanton, Bundesland) angeboten wird, in Baden-Württemberg noch durch regionale Initiativen ergänzt.

Die Steuerung der individuellen Lehrer/innenweiterbildung betreffend, gibt es ein breites Spektrum an Erwartungen und Vorstellungen seitens der Lehrpersonen und Schulleitungen, die mitunter konträr zueinander stehen. Während die Lehrpersonen bei der Wahl der individuellen Weiterbildung mehrheitlich deutlich von persönlichen Interessen und nicht primär von schulbezogenen Entwicklungszielen geleitet sind, gehen die Schulleitungen davon aus, dass das Weiterbildungsverhalten der gemeinsamen Vision und damit den Zielen der Schule folgt. Weil Vorgaben der Schulleitung von den Lehrpersonen tendenziell abgelehnt werden, agieren die Leitungspersonen über Empfehlungen und Anregungen, wenn bei Lehrpersonen deutliche Defizite wahrgenommen werden. Die individuelle Wahl der Weiterbildung der Lehrpersonen ergibt sich mehrheitlich aus dem Zusammenspiel von Bedürfnissen für den konkreten Unterricht und dem Anreiz, eine freudvolle und interessante Veranstaltung erleben zu können. Während einerseits lernpsychologisch durchaus richtig ist, dass Lernen besser gelingt, wenn es an den Interessen ansetzt (vgl. Hasselhorn & Gold, 2006), stellt die relativ zielfreie Wahl der individuellen Weiterbildung bei den Lehrpersonen eine Situation dar, die man zum einen als fehlende Orientierung an Schulentwicklungszielen einstufen kann und in der zum anderen mehrheitlich auf Steuerung verzichtet wird. Mit Blick auf das große finanzielle Investitionsvolumen, welches für individuelle Weiterbildung der Lehrpersonen bereitgestellt wird, sollten jedoch deren Steuerung und Controlling eine hohe Bedeutung zukommen, um eine für die Schule zielführenden Personalentwicklung sowie ihre Nachhaltigkeit und den Praxistransfers sicherzustellen.

Weil für gewöhnlich die Steuerung über die letztlich unverbindliche Beratung zur Weiterbildung durch die Schulleitung oder über das Gewähren finanzieller Unterstützungsleistungen geschieht, bietet das Instrument des Mitarbeitenden- bzw. des Zielvereinbarungsgesprächs eine gute Möglichkeit, die individuelle Weiterbildung kurz- wie langfristig zu planen und zu überprüfen. Eine institutionalisierte Verankerung der Weiterbildungsplanung und -überprüfung im Mitarbeitendengespräch, verbunden mit einer konsequenten und jährlichen Durchführung, scheint derzeit ein gangbarer und akzeptierter Weg zu sein, der den Autonomieanspruch der Lehrpersonen und dem Anspruch der Schule auf eine zielorientierte Entwicklung verbindet.

Es zeigt sich sowohl auf der Ebene der Schulleitung als auch der übergeordneten Aufsichtsebene, dass sich deren Steuerungsbemühungen insgesamt sehr stark auf Beratung und Ermutigung, persönlichen Kontakt und wertschätzende Unterstützung der innovativen Schritte beziehen. Damit agieren die Leitungspersonen sehr deutlich im Sinne der persönlich-interaktiven Mitarbeitendenführung. Es kann vermutet werden, dass sie große Kraft in die Steuerung über ihre Person (Vorbild, Verlässlichkeit), eine umfassende Kommunikationsanstrengung (jederzeit, vielfältig) und Anreizsetzung über Ermutigung und Anerkennung (mündliche Anerkennung, kleiner Dank) legen, weil die Ressourcenfrage von ihnen nur sehr eingeschränkt beeinflussbar ist. Dies erinnert an das aus den 1980er Jahren bekannte Führungsmodell des Managing By Wandering Around (vgl. Riedmann, 1979; Peters, 1982), bei dem für erfolgreiche Personalführung die häufige Präsenz inmitten des Kollegiums und die stetige Ansprechbarkeit der Schulleitung auch in der Schule diskutiert wurde. Um zukünftig auch über die strukturell-systemische Mitarbeiterführung ausreichend Nutzen für eine gelingende Personalentwicklung zu generieren, wären gezielte Vorgaben und weitere Ressourcen hilfreich, die den Schulleitungen mehr Spielraum für Angebote und mehr Durchsetzungskraft durch Verpflichtung und Verbindlichkeit geben. Instrumente wie das Mitarbeitendengespräch sowie das Coaching und die Supervision, die als wertvolle Unterstützung für die Arbeitszufriedenheit der Akteur/innen gesehen werden, können dann konsequenter umgesetzt werden.

5. In der Frage gelingender Personalentwicklung denken die Personen der Schulaufsicht in ihrem Verhältnis zu den Schulleitungen ähnlich wie diese zu den Lehrpersonen (s.o.). Die Aufsichtspersonen sehen als ihre Basis eine wertschätzende vertrauensvolle Zusammenarbeit an sowie Vor-Ort-Präsenz, flexible Unterstützung und angemessene Partizipationsmöglichkeiten. Daneben wird der Einsatz von Maßnahmen der Reflexion des Arbeitsbereichs sowie der Weiterqualifizierung als wertvoll erlebt. Zudem müssten die Person in der Schulaufsicht für die Schulleitung genauso wie die Schulleitung für die Lehrpersonen als Vorbild fungieren. Und auch sie suchen Entwicklung durch Anerkennung und Würdigung und Unterstützung im direkten Kontakt mit den Schulleiter/innen voranzubringen.

6. Die Schulleiter/innen sprechen im Rahmen dieser Studie an mehreren Stellen von einer zu großen Aufgabenpalette im Verhältnis zu den zeitlichen Ressourcen

und unterstreichen, dass sie für Personalentwicklung Prioritäten setzen müssen. Dass Entlastung auch in der Delegation von Aufgaben an Lehrpersonen gesucht wird, ist dort zu begrüßen, wo es die Lehrpersonen motiviert und einbindet. Das heißt zugleich, dass jene Personengruppe mit Zusatzaufgaben betraut wird, die schon im Hinblick auf Maßnahmen der Personalentwicklung über Zeitmangel klagt. Ohne Frage findet sich in der Delegation nicht nur Entlastungspotential für die Schulleitung, sondern auch die Chance eines Kompetenzzugewinns für die Lehrperson (vgl. Dubs, 2005). Allerdings muss kritisch geprüft werden, ob diese Einbindung letztlich auch zum angestrebten Ziel führt, die Qualität der schulischen und insbesondere auch der unterrichtlichen Arbeit zu befördern. Wissinger kritisiert sogar, dass die Mitarbeit von Lehrpersonen an der Führungsaufgabe zur Deprofessionalisierung führe (2007), also Entlastung für die Schulleitung nicht primär aus den Reihen der Mitarbeiter/innen zu denken ist. Zudem sind die Delegationsmöglichkeiten beschränkt. So können bspw. nur organisatorische Aufgaben oder Projektleitungsverantwortung delegiert werden, die Führungsverantwortung im engen Sinne und damit verbundene Führungsaufgaben sind nicht delegierbar und bleiben im Aufgabenbereich der Schulleitung bestehen.

7. Die Frage von Partizipation im Steuerungsverhältnis spielt eine nicht zu unterschätzende Rolle. Sehr eindeutig machen die Schulleitungen die Erfahrung, dass sie die Personen ihres Kollegiums am besten bewegen, wenn sie für Entwicklung werben, wenn Beratung die Direktive ersetzt, wenn Bemühungen, die bereits von Lehrpersonen erbracht wurden, wahrgenommen werden und persönliche wie öffentliche Wertschätzung erfahren. Schulleitungen wissen, dass sie im looosley-coupled-system (vgl. Weick, 2009) mit eingeschränkter Vorgesetztenstellung weniger bewegen, wenn sie Vorgaben machen, als wenn sie ihre Vision und Erwartungen kommunizieren und mit den Verschiedenheiten der Lehrpersonen und ihren differenten Veränderungsbereitschaften so arbeiten, wie diese es ihnen anbieten. Einerseits sind der gezielte Einsatz differenter Kompetenzen der Lehrpersonen sowie das regelmäßige Einbringen von Ideen und Entwicklungsvorschlägen Strategien von Schulleitungen, Veränderung anzustoßen. Dieses sukzessive Näherbringen von Neuem vermindert Widerstand, sodass die Akzeptanz ihrer Führung vergleichbar positiv ausfällt. Das bedeutet zugleich aber auch, dass sie in Kauf nehmen, dass manche Lehrpersonen dem Entwicklungsbemühen nicht in dem Maße nachkommen, wie es die Zielperspektive nötig macht. Andererseits sehen die Schulleitungen, dass Führungsentscheide und das Setzen von Vorgaben ebenfalls Führungsmittel sind, deren Einsatz manchmal notwendig ist, um Prozesse voranzubringen und langwierige Entscheidungsdiskussionen zu verhindern. Ihre Erfahrung zeigt, dass letztlich Führungsentscheide auf eine gute Akzeptanz

stoßen, wenn sie den Lehrpersonen vorgängig Zeit für die Auseinandersetzung geben und der Nutzen bzw. die Notwendigkeit einsichtig ist.

Im Weiteren macht die Untersuchung deutlich, dass viele Schulleitungen noch nicht die Möglichkeit ausschöpfen, innovationsbereite Lehrpersonen über eine gezielte, mitunter ungleiche Verteilung der vorhandenen Ressourcen zu unterstützen. Dies erinnert an das „Autonomie-Egalitäts-Syndrom" (vgl. Lortie, 1975), bei dem alle Lehrpersonen als gleich „gut" betrachtet und Hervorhebungen als unangemessen, ja sogar klimaschädigend bewertet werden. Aus dieser Warte werden gerne Unterschiede verschwiegen und Profilierungsversuche negativ beurteilt (vgl. Steger Vogt, 2013). Inwieweit Schulleitungen diese Haltung teilen, ist im Rahmen dieser Untersuchung nicht auszumachen, aber zumindest kann bilanziert werden, dass sich viele zugunsten einer von Lehrpersonen geschätzten Gleichbehandlung zurücknehmen. So zeigt sich im Denken über konkrete belohnende Ressourcen, dass projektbezogene zusätzliche finanzielle und zeitliche Ressourcen oder Geschenke als Formen der Würdigung auf eine breite Akzeptanz bei den Lehrpersonen stoßen. Hingegen werden formell belohnendes Verhalten wie die nicht immer transparent erlebte Vergabe von Leistungsprämien oder eine öffentliche Würdigung besonderer Leistungen von den Lehrpersonen überwiegend abgelehnt, da Neid, Konkurrenzverhalten und eine Klimaverschlechterung befürchtet werden. Eine klare visions- und zielorientierte Haltung der Schulleitung, deren bewusste und adäquate Würdigung von Innovationsbemühungen, verbunden mit der aktiven Pflege einer fehleroffenen Schulkultur, könnten Mittel zur Etablierung einer Offenheit im Umgang mit Unterschieden sein. Da die Innovationsförderung als bedeutsamer Faktor zur Erreichung von Schulqualität gesehen wird (vgl. Bonsen et al., 2002), sollte auf eine gezielte und offensive Innovationsförderung ebenso wenig verzichtet werden wie auf die innerkollegiale Nutzung des Potenzials der Lehrpersonen.

Insgesamt zeigt sich an den untersuchten Schulen, dass sich die Schulleiter/innen bemühen, über Kommunikation deutlich Einfluss zu nehmen und zum Teil die Lehrpersonen auf die Erreichung der gemeinsamen Ziele der Schule zu fokussieren sowie durch die Förderung des Leistungspotenzials der Lehrpersonen die Qualitätsverbesserung sicherzustellen. Damit zeigen sie Ansätze eines strategisch-kommunikativen Führungsverhaltens, das Züge der transformationalen Führung (vgl. z.B. Felfe, 2006; Steger Vogt, 2013) aufweist. Diese zeichnet sich u.a. dadurch aus, dass eine visionäre Führungskraft die Werte, Motive und Emotionen der Organisationsmitglieder auf die gemeinsame Zielerreichung fokussiert, ihre diesbezüglichen Erwartungen kommuniziert und diese über die Förderung der Identifikation und einen respektvollen Umgang für die Entwicklung gewinnt.

Auch das Merkmal der Effizienz, das dieses Führungsverhalten mit konstituiert, ist bei einigen Vorschlägen der Befragten herauszuhören. Zugleich zeigen solche Befunde, die den partizipativen Anspruch sichtbar machen, auch eine Nähe zur kooperativen Führung (vgl. Kansteiner, 2002; Wunderer, 2009). Diese konstituiert sich vor allem in der Betonung gemeinsamer Entscheidungen und entsprechend hoher Abstimmungsstrukturen innerhalb der täglichen Arbeit, die von der Schulleitung geleitet, vom Kollegium jedoch bestimmt wird. Prosoziales Verhalten, hohe Interaktionsdichte und die Anerkennung des Ausgangspunktes der Heterogenität im Kollegium stellen dort Merkmale dar, die ebenfalls innerhalb der Studie deutlich als Gelingensbedingungen formuliert wurden.

Die Ergebnisse der Untersuchung zu Gelingensbedingungen der Personalentwicklung lassen bilanzieren, dass ein strategisches Verfolgen von Personalentwicklung über Strukturen Verbindlichkeiten schafft, die den Aufwand für das Kommunizieren, Werben und Absprechen verringert und Zeit und Dissonanzen reduziert. In Bezug auf die Ressourcenfrage erscheint eine Unterstützung der Schulaufsicht hilfreich, wenn sie beim Etablieren der Strukturen sowohl mit finanziellen Mitteln als auch mit gut kommunizierten Rahmenvorgaben oder in Form von Entlastungsmaßnahmen hilft. Damit kommt auch der Schulaufsicht für das Gelingen von Personalentwicklung an der Einzelschule eine beachtliche Bedeutung zu. So scheint in allen drei Ländern eine enge Zusammenarbeit der Schulleitung mit der ihr vorgesetzten Stelle ein bedeutender Unterstützungs- und Akzeptanzfaktor der Schulleitung in der Ausübung ihrer Personalentwicklungsaufgabe zu sein. In der Schweiz kann diese durch die örtliche Nähe und die kommunale Organisationsstruktur mancherorts unkompliziert sichergestellt werden. Ist die vorgesetzte Stelle jedoch zentral oder regional angesiedelt wie in Baden-Württemberg und Vorarlberg, erhalten die Kontaktformen zwischen der Schulleitung und ihrer vorgesetzten Stelle sowie deren regelmäßige Nutzung große Bedeutung, da gemäß vorliegender Untersuchung eine gute Verankerung der Schulleitung im Gesamtsystem, ihr wirkungsvoller Einfluss auf Entscheide und ein naher Draht zur vorgesetzten Stelle akzeptanzförderlich auf eine effektive Steuerung der Personalentwicklung wirkt. Eine gegenseitige wertschätzende Grundhaltung gilt auch hier als Basis.

Die vorliegende Studie hat ferner gezeigt, dass an vielen Schulen in Baden-Württemberg, Vorarlberg und St. Gallen Personalentwicklungsbemühungen in unterschiedlicher Intensität und mit unterschiedlichen Instrumenten und Maßnahmen stattfinden. Aus der Praxis der Schulleitungen und Schulaufsichtspersonen, welche über Personalentwicklungserfahrung verfügen, konnten zahlreiche Hinweise und Empfehlungen zur gelingenden Gestaltung von Personalentwicklung ermittelt werden. Diese zeigen Lösungsansätze innerhalb eines Bildungssystems, das – folgt man der Governanceforschung – die Akteur/innen mit eingeschränkter Steuerungskraft ausstattet (vgl. Kussau & Brüsemeister, 2007; Altrichter & Heinrich, 2007; Böttcher, 2007). Die Übertragung der Personalführungsverantwortung an die Schulleitung schafft eine hierarchische Struktur in der Einzelschule, wenngleich diese nur eine eingeschränkte darstellt, weil Aufsichtsbefugnisse nicht vollständig in die Hand der Schulleitungen gelegt wurden. Folglich wird vornehmlich mit nicht-hierarchischen Mitteln interagiert, um Entwicklung zu befördern. Dabei gilt die Aufmerksamkeit der Führung zwei Richtungen, zum einen der Entwicklung der einzelnen Lehrperson und zum anderen der des Kollegiums als Ganzes. In den Interviews wurde laut, wie vielseitig das tägliche Bemühen der Schulleitungen um die Entwicklung der Schule ist. Sie oszillieren zwischen Vorgabe und Rücksicht auf Kollegiums- und Einzelinteressen und gehen dafür deutliche Kompromisse ein, wie eine kaum wahrnehmbare Bindung der Weiterbildung an Schulentwicklungsziele, keine fordernde Haltung gegenüber der Wahl der indivduellen Weiterbildung, in Ruhe Lassen mancher wenig entwicklungsbereiter Lehrpersonen, zurückhaltender Einsatz von Gefäßen der pädagogischen Zusammenarbeit oder vorsichtiges Agieren in der Innovationsförderung.

Letztlich ist als zentrales Ergebnis der Untersuchungen in den drei Ländern festzuhalten, dass die Aufgabe der Personalentwicklung unter gegebenen Bedingungen an die Schulleitungen eine hohe Herausforderung darstellt. In strategischer Hinsicht ist es zukünftig noch stärker nötig, die Personalentwicklung bewusst an die Ziele der Schule zu binden und die Lehrpersonen darauf zu verpflichten. In struktureller Hinsicht heißt dies, im Rahmen der Ressourcen Personalentwicklungsmaßnahmen geschickt zu etablieren und zu pflegen. Die Untersuchungsergebnisse weisen dabei darauf hin, dass wenige, dafür wirkungsvoll eingesetzte und regelmäßig angewandte Maßnahmen bereits eine hohe Wirksamkeit erzeugen können. Den Boden für Personalentwicklung legt die Kollegiumskultur, worin sich das Kollegium als unterstützendes und lernendes Kollektiv versteht und in der gemeinsamen Entwicklung einen persönlichen Mehrwert erlebt. Damit Personalentwicklung auf die Akzeptanz der Lehrpersonen stößt, sind ein belastbares Vertrauensverhältnis zwischen Schulleitung und Lehrpersonen erforderlich sowie eine Grundakzeptanz der Schulleitung als Führungskraft. Letztlich unterstützt das Zusammenspiel der Ordnungselemente Strategie, Struktur und Kultur, die Art und Weise der Personalführung und des Führungsverständnisses der Schulleitung, welche sich durch ein Ausbalancieren verschiedener Ansprüche, ein umsichtiges und kontinuierliches Entwicklungstempo sowie durch deren kommunikative Fähigkeiten auszeichnet.

Literatur

Altrichter, H. & Heinrich, M. (2007). Kategorien der Governance-Analyse und Transformationen der Systemsteuerung in Österreich. In H. Altrichter, T. Brüsemeister & J. Wissinger (2007). Educational Governance. Handlungskoordination und Steuerung im Bildungssystem (S. 55–104). Wiesbaden: VS Verlag.

Appius, S., Steger Vogt, E., Kansteiner-Schänzlin, K. & Bach-Blattner, T. (2012). Personalentwicklung an Schulen – Eine Bestandsaufnahme aus Sicht deutscher und schweizerischer Schulleitungen. In Empirische Pädagogik, 26 (1), 121–139.

Arnold, R. (2010). Schulleitung als Personalentwickler. In H.-G. Rolff (Hrsg.), Führung, Steuerung, Management (S. 79–98). Seelze: Kallmeyer & Klett.

Bastian, J. & Combe, A. (1998). Pädagogische Schulentwicklung. Gemeinsam an der Entwicklung der Lernkultur arbeiten. In Pädagogik, 50 (1998) 11, 6–9.

Bauer, K. O. & Kanders, M. (2000). Unterrichtsentwicklung und professionelles Selbst der Lehrerinnen und Lehrer. In H.-G. Rolff, K. Klemm, H. Pfeiffer & R. Schulz-Zander (Hrsg.), Jahrbuch der Schulentwicklung (S. 297–325). München: Juventa, Aufl. 11.

Becker, M. (2009). Personalentwicklung. Bildung, Förderung und Organisationsentwicklung in Theorie und Praxis. Stuttgart: Schäffer-Poeschel, 5. Ausg.

Böckelmann, C. & Mäder, K. (2007). Fokus Personalentwicklung. Konzepte und ihre Anwendung im Bildungsbereich. Zürich: Pestalozzianum.

Böttcher, W. (2007). Zur Funktion staatlicher „Inputs" in der dezentralisierten und outputorientierten Steuerung. In H. Altrichter, T. Brüsemeister & J. Wissinger (Hrsg.), Educational Governance. Handlungskoordination und Steuerung im Bildungssystem (S.185–206). Wiesbaden: VS Verlag.

Bonsen, M., Gathen, J. & Pfeiffer, H. (2002). Die Wirksamkeit von Schulleitung: empirische Annährerungen an ein Gesamtmodell schulischen Leistungshandelns. Weinheim: Juventa.

Bonsen, M. (2009). Der Beitrag der Einzelschule zur Verbesserung der Schülerleistungen. In S. Blömeke, T. Bohl, L. Haag, G. Lang-Wojtasik & W. Sacher (Hrsg.), Handbuch Schule (S. 563–566). Bad Heilbrunn: Klinkhardt.

Buchen, H. (1995). Personalentwicklung in der Schule. In H. Buchen, L. Horster & H.-G. Rolff (Hrsg.), Schulleitung und Schulentwicklung. Ein Reader (S. 58–68). Stuttgart: Raabe.

Buhren, C. & Rolff, H.-G. (2001). Ohne Personalentwicklung keine Schulentwicklung. In Lernende Schule, 16, 4–6.

Buhren, C. & Rolff, H.-G. (2006). Personalmanagement. Ein Gesamtkonzept. In H. Buchen & H.-G. Rolff (Hrsg.), Professionswissen Schulleitung (S. 450–544). Weinheim: Beltz.

Buhren, C. & Rolff, H.-G. (2009). Personalmanagement für die Schule. Ein Handbuch für Schulleitung und Kollegium. Weinheim: Beltz, 2. Aufl.

Daschner, P. (2009). Lehrerfort- und weiterbildung. Professionalisierung im Kontext der Lehrerbildung. In S. Blömeke, T. Bohl, L. Haag, G. Lang-Wojtasik & W. Sacher (Hrsg.), Handbuch Schule. Theorie – Organisation – Entwicklung (S. 490–494). Bad Heilbrunn: Klinkhardt.

Drumm, H. J. (2008). Personalwirtschaft. Berlin: Springer, 6. Aufl.

Dubs, R. (2005). Die Führung einer Schule. Leadership und Management. Wiesbaden: Franz Steiner.

Felfe, J. (2006). Transformationale und charismatische Führung – Stand der Forschung und aktuelle Entwicklungen. In Zeitschrift für Personalpsychologie, 5 (4), Göttingen: Hogrefe Verlag, 163–176.

Fend, H. (2008). Schule gestalten. Systemsteuerung, Schulentwicklung und Unterrichtsqualität. Bad Heilbrunn: Klinkhardt.

Fussangel, K., Rürup, M. & Gräsel, C. (2010). Lehrerfortbildung als Unterstützungssystem. In H. Altrichter & K. Maag Merki (Hrsg.), Handbuch Neue Steuerung im Schulsystem (S. 327–354). Wiesbaden: VS Verlag für Sozialwissenschaften.

Hasselhorn, M. & Gold, A. (2006). Pädagogische Psychologie. Erfolgreiches Lernen und Lehren. Stuttgart: Kohlhammer.

Hilb, M. A. (2005). Integriertes Personal–Management. Neuwied: Luchterhand, 14. Aufl.

Holtappels, H. G., Klemm, K. & Rolff, H.-G. (2008). Schulentwicklung durch Gestaltungsautonomie: Ergebnisse der Begleitforschung zum Modellvorhaben ‚Selbstständige Schule' in Nordrhein-Westfalen. Münster: Waxmann.

Holtbrügge, D. (2007). Personalmanagement. Berlin: Springer, 3. Aufl.

Huber, S. G. (2009). Schulleitung. In S. Blömeke, T. Bohl, L. Haag, G. Lang-Wojtasik & W. Sacher (Hrsg.), Handbuch Schule (S. 502–511). Bad Heilbrunn: Klinkhardt.

Huber, S. G. (1999b). School Improvement: Wie kann Schule verbessert werden? Internationale Schulentwicklungsforschung (II). In Schul–Management, 3, 7–18.

Huber, S. G. (1999c). Effectiveness & Improvement: Wirksamkeit und Verbesserung von Schule – Eine Zusammenschau. Internationale Schulentwicklungsforschung (III). In Schul–Management, 5, 8–18.

Kansteiner, K., Steger Vogt, E., Appius, S. & Bach-Blattner, T. (2013). Kollektive Verbindlichkeiten und kooperative Innovationsbemühungen. Ein Aspekt der schulischen Personalentwicklung. In M. Keller-Schneider, S. Albisser & J. Wissinger, Professionalität und Kooperation in Schulen. Beiträge zur Diskussion über Schulqualität (S. 245–260). Bad Heilbrunn: Klinkhardt.

Kansteiner, K. (2012), Führungsstil und Führungskultur an Schulen. In T. Breyer-Meyländer (Hrsg.), Schulen im Wettbewerb: Bildung zwischen Entwicklung und Marketing (S. 71–80). Baltmannsweiler: Schneider.

Kansteiner-Schänzlin, K. (2002). Personalführung in der Schule. Bad Heilbrunn: Klinkhardt.

Keller-Schneider, M. & Albisser, S. (2012). Einschätzungen der Schulleitungsqualität – eine Frage der individuellen Ressourcen der Einschätzenden? In Empirische Pädagogik, 26 (1), 160–179.

Kussau, J. & Brüsemeister, T. (2007), Eduvational Governance: Zur Analyse der Handlungskoordination im Mehrebenensystem der Schule. In H. Altrichter, T. Brüsemeister & J. Wissinger, Educational Governance. Handlungskoordination und Steuerung im Bildungssystem (S. 15–44). Wiesbaden VS Verlag.

Lieber, Bernd (2007), Personalführung ... leicht verständlich. Stuttgart: UTB.

Lortie, C. (1975). Schoolteacher. Chicago: University of Chicago Press.

Maag Merki, K. & Büeler, X. (2002). Schulautonomie in der Schweiz. Eine Bilanz auf empirischer Basis. In H.-G. Rolff, H. G. Holtappels, K. Klemm, H. Pfeiffer & R. Schulz-Zander (Hrsg.), Jahrbuch der Schulentwicklung. Band 12. Daten, Beispiele, Perspektiven (S. 131–162). Weinheim: Juventa.

Meetz, F. (2007). Personalentwicklung als Element der Schulentwicklung. Bestandsaufnahme und Perspektiven. Bad Heilbrunn: Klinkhardt.

Mentzel, W. (2008). Personalentwicklung. Erfolgreich motivieren, fördern und weiterbilden. München: dtv, 3. Aufl.

Neuberger, O. (1994). Personalentwicklung. Stuttgart: Enke.

OECD (2004). Anwerbung, berufliche Entwicklung und Verbleib von qualifizierten Lehrerinnen und Lehrern. Länderbericht: Deutschland. Verfügbar unter: http://www.gew-bw.de/Binaries/Binary2387/OECD-Lehrerstudie%20L%C3%A4nderbericht%20Deutschland.pdf [14.12.13].

Peters, T. & Waterman, R.H. jr (1982). In Search of Excellence. London: Profile Books.

Reichwein, K. (2007). Führung und Personalmanagement in Schulen. Zürich: Rüegger.

Riedmann, W. (1979). Führen durch Management by ... München: Verlag Moderne Industrie.

Schuler, H. (1989). Fragmente psychologischer Forschung zur Personalentwicklung. In Zeitschrift für Arbeits- und Organisationspsychologie, 7, 3–11.

Seitz, H. & Capaul, R. (2005). Schulführung und Schulentwicklung. Theoretische Grundlagen und Empfehlungen für die Praxis. Bern: Haupt.

Semling, C. & Zölch, M. (2008). Human Resource Management als Aufgabe der Schulleitung. In A. Krause, H. Schüpbach, E. Ulich & M. Wülser (Hrsg.), Arbeitsort Schule. Organisations- und arbeitspsychologische Perspektiven (S. 211–239). Wiesbaden: Gabler.

Solga, M., Ryschka, J. & Mattenklott, A. (2008). Personalentwicklung: Gegenstand, Prozessmodell, Erfolgsfaktoren. In M. Solga, J. Ryschka & A. Mattenklott (Hrsg.), Praxishandbuch Personalentwicklung. Instrumente, Konzepte, Beispiele (S. 19–33). Wiesbaden: Gabler, 2. Aufl.

Steger Vogt, E. (2013). Personalentwicklung – Führungsaufgabe von Schulleitungen. Münster: Waxmann.

Strittmatter, A. & Ender, B. (2010). Personalführung an Schulen. Gewährleisten. Unterstützen. Entwickeln. Bern: Schulverlag.

Terhart, E. (2010). Personalauswahl, Personaleinsatz und Personalentwicklung an Schulen. In H. Altrichter & K. Maag Merki (Hrsg.), Handbuch Neue Steuerung im Schulsystem (S. 255–276). Wiesbaden: VS Verlag.

Thom, N. & Ritz, A. (2006). Innovation, Organisation und Personal als Merkmale einer effektiven Schulführung. In N. Thom, A. Ritz & R. Steiner (Hrsg.), Effektive Schulführung. Chancen und Gefahren des Public Managements im Bildungswesen (S. 3–35). Bern: Haupt, 2. Aufl.

Thom, N., Ritz, A. & Steiner, R. (Hrsg.). (2006). Effektive Schulführung. Chancen und Gefahren des Public Managements im Bildungswesen. Bern: Haupt, 2. Aufl.

Weick, K.E. (2009). Bildungsorganisationen als lose gekoppelte Systeme. In S. Koch (Hrsg.), Neo-Institutionalismus in der Erziehungswissenschaft. Grundlegende Texte und empirische Studien (S. 85–109). Wiesbaden: VS Verlag.

Wissinger, J. (2007), Does School Governance matter? Herleitungen und Thesen aus dem Bereich "School Effectiveness and School Improvement". In H. Altrichter, T. Brüsemeister & J. Wissinger, Educational Governance. Handlungskoordination und Steuerung im Bildungssystem (S. 105–130). Wiesbaden: VS Verlag.

Wunderer, Rolf (2009). Führung und Zusammenarbeit. Eine unternehmerische Führungslehre. Köln.

Zaugg, R. (2009). Nachhaltige Personalentwicklung. In N. Thom (Hrsg.), Moderne Personalentwicklung. Mitarbeiterpotenziale erkennen, entwickeln und fördern (S. 20–39). Wiesbaden: Gabler, 3. Aufl.

Zellweger, T. (2008). Führung an teilautonomen Volksschulen. Vom Einfluss der Schulleitungen auf die Berufszufriedenheit der Lehrkräfte. Freiburg: Universität.

Abkürzungen

A	Austria / Österreich
BW	Bundesland Baden-Württemberg
CH	Schweiz
D	Deutschland
GG	Grundgesetz
GLK	Gesamtlehrerkonferenz
Kap	Kapitel
LP	Lehrperson
M	Mittelwert
MAG	Mitarbeitendengespräch
MAXQDA	Software zur computergestützten qualitativen Daten- und Textanalyse
SB	Schulbehörde/Schulaufsicht
SD	Standardabweichung
SG	Kanton St. Gallen
SL	Schulleitung
SPSS	Statistiksoftware IBM SPSS Statistics
VA	Bundesland Vorarlberg
N	Größe der Grundgesamtheit
n	Anzahl der Teilnehmer/innen bei Fragebogenerhebung
p	Irrtumswahrscheinlichkeit

AutorInnen

Pädagogische Hochschule St. Gallen

Elisabeth Steger Vogt Prof. Dr., Institutsleitung Weiterbildung & Beratung
Stephanie Appius lic.phil., wissenschaftliche Mitarbeiterin, Institut für
Schulentwicklung & Beratung (bis 2012), derzeit Universität Züich
Sabrina Kabitz M.A., Bereichsleitung Führung & Organisation, Institut
Weiterbildung & Beratung

Pädagogische Hochschule Weingarten

Katja Kansteiner Prof. Dr., Fach Erziehungswissenschaft/Zentrum für
Erwachsenenbildung
Christoph Stamann M.A., wissenschaftlicher Mitarbeiter Fach Erziehungswissen-
schaft/Zentrum für Erwachsenenbildung

Pädagogische Hochschule Vorarlberg

Simone Kots M.A., wissenschaftliche Mitarbeiterin im Zentrum für Forschung
Martina Pfeifer Mag., wissenschaftliche Mitarbeiterin im Zentrum für Forschung